U0509317

云南大学“中国边疆研究丛书”

铜铅重务

边疆治理视野下的清代西南矿业

马 琦——著

TONGQIAN ZHONGWU
BIANJIANG ZHILI SHIYEXIADE
QINGDAI XINAN KUANGYE

人民出版社

责任编辑：贺　畅
文字编辑：黄煦明
封面设计：武守友

图书在版编目（CIP）数据

铜铅重务：边疆治理视野下的清代西南矿业 / 马琦著. -- 北京：人民出版社，2024. 9 -- ISBN 978-7-01-026654-1

Ⅰ. F426. 1

中国国家版本馆 CIP 数据核字第 2024TQ6618 号

铜铅重务
TONGQIAN ZHONGWU
——边疆治理视野下的清代西南矿业

马 琦 著

人民出版社 出版发行
（100706　北京市东城区隆福寺街 99 号）

中煤（北京）印务有限公司印刷　新华书店经销

2024 年 9 月第 1 版　2024 年 9 月北京第 1 次印刷
开本：710 毫米 × 1000 毫米 1/16　印张：18
字数：240 千字

ISBN 978 – 7 – 01 – 026654 – 1　定价：89.00 元

邮购地址 100706　北京市东城区隆福寺街 99 号
人民东方图书销售中心　电话（010）65250042　65289539

总　序

林文勋

我国幅员辽阔，民族众多，是一个统一的多民族国家。而中国的边疆地区则是我国统一多民族国家的重要组成部分，历来在国家的经济发展、社会进步和政治稳定中占有十分重要的地位。古往今来，历朝历代莫不重视边疆问题的研究与边疆治理。近代以来，随着世界局势的变化和边疆问题的凸显，边疆问题的研究更加受到重视，并形成了几次大的研究热潮。在这一过程中，一些学者提出了“边政学”、“边疆学”等概念，极大地推动了边疆问题研究的开展。目前，尽管人们对“边疆学”、“边政学”等概念还持有不同的看法，但边疆问题研究的重要性已没有人怀疑。构建一门具有中国特色的边疆学学科，在更高的层面和更大的范围开展中国边疆问题的研究越来越成为更多的人们的认识。

云南大学地处祖国西南边疆，是我国西南边疆建立最早的综合性大学之一。长期以来，依托特殊的区位优势和资源优势，大批学者对边疆问题特别是西南边疆的问题开展了持续不断的深入研究。在几代学者的共同努力下，通过将区位优势和资源优势转化为学科优势，再将学科优势转化为人才培养的优势，云南大学边疆问题的研究与人才培养蓬勃发展，并积累了深厚的学术基础，呈现出旺盛的发展潜力。中国边疆研究现已成为云南大学重要的优势和特色学科。在全力推进、发展中国边疆学学科建设的进程中，云南大学应该义不容辞、责无旁贷地肩负起建设和发展中国边疆学学科的重任。

基于此，为进一步巩固和提升云南大学边疆问题研究的水平与实力，2002 年，我们提出了在云南大学建设中国边疆学学科的建议并拟定了具体的方案。2007 年，通过整合边疆问题研究、中外关系史和经济史研究的力量，云南大学专门史学科被批准为国家重点学科。同年，我们又在历史学一级学科博士学位授权下自主增设了“中国边疆学”二级学科博士学位授权。2008 年，我们再次抓住国家“211 工程”三期建设的契机，提出“西南边疆史与中国边疆学”作为云南大学国家立项的学科项目加以建设，旋即得到批准。

“西南边疆史与中国边疆学”学科项目，计划从中国西南边疆史、中国与南亚东南亚关系史和中国边疆学研究三个方面较全面地开展边疆问题的研究和中国边疆学学科体系的探讨。同时，还将有计划地整理有关西南边疆的历史文献和档案资料，翻译和介绍国外学者关于中国西南边疆研究的重要成果。

此次我们编辑和出版云南大学“中国边疆研究丛书”，就是为了系统地反映我们在推进边疆问题研究和中国边疆学学科建设中所形成的研究成果，增进与国内外学术界的交流与合作。

从传统的边疆史地研究到中国边疆学学科建设，绝不只是研究范围的扩大和研究内容的增加，而是一种研究视野的转变和研究范式的创新。

中国边疆学学科的建设还将经历长期的探索过程并面临较为艰巨的任务，我们的工作也仅只是在自己原有基础上的一个新的开端。为此，我们真诚地期望各位专家学者给我们提出宝贵的意见和建议，以便我们的工作做得更好，共同为推进中国边疆学学科的发展与繁荣作出新的贡献！

2011 年春节

目　录

绪 论

清代矿业开发时间长、规模大、国家参与度高，主要集中于西南边疆地区，其在中国矿业史上的地位和重要性，超过古代其他时期。从国家治理的角度而言，边疆矿业既是国家经济治理的重要内容，其治理过程和成效也对边疆的安全、稳定和发展产生重要的作用和影响。因此，本书在边疆治理的视野下重新思考清代西南矿业，探讨矿业兴衰与西南边疆安全、稳定与发展的关系，总结、归纳其中的经验和教训，为现代国家边疆治理提供借鉴和参考。

一、选题缘由与研究价值

从学术史角度看，已有对清代矿业的研究多侧重于产业发展和地方经济层面上，探讨矿业发展本身及其对地方经济社会的影响。但是，以滇铜、黔铅为代表的清代西南边疆矿业已经超越了经济层面，更与国家安全、边疆稳定与发展密切相关，主要表现在以下几点：

首先，清代西南边疆矿业关系全国资源安全和经济安全。滇铜黔铅不但是清代货币铸造的主要原料，承担全国币材供给重任，属于国家经济战略资源，而且是清代火器制造的主要材料，属于军事战略资源。面对清前期铜铅供不应求的严峻局面，政府通过政策、资金、市场等方面的大力扶持，塑造了西南边疆矿业的兴盛；同时对滇铜黔铅严格管控，不但在采冶、收购、运输、销售、管理诸环节进行广泛的组织和动员，制定诸如放本收铜、京运、资源储备等政策和制度，形成以厂员、店员、运员为主体的运输体系和覆盖全国的币材供给格局，保证了国家资源的生产与供给，更利用矿厂管理、矿区管理、产业管理、行政管理、矿厂奏销体制和市场、价格、计划等手段实现国家对矿业的动态监管和宏观调控。因此，清代西南边疆矿业成为关系国家安全的“朝廷重务”。

其次，清代西南矿业兴衰给边疆经济和社会发展带来深刻影响。大量内地人口移民边疆为西南矿业开发提供了充足的劳动力和技术支撑，也在一定程度上缓解了内地因人口压力带来的社会问题。更为重要的是，边疆矿业兴盛带动了其他相关产业的发展，使西南边疆经济整体迈上新的台阶，巨大的矿业收益缓解了当地财政入不敷出的困境，为边疆治理提供了相应的财政支持。可以说，乾隆时期由矿业拉动的西南边疆经济发展，是这一时期边疆社会保持稳定的基础和前提。但不可忽视的是，嘉道时期西南边疆矿业渐趋衰落，失业矿民和外来流民为生存而争夺资源，最终演化成为咸同时期的社会动荡。由此可见，清后期西南边疆的社会失控同样与矿业有关。

最后，晚清西南边疆危机与矿产或矿业息息相关。19 世纪后期，英法两国相继控制缅甸、越南、老挝之后，对中国西南边疆进行大量的探路、调查和侦察中，矿产是其重点关注的内容，七府矿案即是英法觊觎中国西南边疆矿权的表现。同时，英法通过外交胁迫抢夺中国西南路权，滇越铁路的修筑便利了西方对中国的经济掠夺，个旧大锡的大量出口即是明证。更为重要的是，英法以划界为由，不断蚕食中国西南的领土和主权，而界务纠纷的焦点区域大多与矿产资源有关，如茂隆、波竜、募乃、悉宜、都竜等。因此，清末西南边疆危机实际上是矿权危机以及矿产地的领土危机。

可见，清代西南矿业与全国经济安全及边疆地区的安全、稳定与发展密切相关。因此，本书在边疆治理的视野下考察清代西南矿业，分析矿业兴衰与国家安全及边疆经济、社会发展内在关系，通过矿业实践，探讨清代西南边疆治理的成效及影响，总结和归纳其中的经验和教训，为现代边疆治理提供参考和借鉴。同时，本书的研究进一步丰富和扩展了清代西南矿业的研究视野和研究内容，对清史、经济史、矿业史、西南地方史等学科研究具有学术意义。

二、学术史评述

清代西南边疆矿业研究涉及矿业史、经济史、边疆史和西南地方史等诸多领域，成果众多，可从清代西南边疆矿业开发研究、西南边疆矿业与清代社会研究、晚清西南边疆危机研究三个方面进行评述：

1. 清代西南边疆矿业开发研究

清代西南边疆矿业研究主要集中于滇铜。《清代云南铜政考》（严中平，1948）是新中国成立前研究清代滇铜开发的代表性著作，内容涉及开发政策、生产、运输、销售、管理等多方面内容，书中许多观点和方法被诸多后学所借鉴。1949 年之后，清代滇铜研究力度不减，众多中外学者从滇铜兴衰（张熠荣，1962）、京运制度（E-Tu Zen Sun，1964；川胜守，1989；蓝勇，2006）、放本收铜（林荃，1965；常玲，1988；潘向明，1988；陈征平，2003）、产业发展（全汉昇，1974；陈慈玉，1988；杨毓才，1993）等方面将滇铜研究推向深入。改革开放以来，清代西南矿业开发的影响逐步引起学界的关注，从滇铜开发与全国货币铸造（傅汉斯，1983）、西南矿业与边疆社会经济（李中清，1985；王德泰，2011）、滇铜京运与沿途地区社会经济（川胜守，1997；蓝勇，2006）、滇铜流通与全国金属市场（邱澎生，2001；杨煜达，2013）、滇铜开发与生态环境（杨煜达，2004）等方面研究清代西南矿业的影响，拓展了矿业的研究内容。但是，其他矿种研究成果甚少。滇银研究涉及银矿业与银产量（全汉昇，1974）、矿政与管理（辛法春，1988）

及滇西边区银矿业（龚荫，1982），温春来对清代大定府铅矿进行了初步研究（2007）。此外，李中清对清代西南矿业发展及其影响有较为全面的研究（中译本，2012），韦天娇（1992）、杨寿川（2014）分别从整体上阐述云贵两省矿业开发过程。

总体而言，清代西南矿业开发研究存在以下特点和不足：一是研究成果丰硕，但主要集中于滇铜，对其他矿种和区域缺乏应有的关注；二是绝大多数研究侧重于产业本身，在经济史、矿业史及地方史视野下探讨产业本身，缺乏对清代西南矿业的综合性研究，即矿业与政治、经济、社会、文化、生态及国家安全等方面互动关系的系统性研究；三是研究资料多以正史、政书、地方志为主，对清代档案、民间文献中与西南矿业相关的资料利用不足。

2. 西南边疆矿业与清代社会研究

内地人口过剩是清代中期社会危机的根源之一（杨杭军，2000；张国骥，2005）。张妍详细论述了清代中期人口急剧膨胀下的自然环境、经济环境和社会环境以及国家社会治理（2008）；郭松义探讨了清代中期国家改善因经济繁荣和人口膨胀影响下的农业生产形势的政策和措施（2009）。移民边疆是清代中期化解内地人口压力、缓和社会矛盾的重要措施。李中清认为清代中期西南移民人口超过 300 万，其中矿工及其家属约 100 万（1984）；曹树基估算清代中期西南矿业移民数量与此相似（1997）。矿业是清代中期西南边疆吸纳内地移民的主要产业，在缓解内地人口压力、维护社会稳定方面具有重要作用，也给边疆社会带来深刻的影响。李中清、陈庆德、王德泰等学者就清代西南边疆矿业开发促进边疆社会经济发展进行过探讨，纪若诚则专门考察了清代云南西南部边疆移民与社会变迁。

值得一提的是，吕昭义以道光元年云南白羊厂汉回械斗案为例，认为帮派组织对矿产资源的争夺是咸同年间汉回矛盾和社会大动荡的主要原因

（2003）；杨煜达以乾隆朝茂隆银厂吴尚贤为中心，分析了边疆矿民集团的形成，其在边疆的拓张，与土司、山民乃至外国都存在复杂的关系，对清代的边疆秩序既有冲击和扰动，亦有支持和配合（2008）；马健雄从边疆银矿兴衰入手，探讨边疆社会秩序的演变，尤其是嘉道以后失业矿工对边疆社会的影响（2014、2018）。以上三位学者的研究虽然开启了对矿业、矿民与边疆社会关系的探讨，但仍以个案研究为主。

可见，在清代边疆移民与西南矿业、内地社会危机及政府应对、矿民与边疆社会方面的研究均有一定的基础。但是，整体研究缺乏深入分析，而个案研究又难以把握全局。如何将这些有机结合在一起，思考清中期西南边疆矿业兴衰与边疆社会安全的关系，尤其是矿业衰落后的矿民转移安置与咸同社会动乱之间的内在联系，仍未引起学者的关注。

3. 晚清西南边疆危机研究

晚清西南边疆危机是近代史、边疆史、中外关系史研究的重点问题，研究成果丰硕。按其内容可分为四个方面：一、晚清西南边疆危机与政府应对研究。如尤中（1987）、马大正（2000）、H.R. 戴维斯（中译本，2001）、王叔武（1980）、马洪林（1983）、秦和平（1992）等探讨西南边疆危机、界务纠纷、边疆变迁和清政府的态度，以及政府通过边疆移民（张根福，1997）、调整政区（郑维宽，2008）、土司制度（龙晓燕，2009）及设置对汛督办（陈元惠，2008）、殖边督办（洪崇文，2002）等政策和措施应对边疆危机。二、领土危机与界务问题是晚清西南边疆危机研究的重点。这方面成果有方国瑜《中国西南历史地理考释》（1984）、吕一燃《中国近代边界史》（2007）等著作和秦和平关于中缅界务交涉的研究（1993）。三、重大问题和重点区域是晚清边疆危机研究的持续热点。如片马事件（谢本书，1985；张子健，2008）、马嘉理事件（孙代兴，1987）、果敢问题（周怀聪，1991）和中越之间的猛乌、乌得两地问题（古永继，2015）。四、矿权、路权等晚清西南边疆主权危机研究。大部分论著中均有涉及，但主要侧重于七府矿案（荆德新，1978；乔志强，1981；王笛，1984）；路权危机则集中于滇越铁路（丁世福，1982；龙永行，1990）。

可见，晚清西南边疆危机研究有以下特点和不足：一是阶段性特征明显。1949 年以前的研究从边疆地理、历史、外交等方面论述西南边疆危机的史实及影响；之后侧重于英法对西南的侵略史实及西南边民的反抗斗争；改革开放后开始向边疆变迁及政府应对方面拓展。二是研究内容集中。长期以领土危机为重点，围绕界务纠纷、划界交涉展开，侧重于影响界务的重大事件和重点区域的研究。三是研究长期局限于边疆史和中外关系史层面，缺乏从资源和国家安全等视野下进行思考。四是缺乏全面的系统性研究。

三、研究内容、思路与基本资料

本书研究边疆治理视野下的清代西南矿业，通过分析清代西南边疆矿业开发中的政策、生产、购销、运输、运销和管理等内容，探讨其对清代国家安全、边疆经济社会发展的作用和影响，总结归纳清代边疆治理的经验和教训。研究时段从 1659 年至 1911 年，范围包括今天云南、贵州两省及四川省凉山州。

研究思路分为三步：一是从全国资源需求和经济安全的视角审视清代前期西南边疆矿业开发的全过程，分析国家资源、经济安全保障过程中的制度与实践。二是从边疆稳定和发展的角度，探讨清代中期西南矿业与边疆经济发展和社会矛盾演变关系。三是从国家领土和主权安全角度，探讨清末西南边疆危机与矿业或矿产的关系，分析清末西南边疆危机的实质及矿业影响因素。最后，通过矿业实践，总结归纳清代边疆治理的经验教训。

本书研究的核心资料主要有五类，一是清代档案和地方督抚奏折，包括《雍正朝汉文朱批奏折汇编》《宫中档乾隆朝奏折》《明清档案》及中国第一历史档案馆所藏清代档案等。二是清代实录与政书，包括清代历朝实录、五朝会典和三朝会典事例。三是西南地方志。四是西南地方督抚奏折和文集，如高其倬、鄂尔泰、张允随、陈宏谋、裴宗锡、孙玉庭、朱理、贺长龄、李星沅、林则徐等。五是中外条约汇编、清末督抚奏折、民国学人调查中的清末西南边疆危机史料，如岑毓英、姚文栋、方国瑜等人的著述。

第一章　清前期的资源需求与西南边疆矿业兴起

清中期是中国矿业发展的鼎盛时期，这已成为学界的共识。关于这一时期矿业兴盛的原因，部分学者通过对矿政演变的分析，归结为社会需求增加的结果[①]。这一结论无疑切中了问题的要害。但是，清前期的资源需求如何拉动矿业发展？供求关系的演变过程是怎样的？政府的应对实践有哪些？对于这些问题的探索，将有助于我们更好地理解清代矿业兴盛的背景和原因。

第一节　制钱鼓铸与币材需求

铜与铅是清代矿业兴盛的代表性矿种，开采规模大，持续时间长。从其需求来看，铜主要用于铸造制钱、生活器皿、火炮和宗教造像；而铅分为两种，白铅实为金属锌，主要用于铸造制钱，黑铅即金属铅，主

① 张熠荣：《清代前期云南矿冶业的兴盛与衰落》，《云南学术研究》1962 年第 3 期；韦庆远、鲁素：《清代前期矿业政策的演变》（上、下），《中国社会经济史研究》1983 年第 3、4 期。

要用于制造火器弹丸。关于清代火器与弹丸制造对铜铅的需求，笔者曾专文讨论过[①]，因其用量不大，兹不赘言。除生活与宗教用途难以统计外，现以制钱铸造为例，分析顺治、康熙、雍正三朝的铸钱量变化与币材需求。

一、顺治元年至顺治十四年

制钱俗称铜钱，是清代的法定货币之一，与白银并行流通，银每一两兑换制钱一千文。关于清代前中期的铸钱量问题，虽然早期“钱荒”的观点已经被大规模铸造制钱所替代，但其具体数量仍未统一，关键在于如何认识《清实录》所载顺治、康熙、雍正三朝的历年铸钱量问题[②]。为了便于分析，兹将《清实录》所载顺治、康熙、雍正三朝铸钱量制图如下：

① 康熙年间所铸铜炮439门，总重量为192034斤；从康熙至嘉庆朝，军队操演军铅每年需用20万—26万余斤。参见马琦：《铜铅与枪炮：清代矿业开发的军事意义》，《中国矿业大学学报》2012年第2期。

② 关于清代“钱荒”，见袁一堂：《清代钱荒研究》，《社会科学战线》1990年第2期。彭威信根据《清实录》中顺治、康熙、雍正三朝每年年末铸钱记录，统计共铸钱434亿文，平均每年4.3亿文，并认为这只是北京宝泉局的铸钱数，并非全国数字。其理由有二：一是《大清会典》所载宝泉局每年应收铜铅等币材数量，可铸钱9亿文，然其中含有贵州、湖南应解黑铅，可知此乃乾隆五年改铸青钱后的数据；二是清代铸钱每年要用一千多万斤铜，约可铸钱30亿文，显然，这也是乾隆四年滇铜京运之后的状况。参见《中国货币史》，上海人民出版社1965年版，第827、883、884页。同样是反对钱荒的杜家骥，认为《清实录》载顺治、康熙、雍正三朝铸钱量均为中央所铸，并不包括地方所铸，其理由有二：一是康熙、雍正两朝所载铸钱量应为宝泉、宝源二局之和，宝泉一局所铸不会那么多；二是顺治四年至十五年，每年铸钱10亿—26亿文，其数过大，既不是宝泉一局所铸，亦不仅是中央之数，从当时铜源情况看，此数令人怀疑。参见《清中期以前的铸钱量问题——兼析清代所谓“钱荒”现象》，《史学集刊》1999年第1期。

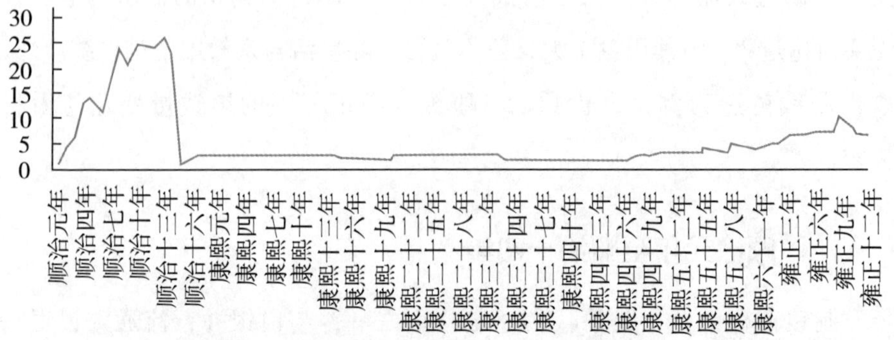

图 1–1 《清实录》所载顺治、康熙、雍正三朝铸钱量（单位：亿文）

注：上图数据来自《清实录》顺治、康熙、雍正三朝每年岁末所载铸钱量。其中，顺治八年（1651 年）至十七年（1660 年），未包括每年“旧铸钱量”（每年约 20 万文）；康熙六十一年（1722 年）至雍正四年（1726 年）所载铸钱量单位，据杜家骥的研究，应为“串”，而非前后年份的“文”，并统一换算为亿文。

显然，顺治四年（1647 年）至十四年（1657 年）所载每年铸钱量急剧扩大，从 4 亿文增至 26 亿文，之后又突然跌落至 2 亿文左右，这正是杜家骥的疑惑之处。如果仅从铜源情况而言，按每文铸重一钱二分五厘，铜七铅三配铸，则年需铜材 350 万—2275 万斤，处于统一全国征战过程中的顺治朝，获得如此多的铜材确实令人难以置信。虽然清政府自清初开始，令税官买铜，供京局鼓铸，但数量有限。如顺治十七年（1660 年），工部疏言“宝源局鼓铸每年额需铜一百八十万斤”；康熙三年，户部言：“见在宝泉局额铜二百四十六万一千五百三十八斤有奇”，宝源局额用铜，芜湖、龙江、南新、荆州四关合计办铜 719652 斤[①]。仅凭税官采买矿铜，确实无法支撑如此巨额的铸钱量。

然不可忽视的是，清初除了税官办铜之外，收购旧钱、回炉重铸亦是清初币材来源的主要方式之一。顺治三年（1646 年），户部奏：“制钱渐广，

① 张廷玉等编：《皇朝文献通考》卷 14《钱币二》，载纪昀等编：《景印文渊阁四库全书》第 632 册，台湾商务印书馆 1986 年版，第 274 页。

旧钱日贱，应概革不用。惟崇祯钱暂许行使，其余旧钱悉令送部，每斤给价八分，以资鼓铸。”报可[①]。京局如此，地方省镇铸局亦不例外。如顺治十三年（1656年），江西巡抚奏请开局鼓铸时，所列币材来源既有红铜，亦含废铜钱[②]。

顺治朝不仅收购前代旧钱，而且本朝钱法亦多变化，毁旧铸新时有发生。如顺治九年（1652年）改铸厘字钱。户部会同九卿议奏疏通钱法：“以后铸钱务照定式，每文重一钱二分五厘，精工铸造，背面铸一厘两字，每千文作银一两，严饬内外上下画一通行，如有不遵者治以重罪。其见行旧钱，原有高低厚薄不等，难以强齐，一切贸易似应暂从民便。”圣旨曰：“钱法难行皆因设炉太多、铸造不精所致。见今官铸，该部酌减炉座，务要精工如式，背面添一厘二字，上下通行，有不遵者依律治罪。已行制钱姑从民便。”[③] 再如顺治十四年（1657年）改铸满汉文钱。帝谕户部更定钱法：“各省铸炉当一概停止，独令宝泉局鼓铸。务比旧钱体质稍加阔厚，磨𨱍精工，仍兼用满汉字，俾私铸难于伪作。其见行之钱姑准暂用，三年以后止用新铸制钱，旧钱尽行销毁。著议政王贝勒大臣、九卿詹事、科道会议具奏。”[④] 至顺治十八年（1661年），户部议言：“见在各局满汉文新钱铸造尚少，其一厘字钱暂令展限行使。请先收买十年以前无一厘字旧钱，每斤给直七分，交局销毁改铸。从之。”[⑤] 同时，又据山东道御史余司仁奏请，禁止私铸及明代旧钱、废钱行使，令京师及各省收买鼓铸。康熙二年（1663年），两年期至，户部“复请严禁（厘字钱），本部给价收买，发宝泉局改铸新钱，暂停

---

① 《清世祖实录》卷26，顺治三年五月庚戌，《清实录》第3册，中华书局1985年版，第219页。

② 《江西巡抚郎廷佐题报设炉鼓铸事宜并所获钱息用途事》，顺治十三年五月十九日，载张伟仁主编：《明清档案》第27册，台湾“中研院”历史语言研究所1995年版，编号：A027—38。

③ 《清世祖实录》卷77，顺治十年七月乙卯，《清实录》第3册，第609页；《皇朝文献通考》卷13《钱币一》（《景印文渊阁四库全书》第632册，第266页）将其系于顺治九年，兹从该书。

④ 《清世祖实录》卷111，顺治十四年九月己巳，《清实录》第3册，第875页。

⑤ 《皇朝文献通考》卷13《钱币一》，《景印文渊阁四库全书》第632册，第272页。

各关买解铜斤”。从之[①]。可见，从前朝旧钱、顺治初年的仿古钱和汉字钱、顺治十年的厘字钱到顺治十四年的满汉文钱，法定流通制钱的种类不断更换，而禁止流通的钱文，其用途几乎一致，皆收买改铸新制钱。

顺治朝钱法多变的原因，固然可以用钱法壅滞来解释，诸如私铸盛行、铸造不精、钱价高昂等问题。但是，所有前朝旧钱、本朝旧钱皆由官府收购，作为币材铸造新制钱。这至少说明两个问题：一是这一时期的制钱流通总量并不大，与清中期币制稳定、连年鼓铸所累积的流通量不可同日而语；二是受币材供给的限制，巨大的铸钱量无法持续。因为不论是前朝旧钱还是本朝旧制钱，虽然总量不小，但随着长期不断的收购销毁，其存量逐渐减少。

那么，《清实录》所载顺治朝的高额铸钱量是否属实，我们可以从当时的鼓铸情况来分析。顺治十一年（1654 年），吏科给事中郭一鹗弹劾时人户部右侍郎王弘祚，称其“滋弊丛奸，垄断市利；督修赋役全书，久无成效；总理钱法，巧为增设铸炉三百余座；销算兵饷，蒙混开销宣大裁兵银六万七千余两；假全书为幸进之门，据炉座为网利之薮，借核实为行私之窦”。王弘祚上书自讼，最终以失参各省迟造全书官员，罚俸结案[②]。可见，王弘祚总理钱法时，户工二局“设立三百余座”应为史实。虽然不清楚每年鼓铸卯数及每卯用料几何，但这与乾隆时期京局炉座相比，几近三倍。不仅京局如此，各省镇炉座也数量庞大。如顺治十三年（1656 年），江南总督马鸣佩奏销江宁钱厂顺治十二年用本获息数目时称：“计本年分开炉三百座，铸过三铸，共铸出钱九千九百四万九千二百五十五文，每钱一千文作银一两，共值银九万九千四十五两二钱五分五厘，内除买办铜铅、炭罐，并给炉匠工食，共算用过本银七万一千八百五十三两七钱五分外，净获铸息银

① 《清圣祖实录》卷 8，康熙二年三月丙辰，《清实录》第 4 册，第 137 页。

② 《清世祖实录》卷 83，顺治十一年四月丙寅，《清实录》第 3 册，第 650 页。

二万七千一百九十五两五钱五。”[①]江宁钱局设炉300座，顺治十二年铸钱接近1亿文。当然，这一时期，各省镇设局开炉的不仅江宁一处。顺治十四年（1657年），悉停各省镇钱局，户部奏称，山东、山西、河南、陕西、湖广、浙江、江南、江西八省及临清、阳和、宣、蓟四镇共十二钱局，自顺治十四年正月起，至接到部文停铸止，共获铸息银149977.96两[②]。其中，除河南、湖广、浙江、江西、宣镇、蓟镇外，山东、陕西、山西、临清、阳和五局鼓铸十一个月，而江南局仅鼓铸十个月。按顺治十二年江南铸局的获息水平，每铸钱一串，获息银0.27457两推算，各省镇钱局年铸钱共约6亿文。

关于顺治十四年各省镇局停铸的原因，《清实录》载上谕："鼓铸之法原以裕国便民，今在京宝泉局外，各省开炉太多，铸钱不精，以致奸民乘机盗铸，钱愈多愈贱，私钱公行，官钱壅滞，官民两受其病。"[③]《清文献通考》载户部议言："直省征纳钱粮多系收银，见今钱多壅滞，上下流通，请令银钱兼收，以银七钱三为准，银则尽数起解，其钱充存留之用，永为定例"，"又停各省镇鼓铸，专归京局，更定制钱，每文重一钱四分，于钱幕铸满文"。[④]虽有铸造不精、盗铸盛行的因素，但"开炉过多""钱多壅滞"则不可否认，这也成为铸钱量过大的佐证。

因此，关于《清实录》所载顺治朝铸钱量，笔者认为不可轻易否定。虽然税官办铜的数量不成比例，但通过收购前朝旧钱、本朝旧制钱鼓铸铅制钱，可以在一定程度上弥补矿铜的不足。虽然京局及各省鼓铸量因史料缺乏无法准确推算，但已有证据表明，京局炉座数量及各省局铸钱量均已超过康熙时期。当然，顺治朝的铸钱量，视为全国总数更为合理。

---

① 《江南总督马鸣佩奏为恭报江宁鼓铸获息以佐军需事》，顺治十三年三月（日期不详），《明清档案》第26册，编号：A026—89。

② 《户部钱法侍郎杜笃祜遵旨奏报钱息以资兵饷事》，顺治十五年十二月（日期不详），《明清档案》第33册，编号：A033—96。

③ 《清世祖实录》卷111，顺治十四年九月己巳，《清实录》第3册，第875页。

④ 《皇朝文献通考》卷13《钱币一》，《景印文渊阁四库全书》第632册，第268页。

二、顺治十五年至雍正元年

《清实录》所载康熙朝前中期的铸钱量基本保持稳定，在2.3亿—2.9亿文之间波动，康熙五十年（1711年）后缓慢增加，至康熙六十一年（1722年）达到4.6亿文，雍正朝延续了这种趋势，增长速度有所加快，至雍正九年（1731年）达到最高的10.5亿文。针对这些数据，不论是将其作为宝泉一局铸钱量的彭威信，还是将其作为宝泉、宝源二局铸钱量的杜家骥，其理由均为理性判断，缺乏有力的证据支撑（详见前文注释）。笔者通过与其他来源资料的对比，从铸钱量、铸重、配铸、币材用量及来源方式等方面认识康熙、雍正两朝的铸钱与币材需求。

按前文所引《清文献通考》载康熙三年（1664年）户部宝泉局额铜2461538斤，芜湖、龙江、南新、荆州四关合办工部宝源局额铜719652斤，合计年需额铜3181190斤，每百斤除耗铜12斤，则年额京铜2799447斤。按顺治元年（1644年）规定："每文重一钱，以红铜七成、白铅三成配搭鼓铸，每铜百斤准耗十有二斤"；顺治十四年（1657年），"宝泉局铸钱改重一钱四分"[①]。据此推算，康熙三年户工二局年额铜斤可铸钱4.57亿文，《清实录》所载铸钱量仅为可铸钱量的64.74%。如仅以宝泉一局推算，可铸钱3.54亿文，除去每铜百斤工匠物料钱0.58亿文，实得净钱2.96亿文，与《清实录》所载基本一致。显然，《清实录》所载铸钱量仅为宝泉一局，而且是除去工匠物料后的净钱。

康熙二十二年（1683年），户部调整各税关办宝泉局额铜："见在崇文门及天津扬州二关，每处各支银一万两，各办铜十五万三千八百四十六斤有奇，淮安北新湖口临清四关每处各支银二万两，各办铜三十万七千六百九十二斤有奇，浒墅关支银二万三千两，办铜三十五万三千八百四十六斤有奇，芜湖

① 允祹纂修：乾隆《钦定大清会典则例》卷44《户部·钱法》，载纪昀等编：《景印文渊阁四库全书》第621册，台湾商务印书馆1986年版，第375页。

关支银二万二千两，办铜三十三万八千四百六十一斤有奇，西新关支银五千两，办铜七万六千九百二十三斤有奇。今临清关税稍觉不敷，有赣关、太平桥关二处，额税银三万余两，从不办铜，应酌减临清关办铜银一万两，令二关各支银五千两采办。见在官铸需铜宜令充裕，并请再酌增湖口关银三千两，又有凤阳关亦从未办铜，请派银一万二千两，采办官铜，解交鼓铸。”[①]以上十三关所办宝泉局额铜，自此由每年2307690斤增至2538459斤。说明自康熙三年之后，因办铜困难，额铜量有所下降，自此恢复并略有增加。次年，吏部侍郎管理京省钱法陈廷敬奏称：“总计宝泉、宝源二局，每年各关动支税银二十五万三千两，办解铜三百八十九万二千三百零七斤十一两，内除耗铜三十五万三百零七斤十一两，净铜三百五十四万二千斤。现行例鼓铸钱四十万零四千八百串，直银四十万零四千八百两。今若改重一钱，仍每串作银一两计，每年多鼓铸钱一十六万一千九百二十串，直银一十六万一千九百二十两。”[②]也就是说，在钱法变更之前，户工二局每年额铜3892308斤。按旧例可铸钱559221串，除工料钱159095，实得制钱400126串，与陈廷敬所言接近。但是，《清实录》所载康熙二十三年（1684年）铸钱量仅为户工二局可铸钱量的52.73%。

与康熙三年相比，这一比例有所增加。这可能与耗铜及工匠物料钱减少有关。《清文献通考》载：“康熙二十三年，以《详察耗费事宜》，将耗铜减定为九斤，每百斤铸钱十串四百文，支给匠工物料减定一千九百七十四文。”[③]或者是另外一种可能。同年，管理钱法刑部左侍郎佛伦疏称：“宝源局每年鼓铸用铜六十五万八千一百斤零，以五万斤铜为一卯，每月鼓铸二卯。此六十五万余斤之铜止可鼓铸六个月有余……请将芦课并各关税，增买

① 《皇朝文献通考》卷14《钱币二》，《景印文渊阁四库全书》第632册，第279—280页。

② 陈廷敬：《午亭文编》卷30《制钱销毁滋弊疏》，康熙二十三年八月十七日题，《景印文渊阁四库全书》第1316册，第451页。

③ 《皇朝文献通考》卷14《钱币二》，《景印文渊阁四库全书》第632册，第289页。

铜斤共一百二十万斤。一年十二月，每月铸钱二卯……以康熙二十四年为始，解交宝源局，以足鼓铸。”[①] 因各关额铜不能及时解足，宝源局实铸与规定相去甚远，而《清实录》所载为实际铸钱量，因此提高了这一比例。

除了宝源局增加额铜外，康熙二十三年的钱法亦变动剧烈。首先，将每文铸重从一钱四分改为一钱，令宝泉局每年开铸四十卯。管理钱法吏部左侍郎陈廷敬疏称：“民间所不便者，莫甚于钱价昂贵。定制每钱一千直银一两，今每银一两仅得钱八九百文。钱日少而贵者，盖因奸宄不法，毁钱作铜牟利所致。鼓铸之数有限，销毁之途无穷，钱安得不贵乎？欲除毁钱之弊，求制钱之多，莫若铸稍轻之钱，毁钱为铜既无厚利，则其弊自绝。……今若改每文重一钱，计每年可多铸钱十六万一千九百二十串，此利于民而亦利于国者也。”后经九卿会议：“应如所请，于宝泉局按卯增铸，其各省钱局俱照新订钱式铸造。”其次，“又定以铜六铅四配铸制钱”[②]。制钱减重、配铸比例减少铜的用量、户工二局铸钱卯数增加及解部额铜扩大，均为法定铸钱量的增加提供了可能。

但是,《清实录》所载康熙二十四年（1685年）以后的铸钱量并非有明显的增加，反而有略微的减少。其他文献的记载亦表明，此后户工二局的铸钱量、各关岁办额铜量亦低于康熙二十三年陈廷敬所报之数。如康熙二十五年（1686年），户部议称：“直隶各省关差采买铜斤，原价六分五厘，今酌议加增三分五厘，每斤计算一钱，通共户工二部解铜三百六十四万二千七百五十八斤零，共加增铜价银一十二万七千四百八十八两零。”[③]《清文献通考》亦详载：“每斤原价银六分五厘，诚有不敷，今酌增三分五厘，每斤合计银一钱，各关办解户部铜二百六十九万二千三百七斤有奇，办解工部铜九十五万四百五十斤

① 《清圣祖实录》卷116，康熙二十三年七月丙戌,《清实录》第5册，第207—208页。

② 《皇朝文献通考》卷14《钱币二》,《景印文渊阁四库全书》第632册，第281页。

③ 《清圣祖实录》卷125，康熙二十五年四月戊子,《清实录》第5册，第329页。

有奇，合计三百六十四万二千七百五十八斤。”[①] 两局额铜 364 万余斤，较之康熙二十三年的 389 万余斤还少 25 万斤左右。康熙朝中期，任职户部广东司郎中吴暻，在其所纂《左司笔记》中记载：“户部宝泉局，明天启元年八月置，本朝因之。岁铸部钱一十九万七千六百一十一串九百有奇。……按：每岁一月分二卯，一岁凡二十四卯”；“（宝泉局）岁解铜斤二百六十九万二千三百九斤六两。按：二局每年总铸钱三十二万八千串”[②]。该书纪事起于汉唐，止于康熙五十四年（1715 年），其钱粮数目皆以康熙三十九年（1700 年）为例。姑且暂定上述记载为康熙三十九年数据，宝泉局额铜与康熙二十五年一致，而宝源局额铜则为 95 万余斤，虽较康熙二十三年之前的 65.8 万斤有所增加，但远不及佛伦所请增的 120 万斤。因此，两局所铸净钱亦从 40.88 万串降至 32.8 万串。《清实录》所载康熙三十九年左右的铸钱量仅为可铸钱的 72.58%。这一比例较康熙二十三年大幅提升，可能与钱法变革直接相关。

康熙四十一年（1702 年），大学士、九卿等会议：“铸钱每文重一钱四分，停止旧式小钱鼓铸。三年内许大小互用，大钱足用，则小钱可渐次销毁。”从之[③]。制钱铸重又改回康熙二十三年制钱的一钱四分，意味着在铸钱量不变的情况下，对币材的需求增加了 40%。因此，康熙四十二年（1703 年），因“制钱改重，需铜甚多”，户工二部令长芦、两浙盐课增办额铜 50 万斤；康熙四十四年（1705 年），又令福建、广东、两浙盐课及广东、江南、浙江海关增办额铜 71 万斤[④]。此外，康熙四十五年（1706 年），于京师、天津、临清、广东各处收买小制钱[⑤]。这一措施不仅有助于稳定钱价、促进

① 《皇朝文献通考》卷 14《钱币二》，《景印文渊阁四库全书》第 632 册，第 284 页。

② 吴暻：《左司笔记》卷六《钱法》，《四库全书存目丛书》第 496 册，齐鲁书社 1996 年版，第 232 页。

③ 《清圣祖实录》卷 210，康熙四十一年十月乙巳，《清实录》第 6 册，第 131 页。

④ 《皇朝文献通考》卷 14《钱币二》，《景印文渊阁四库全书》第 632 册，第 289—290 页。

⑤ 《清圣祖实录》卷 225，康熙四十五年四月己亥，《清实录》第 6 册，第 260 页。

大制钱流通，而且扩大了币材供给的来源。

康熙五十年（1711 年），宝泉局鼓铸每卯用铜铅增至 10 万斤[①]。《清实录》所载铸钱量亦从康熙四十九年的 2.98 亿文增至 3.75 亿文。铸钱量的增加意味着币材需求的扩大。康熙五十二年（1713 年），因“官局所需额铜，从前所办尚多不敷”，令两浙、福建、广东盐课增办铜 36 万斤，解交宝源局；亦令两淮、河东、广东、福建盐课及福建海关增办铜 47 万斤，解交宝泉局[②]。两局额铜又增加了 83 万斤。康熙五十四年（1715 年），议令将京局额铜由内务府商人改交江南等八省办解时，大学士会同户工二部奏称：“额办铜铅，以铜六铅四计算，每年宝泉局额铜二百九十二万三千三百八十四斤，宝源局额铜一百五十一万一千八百十六斤，共需铜四百四十三万五千二百斤。……至每年宝泉局额铅一百九十四万八千九百二十三斤，宝源局额铅一百万七千八百七十七斤，共需铅二百九十五万六千八百斤。”[③]较之康熙三十九年的 364 万余斤，康熙五十四年的额铜增加了 79.2 万余斤，增幅为 21.75%。这可能与康熙四十一年钱文铸重从每文一钱增至一钱四分有关。当然，自康熙二十三年实行铜六铅四配铸以来，用铜比例的下降也在一定程度上降低了铜材的需求，相反增加了对铅的需求，两局鼓铸用铅已达 295 万余斤。

《清文献通考》称：“（康熙）五十年（1711 年）以后，两局卯数、铜斤递经增定。至康熙六十年（1721 年）间，两局各三十六卯，每铜铅百斤除耗九斤，给工料钱一串九百六十九文，宝泉局每卯用铜七万二千斤、铅四万八千斤，铸钱一万二千四百八十串；宝源局每卯用铜三万六千斤、铅二万四千斤，铸钱六千二百四十串，每年共为钱六十七万三千九百二十串

① 《皇朝文献通考》卷 14《钱币二》，《景印文渊阁四库全书》第 632 册，第 291 页。

② 《皇朝文献通考》卷 14《钱币二》，《景印文渊阁四库全书》第 632 册，第 279 页。

③ 《皇朝文献通考》卷 14《钱币二》，《景印文渊阁四库全书》第 632 册，第 293—294 页。

云。”[①]《清实录》所载康熙六十年铸钱量仅为户工二局铸钱量的64.89%，这一比例较康熙三十九年又有所降低。

雍正时期，不断扩大京局鼓铸卯数，铸钱量亦随之增加。如雍正元年（1723年），将宝泉局铸钱恢复至每年40卯，“每年用铜二百八十八万斤，铅一百九十二万斤”，户部称：“见在宝泉局每年四十卯开铸，除给工料钱外，有钱四十万五千一百六十八串。”[②]可见，宝泉局该年已恢复40卯鼓铸。按前文所引康熙六十年的规定推算，宝泉局每卯铸钱12480串，则40卯共铸钱499200串；每年用铜铅共480万斤，则需工料钱86006串，所获净钱413194串，与上述“有钱四十万五千一百六十八串”相差不大。而《清实录》所载雍正元年铸钱量与宝泉局额铸净钱数相同，是两局铸钱量的68.97%。

三、雍正二年至雍正十二年

雍正二年（1724年）以后，《清实录》所载各年铸钱量快速增加。这不仅是户工二局连年加卯鼓铸的结果，也与这些数据的统计范围扩大直接相关。

雍正二年，令宝源局恢复40卯鼓铸，工部称：“若加铸钱，除本局炉役钱外，岁可得二十一万一百九十余串。”[③]同样照康熙六十年规定推算，宝源局每年开铸40卯，可铸钱249600串，除物料钱43003串，所获净钱206596串，与上述工部预估相差甚微。如此，两局共铸钱748800串，除物料外的净钱为615358串。当然，宝泉局该年并非全年按40卯鼓铸。对比《清实录》所载雍正三年（1725年）铸钱量为两局铸钱量的87.76%。

① 《皇朝文献通考》卷14《钱币二》,《景印文渊阁四库全书》第632册，第298页。
② 《皇朝文献通考》卷15《钱币三》,《景印文渊阁四库全书》第632册，第302页。
③ 《皇朝文献通考》卷15《钱币三》,《景印文渊阁四库全书》第632册，第302页。

雍正四年（1726年），宝泉、宝源二局每年鼓铸再增至41卯[①]。按户工二局每卯铸钱18720串，41卯共铸钱767520串。对比《清实录》所载雍正五年铸钱量，为两局铸钱量的94.27%。雍正五年（1727年），又令宝泉、宝源二局“于定额之外加卯鼓铸”，“两局加铸，初自六卯递增至十五六卯不等，各设勤炉添铸，岁无定额，皆在正卯之外，其每年配铸铜铅之正额，仍为四十一卯”[②]。《钦定大清会典事例》则载，“（雍正）六年（1728年）奏准：宝泉局收见存黄铜器皿百余万斤，于原定额铸卯钱外，陆续加铸钱九卯”。[③]如按户工二局每卯鼓铸18720串推算，则雍正五年两局各开47卯，共铸钱879840串，除工匠物料外，铸净钱714108.6串。《清实录》所载雍正五年铸钱量与两局所铸净钱极为接近，两者相差仅1.3%。

从以上分析可知，顺治元年（1644年）至顺治十四年（1657年），《清实录》所载历年铸钱量实为全国铸钱量，不仅是户工二局，还包括各省镇所铸制钱；自顺治十五年（1658年）至雍正元年（1723年），《清实录》所载历年铸钱量实为户部宝泉局所铸净钱量，即除工匠物料钱之外的存部钱；而雍正二年（1724年）之后，《清实录》所载各年铸钱量逐渐接近宝泉局、宝源局所铸净钱之和，至雍正五年（1727年）与两局所铸净钱基本相同，此后《清实录》所载铸钱量实为两局所铸净钱之和。同时，从《清实录》所载铸钱量占户工二局铸钱量的比例来看，康熙二十三年（1684年）、康熙三十九年（1700年）、康熙六十年（1721年）分别为52.73%、72.58%和64.89%，平均63.40%，这也符合“宝源局仍视宝泉局之半核算”[④]之常例；而雍正二年之后，因《清实录》所载铸钱逐渐变为宝泉、宝源两局净钱之和，导致其占两局铸钱量的比例从87.76%增至94.27%。

---

① 《皇朝文献通考》卷15《钱币三》，《景印文渊阁四库全书》第632册，第308页。

② 《皇朝文献通考》卷15《钱币三》，《景印文渊阁四库全书》第632册，第312页。

③ 乾隆朝《钦定大清会典则例》卷44《户部·钱法》，《景印文渊阁四库全书》第621册，第376页。

④ 《皇朝文献通考》卷15《钱币三》，《景印文渊阁四库全书》第632册，第323页。

据此，可对《清实录》所载顺治十五年（1658 年）至雍正十二年（1734 年）的铸钱量进行修正，以获得这一时期户工二局的实际铸钱量。其修正参数：顺治十五年至雍正元年、雍正二年至四年、雍正五年及其后，分别以《清实录》所载各年铸钱量除以其所占两局铸钱量的平均比例 63.40%、87.76% 和 94.27%，从而获得两局实际铸钱量序列。

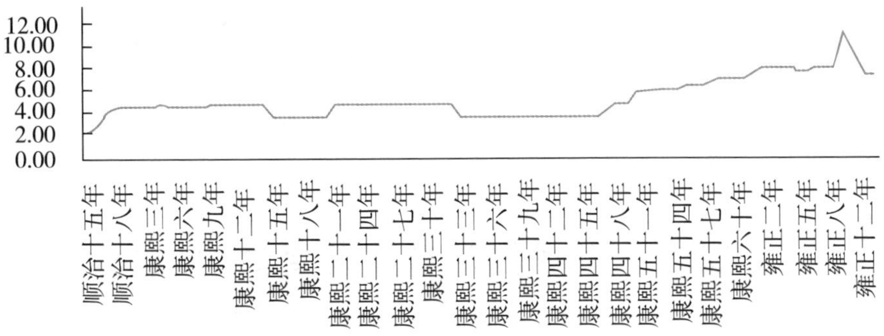

图 1–2　顺治十五年至雍正十二年户工二局铸钱量推算（单位：亿文）

上图所示，从顺治十五年（1658 年）至康熙四十八年（1709 年），户工二局铸钱量基本保持稳定，在 3.65 亿—4.57 亿文之间上下波动；康熙四十九年（1710 年）至雍正九年（1731 年）快速增长，从 4.7 亿文增至 11.13 亿文，增幅为 136.8%；雍正九年之后又急速下降，至雍正十二年（1734 年）仅为 7.27 亿文，降幅为 34.68%。也就是说，从顺治十八年（1661 年）全国基本平定到雍正四年（1726 年）滇铜大规模开发之前，京局铸钱量虽有一定程度扩大，但增加幅度并不是太大，这与“钱贵银贱”时代屡次强调扩大鼓铸的基调不甚相符。况且，康熙四十八年（1709 年）之前，京局铸钱量长期徘徊不前，反而两度萎缩，铸钱量真正快速增加的是康熙四十九年至雍正九年的 20 余年间。

与此相对，京局对币材需求亦经历了相似的变化。康熙三年（1664 年），各关办解户工二局额铜 318 万余斤，按照铜七铅三计算，则年需额铅 136 万余斤。康熙二十三年（1684 年），二局额铜增至 389 万余斤，按铜六铅四计算，则年需额铅 259 万余斤，与康熙三年相比，铜、铅分别增加了 22.33% 和 90.44%。但是，康熙二十五年（1686 年）各关采办两局额铜又降至 364 万余斤，额铅亦相应减少。至康熙五十四年（1715 年），两局额铜 443 万余斤、额铅 295 万余斤，较康熙三年相比，增幅分别为 39.31% 和 116.91%。可见，铜铅采办数量并没有大幅度扩大。这一方面源于钱法多变，诸如铸重、配铸等因素，另一方面与币材供需关系和多样化的币材供给方式有直接的关系。

第二节　币材供不应求及其政府应对

清前期“钱贵银贱”现象长期存在，朝野多以鼓铸不足来解释[①]，极力主张扩大鼓铸规模成为当时的主流看法。但是，前文分析表明，清前期铸钱量的增加幅度和币材需求规模均与这一看法存在一定的差距。也就是说，某些现实因素制约了这一看法的实现。本节将从铜铅供给方面进行分析，探讨政府调节币材供需关系的应对措施。

一、第一次币材危机与钱法十二条

前文的分析已表明，顺治朝虽已开始税官采办京局币材，但其数量有限，币材供给的主要来源是收购前朝旧钱。然而，随着铸钱量的激增，这种供给模式难以为继。从最初的仿古钱、汉字钱、厘字钱到顺治十四年的满汉钱，屡次变更钱法，实则毁旧铸新，以化解币材供给的困境。顺治十四年（1657 年）以后铸钱量急剧减少，币材需求随之降低，加之康熙二年开始回

---

① 事实并非如此，而是外来白银输入过多所致，这已成为学界的共识，兹不赘言。

收厘字钱，故币材供需平衡维持的时间相对较长。

但是，十余年之后币材供需平衡的局面已悄然发生变化。康熙十年（1671年），早已停止的“收买旧钱、废钱之令”又开始恢复；康熙十二年（1673年），开始禁止“铸造铜器”：“民间市肆交易，除红铜锅及已成铜器不禁外，嗣后一应黄铜器，在五斤以下者仍许造买，其余不得滥行铸造。违禁者系旗人，鞭一百，枷一月；系民杖一百，流三千里，所获铜入官”；康熙十四年（1675年），开放铜铅开采：“凡各省产铜及白黑铅处所，有民具呈愿采，该督抚即委官监管采取。”[①]禁止民间铸造大型黄铜器皿，目的是限制铜的生活用途，优先保障币材供给，属于节流措施。而在矿禁的情形下开放铜铅矿开发，以扩大矿铜供应，则是开源措施。可见，这一时期，政府多项政策措施的制定和实施，目的非常明显，通过开源节流，扩大铜铅币材的供给，以缓解日趋恶化的供需关系。

事实上，在此之前，铜铅价格就已悄然上涨。如康熙三年（1664年），户部议奏：“铜价每斤定为六分五厘，见在宝泉局额铜二百四十六万一千五百三十八斤有奇，各关税额银少，铜额银多，不能如数采买。江南等省各有芦课额银，嗣后如关税不敷，请于芦课银内酌拨添补，务照原额办运，以充鼓铸。”[②]税关不能如数办铜，应是铜斤供应不足导致价格上涨的结果。为了确保原额办运，不得不提高采办铜斤价值，以芦课银添补采买工本。但即便如此，各关采办铜斤仍然不能足额完成，拖欠甚多。故康熙十七年（1678年），对关差解铜期限进行严格限定：“各关监督应办铜斤关系官铸，应严立限期，自到任后八月完解定额之半，如不完降职一级留任，其半于差满后四月完解，如不完降二级留任，限一年全完开复，仍不完革职，变产追赔，商役悉照例治罪。”[③]

① 《皇朝文献通考》卷14《钱币二》，《景印文渊阁四库全书》第632册，第277页。
② 《皇朝文献通考》卷14《钱币二》，《景印文渊阁四库全书》第632册，第274页。
③ 《皇朝文献通考》卷14《钱币二》，《景印文渊阁四库全书》第632册，第278页。

至康熙十八年（1679年），币材供不应求的情况已非常严重。该年三月，如何解决币材不足问题出现在策问题目之中。“自昔九府圜法，所以便民利用，鼓铸之设其来旧矣。迩以铜不足用，铸造未敷，有以开采议者，有以禁民耗铜议者，果行之可永利乎？或二者之外别有良策欤。尔多士留心经济，其详切敷陈，勿泛勿隐，朕将亲览焉。”①一方面，皇帝将铜材问题抛出，旨在考察这些俊杰解决实际问题的能力；另一方面，也说明当时币材供给不足影响鼓铸的严重性和迫切性。同年九月，谕令大学士等：“今闻钱法渐弛，鼓铸收铜等项滋生弊端，以致制钱日少，价值腾贵。著户部、工部、都察院堂官同诣钱局亲察，每铸钱一文必重一钱，应作何厘剔弊端，俾制钱充裕，永可遵行。著彻底确察，逐一定议具奏。至于部院衙门各处所有废铜器皿、毁坏铜钟及废红衣大小铜炮，并直隶各省所存废红衣大小铜炮，著尽行确察、解部鼓铸。”②当时制钱铸重，实为自顺治十四年以来延续的每文一钱四分，而引文中“每铸钱一文必重一钱”，可能是对减重提议可能性的考察，而最终并未施行。但是，将中央各衙门及地方各省的废铜器皿、毁坏铜种和废铜炮解部鼓铸，等于扩大了币材的供给来源。当然，这与收购废旧钱文、禁用大型黄铜器皿的性质相似，同样是以限制铜铅的其他来源而扩大币材供给的措施，属于存量博弈，仅能解决燃眉之急。一个月后，户部等衙门经过讨论，就解决币材供给问题出台了一个整体解决方案，即《钱法十二条》③，现将其内容摘引如下：

一、顺治钱初重一钱，后改铸重一钱二分五厘，又改铸重一钱四分。今应仍铸一钱四分重之钱行使。

二、因铜少以致钱贵。查盐课与关差一体，应将两淮、两浙、

① 《清圣祖实录》卷80，康熙十八年三月乙卯，《清实录》第4册，第1020—1021页。

② 《清圣祖实录》卷84，康熙十八年九月乙巳，《清实录》第4册，第1072页。

③ 《清圣祖实录》卷85，康熙十八年十月丙寅，《清实录》第4册，第1078页。

长芦、河东、课银俱交见出差御史，督各运司官照部定价，买铜解送。

三、各关差官员所办铜斤、应买废钱旧器皿等铜解送。或将红铜六十斤、铅四十斤折作铜一百斤解送，不许解送毁化板块之铜，如此则无毁钱之弊。

四、关差官员买铜应慎选殷实老成人役买办。

五、宝泉宝源二局炉头匠役、包揽买交者枷责，并妻子流上阳堡，官员徇庇者革职。

六、各关官员差满回部，所欠铜斤应严立限期。限内不完者革职，所欠铜斤变产追完，办铜人役仍照前定例治罪。

七、查户部宝泉局有满汉侍郎管理。今亦应令满汉侍郎亲身带领监督等，公同秤收发铸。

八、开采铜铅。凡一切有铜及白黑铅处所，有民具呈愿采，该地方督抚即选委能员，监管采取。

九、查定例，凡民间必用之铜器，五斤以下者仍许造卖外，其非必用之器不许制造。应再行严禁，照例治罪。

十、化钱为铜已经禁止，定有处分之例，未定有鼓励拏获之例。嗣后有出首拏获者，审实，将所获之铜一半入官，一半给赏。

十一、京城钱少价贵。应颁发制钱式样，行令各省巡抚鼓铸。

十二、宝泉宝源二局土砂煤炭灰内，有滴流之铜，应专差官会同该监督，召人淘取。所得淘取之铜，照部定价收买。

显然，以上措施是围绕解决币材供给而提出，也是对此前零散政策措施的整合与完善。从具体措施来看，收买废钱、旧铜器皿、淘取渣铜及禁用大型铜器属于节流措施，即通过限制铜铅的其他用途以扩大币材来源。当时朝堂可能已经认识到，节流不能从根本上解决铜铅供给不足的问题，因此侧重于官铜采办，对其进一步规范和强化，如扩大办铜主体，从关差扩大到盐差；增加办铜资金，以盐课银增益关税银，填补铜价上涨的缺口；放宽所办铜材的类别，不仅限于矿铜，废钱、旧铜器皿亦可解送，甚至可将红铜六十斤、铅四十斤折算铜一百斤解送，降低办铜难度；强化办铜监管，对办铜官员的选择、解送逾限的惩处，旨在杜绝不能及时足额办铜的弊病。但是，只有扩大铜铅供给的总体规模，官铜采办才能源源不断。因此，在节流的同时，应突破矿禁政策，开放全国铜铅矿的开采。

然而，这套解决币材供给不足的组合拳发挥的效果并不理想。康熙二十三年（1684 年），时任吏部侍郎兼管钱法的陈廷敬奏称："令天下产铜铅地方听民开采，行令直省督抚于产铜铅处，令道官管理，府佐官分管，州县官专责，税其二分，分别记录加级。至今开采寥寥，皆因地方官征收其税，滋为弊端，以致徒为收税之名，而无开采之实。此后应一切停罢，听民自便。"[①] 也就是说，从康熙十四年开放铜铅矿开采，《钱法十二条》再次重申，但民间开采规模仍然有限，扩大铜铅供给总量的目的并未达到。陈廷敬将其归因于官府征税的影响，甚至提议取消矿税，以刺激铜铅开采。在供给总量无法扩大的情况下，存量铜铅博弈导致官铜采办愈发艰难。同年，管理钱法刑部左侍郎佛伦奏言："宝源局每年鼓铸用铜六十五万八千一百斤零。以五万斤铜为一卯，每月鼓铸二卯。此六十五万余斤之铜，止可鼓铸六个月有余。"[②] 按宝源局每月鼓铸两卯，年需铜 120 万斤，但各税关每年交局铜只有 65.8 万斤，仅为铜材需求的 54.83%。在此情形下，虽然朝野希望扩大鼓铸以平抑钱价，但户工二局难为无米之炊。当年，政府更定钱法，一方面减轻铸重，另一方面降低制钱中铜的比例，即通过降低币材需求来保障持续鼓铸。

① 陈廷敬：《午亭文编》卷 30《制钱销毁滋弊疏》，康熙二十三年八月十七日题，《景印文渊阁四库全书》第 1316 册，第 451 页。

② 《皇朝文献通考》卷 14《钱币二》，《景印文渊阁四库全书》第 632 册，第 280 页。又见《清圣祖实录》卷 116，康熙二十三年七月丙戌，《清实录》第 5 册，第 207 页。

康熙二十二年（1683 年）平定台湾，来自海上威胁不复存在。该年十月，即“命吏部侍郎杜臻、内阁学士席柱往勘福建、广东海界，工部侍郎金世鉴、副都御史雅思哈往勘江南、浙江海界”[①]。这次全国性的勘界，意味着顺治十八年以来沿海迁界政策的废除。次年六月正式开海贸易，设关收税。九卿议复户科给事中疏称：“海洋贸易宜设立专官收税。应如所请。”皇帝下旨：“海洋贸易实有益于生民。但创收税课，若不定例，恐为商贾累。当照关差例，差部院贤能司官前往，酌定则例。”[②]海外贸易合法化后，大批华商远赴日本、琉球、南洋等地。据日本长崎贸易所统计，康熙二十三年（1684 年）到日本的商船 26 艘，二十四年 85 艘，二十五年 102 艘，二十六年 115 艘，二十七年 193 艘，随船到日本贸易的中国商人达 9128 人次[③]。采购日本洋铜是中国商人回程的主要货物之一。据陈希育研究，康熙二十三年（1684 年）至三十九年（1700 年），平均每年从日本进口铜 3878951 斤[④]。

也就是说，因开放海禁，大量日本洋铜的进口扭转了国内币材供不应求的局面，化解了从康熙十年到二十二年的长达十余年的第一次币材危机。这是当时政府有意为之[⑤]，还是无心插柳，现在已不得而知。但不可否认的是，国内铜铅的生产规模仍然跟不上币材需求的步伐，铜价进一步增高。如康熙二十五年（1686 年），户部议言：“各省铜产不能充裕，价值渐昂，每

① 《清圣祖实录》卷 112，康熙二十二年十月乙丑，《清实录》第 5 册，第 159 页。

② 《清圣祖实录》卷 115，康熙二十三年六月己亥，《清实录》第 5 册，第 200 页。

③ ［日］大庭修：《日清贸易概观》，《社会科学辑刊》1980 年第 1 期，转引自黄启臣《清代前期海外贸易的发展》，《历史研究》1986 年第 4 期；林春胜、林信笃编：《华夷变态》，《东洋文库丛刊》，转引自韦庆远《论康熙时期从禁海到开海的政策演变》，《中国人民大学学报》1989 年第 3 期。

④ 陈希育：《清代日本铜的进口与用途》，中国中外关系史学会编：《中外关系史论丛 》第 4 辑，天津古籍出版社 1994 年版，第 58—67 页。

⑤ 黄启臣在《清代前期海外贸易的发展》一文中曾言：康熙十五年（1676 年）始，江苏巡抚慕天颜、福建总督范承谟、巡抚吴兴祚、广东巡抚李士桢及监察御史李清芳、工科给事中丁泰等，不断向皇帝上疏，反映实行海禁所造成的经济衰败、财政困难、百姓失业和铸铜枯竭的情况，认为只有开海禁贸易才能解决“谷贱伤农”“赋税日缺、国用不足”和铸铜“匮诎”等严重的社会经济问题。如果此事属实，表明当时政府已经知道中国商人采购日本洋铜的事实，那么开放海禁与日本洋铜大量进口之间可能存在一定的因果关系。

斤原价银六分五厘，诚有不敷，今酌增三分五厘，每斤合计银一钱。”[①]

在日本洋铜大量进口的支持下，币材供求关系得到改善，不仅原有收购废钱的政策也被停止。如康熙三十八年（1699年），管理钱法户部右侍郎鲁伯赫疏言：“宝泉局中现今收贮废钱，搀铸四年尚属有余，且红铜钱铅多铜少，以致折耗甚多。请将红铜钱、小钱停其交送宝泉局。”[②]而且为钱法变革提供了基础。如康熙四十一年（1702年），因“私铸者多，官钱壅滞”，遂将制钱铸重从每文一钱改为一钱四分[③]，但若没有充足的币材供给，恐怕难以实施，毕竟这一变化使币材需求增加了40%。甚至铜铅开采的政策也开始收紧。如康熙四十三年（1704年），江西巡抚奏开崇仁、大庾等处铜铅矿，被户部驳回。皇帝因而降旨：“闻开矿事情，甚无益于地方，嗣后有请开采，俱著不准行。”[④]这意味着康熙十八年《钱法十二条》中允许铜铅矿开采政策被否定，开源措施不再受重视。

二、第二次币材危机与全面铜禁

自康熙二十三年（1684年）开放海禁以来，大量日本洋铜的进口化解了第一次币材危机。但是，这种状况仅维持了三十年左右。从康熙三十八年（1699年）至五十二年（1713年），政府逐渐将原关差盐差办铜逐渐转交内务府商人采办，工部的理由是“官局所需额铜，从前所办尚多不敷”，户部认为“内务府买卖商人，系身家殷实之户，于办理铜务尤所熟谙”[⑤]。这至少说明，原有关差采办京铜多有拖欠，不能按时足额办解。但是，商人办铜后，亦面临着与关差同样的困境。如康熙五十三年（1714年），户部钱法侍

① 《皇朝文献通考》卷14《钱币二》，《景印文渊阁四库全书》第632册，第283—284页。

② 《清圣祖实录》卷194，康熙三十八年七月辛卯，《清实录》第5册，第1052页。

③ 《清圣祖实录》卷210，康熙四十一年十月乙巳，《清实录》第6册，第131页。又见《皇朝文献通考》卷14《钱币二》，《景印文渊阁四库全书》第632册，第288—289页。

④ 《军机处录副奏折》，康熙四十三年六月十四日，转引自中国人民大学清史研究所、档案系中国政治制度史教研室合编《清代的矿业》（上册），中华书局1983年版，第68页。

⑤ 《皇朝文献通考》卷14《钱币二》，《景印文渊阁四库全书》第632册，第292页。

郎崔征璧奏言："商人亏欠铜铅不下数百万斤之多，前蒙皇上准其作十年带销，而见在新欠日积，宜立限责其完解，逾限不完，议定处分。"[①]朝廷不得不制定严格的处分规定，希望能缓解办铜不足的难题。例如，"奏销时各商照应办铜铅额数，以十分为率，未完不及二分者免其处分，限一年完足；未完二分至五分以上者，照分数分别治罪；未完六分以上者，照侵欺钱粮例从重治罪。俱限一年照欠补完，不能补完者变产追赔"[②]。变产追赔虽不致损失本银，但却导致京局币材不足，贻误鼓铸。

因此，康熙五十四年（1715年），九卿遵旨议复："宝泉、宝源二局需用铜斤，请匀交江南等处八省巡抚，择贤能官，动正帑采买。铅由户部发银，给商人采买。见今宝泉局铜少不敷鼓铸，所买铜铅令其四月内交一半，九月全完。嗣后俱照此例，于四月、九月份交。"[③]次年，又"令内务府商人每年办旧器废铜一百三十三万斤，每斤给价银一钱，水脚银五分，由部核给，一面交买，一面纳钱局，仍将所办旧器废铜以铜六铅四计算，所用铜价水脚银，行文办铜之江苏等省，照数扣除减办"。[④]也就是说，在八省办铜的同时，又开始收买废旧铜器皿，以缓解采办压力。然而，八省办铜的效果亦不理想。如康熙五十六年（1717年），户部尚书赵申乔奏言："上年十二月，见宝泉局报称，存库铅二百二十六万余斤，止存铜三十八万斤。"[⑤]可见，户部存铜将竭，随时可能出现停炉待料的严重局面。故康熙五十七年，一方面杜绝逾限，"应行文八处督抚，于道府大员内拣选，令其亲身采买"，另一方面提前预发采办本银，"以后采买次年铜斤，请于今年即预行动给钱粮"，延长采办时间[⑥]。同时增加办铜本银，提高铜价。如户工二部议

① 《皇朝文献通考》卷14《钱币二》，《景印文渊阁四库全书》第632册，第292—293页。

② 《清圣祖实录》卷260，康熙五十三年八月丁亥，《清实录》第6册，第563页。

③ 《清圣祖实录》卷266，康熙五十四年十二月甲申，《清实录》第6册，第617页。

④ 乾隆朝《钦定大清会典则例》卷44《户部·钱法》，《景印文渊阁四库全书》第621册，第384页。

⑤ 《清圣祖实录》卷271，康熙五十六年三月壬午，《清实录》第6册，第666页。

⑥ 《清圣祖实录》卷282，康熙五十七年十二月癸亥，《清实录》第6册，第758页。

言："见今铜价日昂，应请将从前节省水脚银二分之数，自五十八年为始，增入额铜正价内，为每斤价银一钱四分五厘。"[①] 即便如此，康熙五十八年（1719 年）工部奏报，江南八省仍有"旧欠未完康熙五十五、六、七三年铜二百七十二万八千六百斤有奇"[②]。

由此可见，从康熙五十二年（1713 年）至五十八年（1719 年），为了京局币材采办，政府运用了几乎所有可能的政策和措施，但仍然无法保障币材供给的充裕。可见，问题的症结并不在于办铜的方式上。

事实上，日本正德五年（即康熙五十四年，1715 年）实施贸易新令，规定每年赴日中国船为 30 艘，其交易额为 6000 贯，铜的输出限 300 万斤[③]。进口洋铜的减少导致国内铜材供给的总量降低，而办铜方式的变化并不能从根本上解决问题。这一现象在其后逐渐被朝野所认知。如康熙五十八年（1719 年），江宁织造曹頫称："奴才父亲曹寅在日，曾经办过八年（京铜），未敢亏欠迟误，皆藉殷实商人料理，今俱现在贸易，熟悉利弊。（八省）督抚等自承办以来，未能按年交清者，缘每年洋船往来，只有四十只带回红铜，不过四万担，原不足供额解之数。督抚等虽委贤能大吏料理，而事出分歧，各相争买，洋商高抬其价，不卖于此，即卖于彼，以致办解不前。"[④] 曹頫称曹寅昔日办铜"未敢亏欠迟误"纯属粉饰，前文议论内务府商人办铜大面积亏欠，不得已转为八省办铜。虽然曹頫夸大了每艘洋船所带红铜的数量，但每年进口洋铜总量"原不足供额解之数"确属实情。如雍正三年（1725 年），两广总督孔毓珣奏称："商佥云，东洋开采日久，矿道日

---

① 《皇朝文献通考》卷 14《钱币二》，《景印文渊阁四库全书》第 632 册，第 295 页。

② 《清圣祖实录》卷 285，康熙五十八年八月丙子，《清实录》第 6 册，第 782 页。

③ 参见陈希育：《清代日本铜的进口与用途》，中国中外关系史学会编：《中外关系史论丛》第 4 辑，天津古籍出版社 1994 年版；荆晓燕：《清前期日本对华贸易政策的演变——以正德新令为中心的考察》，《明清论丛》2015 年第 1 期。

④ 《江宁织造曹頫奏为筹画铜斤节省效力事》，康熙五十八年六月十一日，中国第一历史档案馆编：《康熙朝汉文朱批汇编》第 8 册，中国第一历史档案馆出版社 1984 年版，第 519—522 页。

远，产铜渐少，每年洋船三十六只，每只止给铜七万余斤。”[①] 按每船办铜 7 万斤，康熙五十八年洋铜进口总计 280 万斤，雍正三年仅为 252 万斤。

此时，国内铜矿开采亦未大规模增加。当时国内铜产主要出自云南。如康熙五十五年（1716 年），江西巡抚佟国勷奏称：“据详铜产云南，聚于湖广、江苏，洋铜聚于闽、广、江浙，江西一省素不产铜，并无铜行商贾。”[②] 但是，滇铜产量依然较低。雍正二年（1724 年），金世扬奏称：“窃臣于康熙五十五年八月内抵云南布政司任，见滇中厂课虚悬甚多，皆系厂衰，历年积欠，奏销作完之数。臣当详两院酌议筹补，因彼时铜价稍昂，但开采年久，硐深矿薄，本大利微，商民无力攻采，一年所出铜斤不足四十万……于（康熙五十六年）五月内招商王日生管理，是年即获铜六十余万……于五十七年内，督臣蒋陈锡面谕，铜斤余息已奏明圣祖仁皇帝，赏作养廉，是年出铜九十余万斤……五十八年出铜与分得余息约略相同。”[③] 按金世扬所言，康熙五十五年之前滇铜产量，每年不足 40 万斤，之后年产量从 60 万斤增至 90 万余斤。另据主持云南铜政整顿的高其倬奏言：“后系藩司毛文铨接管，自康熙五十九年（1720 年）五月起至六十年（1721 年）三月止，共办铜八十万九千二百六十斤。”[④] 可见，康熙末年，滇铜年产量约 90 万斤。

在洋铜进口受限、国产铜斤不足的情况下，京局币材供给愈发艰难。雍正元年，户部奏言：“鼓铸铜斤惟需东洋条铜，而洋铜进口船只俱收江浙二海关，是江浙为洋铜聚集之区，见在八省分办铜数俱在江苏、浙江购买，徒滋纷扰，以致解运不前。莫若即归并江浙巡抚委员办解，自六十一

① 《两广总督孔毓珣揭报洋铜出产不敷办解等事》，雍正三年六月十九日，《明清档案》第 40 册，编号：A40—87。

② 《江西巡抚佟国勷奏为江西素不产铜委员实难承办事》，康熙五十五年九月二十二日，《明清档案》第 39 册，编号：A39—213。

③ 《工部左侍郎金世扬奏为遵旨查奏铜斤利弊事》，雍正二年闰四月初一日，中国第一历史档案馆编：《雍正朝汉文朱批奏折汇编》第 2 册，江苏古籍出版社 1989 年版，第 886—887 页。

④ 《云贵总督高其倬奏遵查铜斤利弊情形折》，雍正元年十二月二十日，《雍正朝汉文朱批奏折汇编》第 2 册，第 432—437 页。

年（1722年）为始，其分办铜数仍令该抚等自行酌定。”[①] 江浙确为洋铜聚集之地，但进口总量不足，即使从八省分办改为二省总办，亦不能从根本上解决问题。如雍正二年（1724年），户部即言：“从前八省分办铜斤时，曾拖欠一百一十余万斤，自归江浙两省至今，又已亏欠铜三百八十八万余斤。”[②] 同年，又开始收买旧铜器，弥补铜材供需缺口。户部议言：“京局每年铸钱四十卯，需铜甚多，见在办铜之省不能如期接济，应照康熙五十五年之例，收买旧铜掺用。除远僻之省载运维艰，毋庸知照，并不足六成之低铜不准收买外，应令近京各省并扎行顺天府及京局监督，出示晓谕旗人民人，有愿将旧器皿废铜运送到局者，不拘多寡，随到随收，钱法侍郎预向银库领银贮局，每斤给银一钱一分九厘九毫，俟各省解运红铜足用之日，即行停止，如各省采办额铜之外，收有废铜，亦准解部，照废铜价值题销。”[③] 此时官购废铜旧器皿尚属自愿，且目的明确，言明待币材足用“即行停止”。

民人自愿售卖废铜旧器皿可能并不积极，无法有效解决币材需求。故雍正四年（1726年），推行更为严厉的铜禁政策。户部议奏：“欲杜私毁制钱之弊，必先于铜禁加严。康熙二十三年，大制钱改铸重一钱，彼时即有奸民私毁；迨四十一年，每文仍重一钱四分，而钱价益复昂贵，皆由私毁不绝，制钱日少故也。……查康熙十八年已严铜器之禁，三十六年又定失察销毁制钱处分之例。而弊仍未除者，以但禁未造之铜，其已成者置之不议也。臣等酌议，欲杜销毁制钱之源，惟在严立黄铜器皿之禁。今请红白铜器仍照常行用，其黄铜所铸，除乐器、军器、天平法马、戥子及五斤以下之圆镜不禁外，其余不论大小器物，俱不得用黄铜铸造，其已成者俱作废铜交官，估价给值。傥再有制造者，照违例造禁物律治罪，失察官员及买用之人亦照例

① 《皇朝文献通考》卷15《钱币三》，《景印文渊阁四库全书》第632册，第301、303页。

② 《皇朝文献通考》卷15《钱币三》，《景印文渊阁四库全书》第632册，第303页。

③ 《皇朝文献通考》卷15《钱币三》，《景印文渊阁四库全书》第632册，第304页。

议处，则私毁之弊可息，而于钱法亦有裨益。”[①] 民间使用黄铜器皿违法，收缴黄铜器皿从自愿变成强制。同年九月，进一步规定：“嗣后除三品以上官员准用铜器外，其余人等不得用黄铜器皿。定限三年，令将所有黄铜器皿悉行报出，官给应得之价……若三年之后仍有私藏黄铜器皿者，亦加重处。”[②] 其后又进一步扩大铜禁范围，“至从前曾议，三品以上许用黄铜，今犹觉滥用者多，以后惟一品官之家器皿许用黄铜，著遍行禁止，有藏匿私用者，概以违禁论，嗣是各省遵旨奉行，将所收铜器斤两于年终汇题，其三年为限之例，以交铜未尽复陆续定议展限收买”[③]。如此一来，能够使用黄铜器皿之家寥寥可数，几乎杜绝了铜的生活用途。铜禁趋严，其目的亦不仅是最初的杜绝私毁制钱。上谕明言：“制钱乃日用之所必需，务使充足流通，始便民间之用。国家开局年年鼓铸，而京师钱文不见加增，外省地方亦未流布，是必有销毁制钱，制造器皿，以致钱文短少，钱价日昂。朕念切民生，屡降谕旨，而钱价仍未平减，是以禁用黄铜器皿。凡民间所有，俱给价令其交官，以资鼓铸，此悉心筹画，专为民间资生便用起见，并非朕有需用铜斤之处，而广收民间之铜器于内府也。”[④] 铜器售官“以资鼓铸”表明，铜禁成为解决币材危机的主要手段之一。

按上述规定，各省年末必须将所收铜器数量上报。据雍正八年（1730年）山西省奏报：“晋省收买铜器一案，雍正六年秋季报收铜斤并夏季未解二项共铜三万五百一十四斤零”；“雍正七年分各属收买黄铜器皿计共四万九千七百七十七斤六两二钱”[⑤]。同年，江宁巡抚尹继善奏报：“黄铜器皿总计各属收过生熟铜共六十九万四百二十八斤零”，并援引户部宝泉局鼓

① 《清世宗实录》卷 40，雍正四年正月己未，《清实录》第 7 册，第 599 页。

② 《清世宗实录》卷 48，雍正四年九月丙申，《清实录》第 7 册，第 720—721 页。

③ 《皇朝文献通考》卷 15《钱币三》，《景印文渊阁四库全书》第 632 册，第 310 页。

④ 《清世宗实录》卷 51，雍正四年十二月丙子，《清实录》第 7 册，第 771 页。

⑤ 《山西巡抚石麟奏为遵旨查奏事》，雍正八年四月三日，《明清档案》第 43 册，编号：A43—53。

铸城规，“每卯用废铜十二万斤，除耗应铸制钱一万二千四百八十串”[①]。可见，自全面铜禁实施以来，各省收买铜器数量可观，成为京局鼓铸的主要币材来源之一，极大地缓解了第二次币材危机。虽然这种竭泽而渔的方法不具备持续性，但却帮助政府度过了第二次币材危机中最为艰难的时刻，为国内铜铅矿业的兴盛赢得了时间。

清前期币材供不应求的矛盾也导致了铜铅价格的上涨，官办铜铅的价格不断增加。如康熙三年（1664年），户部议定，各关采办京铜，每斤价银六分五厘[②]，但市价远高于此。康熙九年，户科给事中姚文然奏称：“开铸之初，废钱壅积，尽化而为铜，又铸局少，则用铜少，铜不踊贵，故部颁一定之价，每斤六分五厘而足也。今各省开铸，则各省采铜，铜之价每斤乃有贵至一钱至一钱三四分者矣。”[③]姚文然认为，废钱越收越少，而铸钱用铜日益增多，供给不足导致铜价上涨，反映了当时的实际状况。康熙二十五年，提高办铜价值，户部奏：“各省铜产不能充裕，价值渐昂，每斤原价银六分五厘，诚有不敷，今酌增三分五厘，每斤合计银一钱。”[④]此时正值第一次币材危机，铜斤市价应不低于康熙初年的水平。至第二次币材危机，官办铜铅价格再次提升。康熙五十四年（1715年），户部议定：“每斤增定铜价银一钱二分五厘，给水脚银三分，俱动正项钱粮银两采办。其办铜水脚银向系各关差盐差及江南等处有芦课地方各关从盈余银内扣支，以每斤五分计算，内实给三分，节省二分，今既俱动正项钱粮，则此项水脚银十三万三千五十六两及节省银八万八千七百四两，应令其一并解交户部。”三年后，又将节省二分水脚银增入铜价。康熙五十七年（1718年），户部议称：“见今铜价日昂，

---

① 《江宁巡抚尹继善揭为遵旨行文事》，雍正八年八月三十日，《明清档案》第45册，编号：A45—39。

② 《皇朝文献通考》卷14《钱币二》，《景印文渊阁四库全书》第632册，第274页。

③ 姚文然：《姚端恪公文集》卷五《敬陈鼓铸末议疏》，四库未收书辑刊编纂委员会编：《四库未收书辑刊》第7辑第18册，北京出版社2000年版，第244—246页。

④ 《皇朝文献通考》卷14《钱币二》，《景印文渊阁四库全书》第632册，第283—284页。

应请将从前节省水脚银二分之数，自五十八年为始，增入额铜正价内，为每斤价银一钱四分五厘。”[①]可见，官定铜价已较康熙初年增加了123.08%，而市价涨幅应更甚于此。

铅价亦有一定程度的上涨。康熙二十三年（1684年），京局确定铜六铅四配铸，而云南因“铜贱铅贵，铜价每斤五分四厘，铅价每斤五分五厘，准以铜八铅二配铸”[②]。可知，京师铅价应不会高于云南铅价。康熙五十三年（1714年），部定铅价银增至每斤六分二厘五毫[③]。康熙六十一年（1722年），户部议言：“钱局以铜六铅四配铸，见在铅斤价值昂贵，是以商人承办不前，应酌量照八省铜价增给二分之例，每铅一斤增加二分，为八分二厘五毫，仍给水脚银三分，务令勒期解部，不得藉词迟误。”[④]较之康熙二十三年，官办铅价已增加了50%。铜铅价格的上涨，不仅是币材供需矛盾的写照，也成为拉动国内铜铅矿开发的主要因素之一。

第三节　政府扶持与西南边疆矿业兴起

矿业发展不但受市场供需状况的影响，而且受资源贮藏条件和采冶技术的制约，还与国家政策密切相关。清前期铜铅矿产的市场供需状况前文已论，本节将从资源条件和国家政策两方面分析西南边疆矿业的开发过程，探讨国家在清代矿业格局形成和铜铅生产基地塑造中的地位和作用。

---

① 《皇朝文献通考》卷14《钱币二》,《景印文渊阁四库全书》第632册，第295页。
② 《皇朝文献通考》卷14《钱币二》,《景印文渊阁四库全书》第632册，第282页。
③ 《皇朝文献通考》卷14《钱币二》,《景印文渊阁四库全书》第632册，第294页。
④ 《皇朝文献通考》卷14《钱币二》,《景印文渊阁四库全书》第632册，第298页。

一、铜铅产地转移与“禁内开边”的政策导向

黄河、长江中下游地区是中国传统的铜铅主产地。西汉在丹阳郡设有铜官，并称“吴东有海盐章山之铜”[①]。唐代，“天下炉九十九，绛州三十，扬、润、宣、鄂、蔚各皆十，益、邓、郴皆五，洋州三，定州一”。[②]宋代，“铜产饶、处、建、英、信、汀、漳、南剑八州，南安、邵武二军，有三十五场，梓州有一务”；“铅产越、建、连、英、春、韶、衢、汀、漳、南剑十州，南安、邵武二军，有三十六场务”[③]。可见，自汉至宋，铜铅主要产自黄河流域的山西和长江流域的江西、安徽、江苏、湖北等地。但是，自元以后，铜铅产地出现逐渐向边疆地区转移的趋势。如《元史·食货志》载：“产铜之所，在腹里曰益都，辽阳省曰大宁，云南省曰大理、澄江。”[④]明初池州府纳铜课十八万斤，而宣德年间已不见记载；江西德兴、铅山二县仅产铜五千余斤，远低于云南路南州所纳铜课量[⑤]。传统铜铅产地的衰落是长期开采后资源枯竭的结果，与当时的技术水平相适应。

与此相对的是，西南边疆地区富产铜铅已成为明后期朝野的共识。嘉靖三十四年（1555年），兵科给事中殷正茂言：“今财用不足，惟铸钱一事可助国计，但两京所铸以铜价太高，得不偿费，可采云南铜，自四川运至湖广岳州府城陵矶，其地商贾辏集，百物夥贱，且系南北适中之所，可开局铸造。”[⑥]万历四十六年（1618年），户科官应震奏言京师铸钱：“令云南五千金之贡俱折以铜，运赴留都钱局”[⑦]，滇铜逐渐成为京师铸钱的主要币材来源。

---

① 《汉书》卷28下《地理志第八下》，中华书局1962年版，第1668页。

② 《新唐书》卷54《食货志四》，中华书局1975年版，第1386页。

③ 《宋史》卷185《食货志下七·坑冶》，中华书局1977年版，第4523页。

④ 《元史》卷94《食货志二·岁课》，中华书局1976年版，第2380页。

⑤ 《明太祖实录》卷77，洪武五年十二月庚子，《明实录》，“中研院”历史语言研究所校勘本1962年版，第1416页；《明宣宗实录》卷47，宣德三年九月己丑，《明实录》，第1157页；《明英宗实录》卷132，正统十年八月乙卯，《明实录》，第2626页。

⑥ 《明世宗实录》卷421，嘉靖三十四年四月戊寅，《明实录》，第7297页。

⑦ 《明神宗实录》卷570，万历四十六年五月丙辰，《明实录》，第10754页。

万历四十八年，任职户部的杨嗣昌亦称："盖铜产于云南，走永宁出荆江者十八九，走辰沅出洞庭者百一二，咸会于芜湖。……官买之不足，无论南京，进之九江、荆州而终不足。私贩之有余，无论芜湖，迹之南京、京师而皆有余。何则泻铸打造，用广而途分，四海之内，一日之间，售铜几千百万，直销铜几千百万斤，货铜几千百万，事而令官执，区区之价争之，是犹一目为罗而与弥天较获也。"[①] 虽然杨氏关于私铜流通量的判断显然有所夸大，但云南已成为全国铜材的主要来源则无疑义。天启三年，南京御史王允成言："铜铅来自滇蜀，烽火道梗，铜价涌贵。"[②] 西南铜铅的供给甚至左右全国的币材价格。

除了川滇之外，陕西、湖南亦是重要的铜产产地。如天启五年（1625年），工部左侍郎董应举言："鼓铸不患无利，而患无铜。陕铜产于镇虏兰州，聚于三原，蜀铜聚于泸叙，滇铜聚于永宁卫，奢酋梗而滇铜稀矣……至于禁私贩、绝旁蹊，不与他漏，则荆南道及榷关主事之责，而荆之施州卫、衡之十八滩及他诸处产铜可六七十万，而十八滩铜往往漏与粤夷，可收而括之。铅出衡州桂阳，宜如铜禁，鼓铸大作，非厉禁不足以收利权、佐国用。"[③] 与此同时，户部尚书侯恂亦称："维时户部以秦、楚、蜀、滇四省系铜斤出产地方，就便鼓铸称便，未议概停。"[④] 由此可见，元明之际，铜铅主产地完成了从东向西的转移，西南边疆富产铜铅已成为明末社会的基本共识。

进入清代，国家政策对矿业发展的影响更为显著。清前期矿政演变复杂，在开与禁之间几经调整。顺治九年（1652年），工部奏称："直隶保安人王之藩忽倡开矿之议。查故明万历时差官开矿，徒亏工本，无裨国计，而

① 杨嗣昌：《杨文弱先生集》卷12《恭呈召问疏》，清初刻本。

② 《明熹宗实录》卷40，天启三年十月乙未，《明实录》，第2059页。

③ 董应举：《崇相集》卷2《疏二·鼓铸急需切要疏》，明崇祯刻本。

④ 侯恂：《条奏鼓铸事宜》，见孙承泽《春明梦余录》卷38《户部四·宝泉局》，《景印文渊阁四库全书》第868册，台湾商务印书馆1986年版，第571页。

差官乘机射利，遍肆索诈，掘人冢墓，毁人田庐，不胜其扰。前事甚明，应严行禁止。”[①] 此举虽然意味着矿禁政策的实施，但盛产铜铅的西南地区，此时尚未纳入清廷的管辖之内。康熙十四年（1675 年），因币材供给不足，开放商民开采铜铅矿，康熙十八年（1679 年）《钱法十二条》中再次重申，矿禁进入部分开放的时期。但是，第一次币材危机过后，康熙四十三年（1704 年）江西奏请开采铜铅矿被户部驳回，并因此降旨，“嗣后有请开采，俱著不准行”，矿禁政策再次收紧。至康熙五十二年（1713 年），因四川未经批准擅自开采，九卿议定，除云南、湖广、山西三省雇本地人开矿外，其他省份未经开采者一律禁止[②]。从部分矿种的开放转为区域的开放。可见，康熙朝的矿业政策并非简单的开放或禁止，而是具有鲜明的矿种和区域选择。

兹以铜铅矿为例，梳理清前期矿业开发的地域过程。从顺治十八年西南平定至平定三藩之乱，云贵地区处于平西王吴三桂的统治之下。蔡毓荣在《筹滇十疏》中言：“查呈贡之黄土坡，昆阳之母子营，罗次之花箐，寻甸之迄曲里，建水之鲁苴冲、老鹤塘，石屏之飞角甸，路南之泰来，广通之火把箐，定远之大福山，和曲之白露，顺宁之老阴坡，俱有铜厂……或封闭有年，或逆占既开，寻复荒废。”[③] 表明吴三桂统治时期曾开采云南铜矿。故战后云贵总督蔡毓荣将“开矿铸钱”作为恢复云南社会经济的重要措施之一，而康熙朝后期矿禁政策的收紧亦将云南排除在外。康熙十八年颁布《钱法十二条》，当年“河南涉县听民采取铜铅，照例抽税”，次年“浙江富阳等处，任民采取铜铅，照例抽税，按季造报”；“湖广衡永府属产铜铁锡铅处，招民开采输税”[④]。其后，河南、浙江铜铅矿均已陆续封禁，而湖南、山

① 《清世祖实录》卷 70，顺治九年十一月辛酉，《清实录》第 3 册，第 556 页。

② 《清圣祖实录》卷 255，康熙五十二年五月辛巳，《清实录》第 6 册，第 521 页。

③ 蔡毓荣《筹滇十疏》，载范承勋等撰：康熙《云南通志》卷 29《艺文志三》，《中国地方志集成・省志辑・云南》，凤凰出版社 2009 年版，第 162—163 页。

④ 伊桑阿等编纂：康熙《大清会典》卷 35《户部十九・课程四》，载沈云龙主编：《近代中国史料丛刊三编》第 72 辑，第 711—721 册，台北文海出版社 1992 年版，第 1706—1707 页。

西仍有开采[①]。虽然康熙五十二年（1713 年）议准，除云南、湖广及山西雇本地开采外，其他省份未经开采者一律禁止，但是，康熙五十三年（1714 年）四川“鹿子厂获有黑铅，开采纳课”；康熙五十七年贵州威宁府猴子银铅厂、五十九年威宁府观音山银铅厂相继设立[②]。雍正以来，开矿的省份进一步扩展。如雍正三年（1725 年），广西苍梧、临桂、怀集、恭城等处金银铜铅矿批准设厂，按例抽课[③]。广东的情况较为特殊，乾隆二年，两广总督鄂弥达与广东提督张天峻之间就矿业开禁问题各执一词，皇帝显然倾向于支持开矿的鄂弥达：“这所奏甚是。地方大吏原以地方整理，人民乐业为安靖，岂可以图便偷安，置朝廷重务于膜外而谓之安靖耶？……张天骏著部议处具奏。”[④]之后广东矿厂逐渐设立。通过以上考察，从康熙朝后期至乾隆初年，允许开矿的省份从云南、湖南、四川扩展到贵州、广西、广东，已经涵盖了清代主要的矿产大省，所谓的矿禁政策已经名不副实。

从区域上看，加之乾隆八年之后开矿的陕西、甘肃、伊犁等处，几乎所有开矿的省份均位于边疆地区，尤以西南边疆为主，广大内地几乎没有。虽然内地铜铅矿产资源经过长期的采买而枯竭，但这是相对于边疆地区的丰富储藏而言，并非绝对无矿可采。这种矿业分布格局的出现，除了资源条件之外，显然还受其他因素的制约。明正德三年（1508 年），庞进辅奏请开采河南银矿，户部驳称：“河南中州要地，国家自昔至今未尝采办，必有深意

① 康熙五十年复准：“山西沁水县采铅地方，该抚交与商人刨挖，其人夫不足，令地方官添雇开采”；康熙五十二年题准：“湖南大凑山、黄沙等三处，于一年内开采，获铅税三十六万二千一百余斤。”尹泰、张廷玉等编纂：雍正《大清会典》卷 53《课程五 · 杂赋》，沈云龙主编：《近代中国史料丛刊三编》第 77 辑，第 761—776 册，台北文海出版社 1994 年版，第 3202 页。

② 雍正朝《大清会典》卷 53《课程五 · 杂赋》，《近代中国史料丛刊三编》第 77 辑，第 761—776 册，第 3203 页；乾隆朝《钦定大清会典则例》卷 49《户部 · 杂赋上》，《景印文渊阁四库全书》第 621 册，第 536 页。

③ 乾隆朝《钦定大清会典则例》卷 49《户部 · 杂赋上》，《景印文渊阁四库全书》第 621 册，第 536 页。

④《两广总督鄂弥达奏为尊旨议奏事》，乾隆三年七月十一日，引自《清代的矿业》，第 39 页。

存焉。”[①]虽未明言有何深意，但河南地处中原，人口稠密，交通便捷，且与两京不远，战略地位的重要性显而易见。清康熙五十八年（1719年），立于山东临朐县的《封黑山矿硐碑记》点名了“深意”：“今天下舆图式郭，两广采铜锡，滇南采金银，而东省不与焉。任土作贡，责之于其所产，不责之于其所不产。况东方出震，与天地为生气，于京师为股肱，岳镇方望，拱护环围，乌可锤凿而破碎之乎！”[②]这段史料的意思更为直接，山东地近京畿，关系京畿地区的安全，不宜开矿扰动，这与明季对河南的认识如出一辙。直隶与河南、山东的地位类似。乾隆九年，直隶藁城县呈请开矿，总督高斌议奏：“臣查山左开矿之说，闻明嘉万间到处开采，积岁无获，官民重困。至我朝康熙五十八年，巡抚李树德奏请开济、兖、青、登四府矿场，以佐军需。圣祖仁皇帝恐其扰民，差部员六人前往，试看无益，即停止。盖开采矿砂，向惟行于滇、粤，边省，若山左中原内地，从未举行。而沂镇泰安，山属岱岳，费滕峄县，地近孔林，更属不宜。且开凿之处，官役兵弁，必有不能不扰民之势。若致开掘民间庐墓，更易滋怨。况利之所在，易集奸匪，争斗之衅必生。更可惧者，去冬彗星所指，佥称在齐鲁之方，今开矿适当其地，是于事则无利而有害，于地方则甚不宜，于舆情则甚不愿。若必俟试行无益，而后中止，万一有奉行不妥之处，将为盛德之累。”于是，皇帝谕曰：“所奏甚是，朕竟为舒赫德所欺，有旨谕喀尔吉善停止矣。”[③]高斌列举了直隶不宜开矿的诸多理由，其中，“盖开采矿砂，向惟行于滇、粤，边省，若山左中原内地，从未举行”。这是明清以来的一贯认知，笔者将其称为“开边禁内”思想。

矿政中的“开边禁内”思想被清代朝野所继承，即使在币材危机之下，“开边禁内”思想仍然在铜铅矿开发中发挥着重要的政策导向作用。如果说

① 《明武宗实录》卷35，正德三年二月丙申，《明实录》，第851页。

② 光绪《临朐县志》卷3《山水》，光绪十年（1884年）刻本。

③ 《清高宗实录》卷216，乾隆九年五月丙戌，《清实录》第11册，第781页。

康熙朝将云南、湖南排除在矿禁政策之外，只是地域上的巧合，那么雍正朝以来贵州、四川、广西的矿业开放则是有意为之，而乾隆朝矿禁开放之后，矿业分布格局仍然与“开边禁内”思想高度吻合。虽然没有明文规定，但“开边禁内”思想就像固有的意识一样，深刻影响着矿业政策的制定和矿业格局的形成。

二、政策扶持与西南边疆矿业兴起

延续明末西南富产铜铅的认识，清军平定云南后即开矿铸钱。顺治十八年（1661 年），户部尚书王弘祚奏请扩大铸钱协济军饷：“近据该抚臣袁懋功题报，省城设炉二十座，一年获息银一万二千八百九十六两零，大理府下关设炉十座，一年获息银一万九千四百九十一两零，是鼓铸之裨益军需已有成效矣。况铜产于滇，自当招商开采，广设炉座。如每年获息二十万两，即可省外解协饷二十万两。以本地自有之利，养见在驻防之兵，为力不劳而收效甚掟，上有裨于国用，下无病于民生，此今日生财之要道。请敕平西王、该督抚诸臣速为讲求，用助军兴之急着也。”[①]该年，云南遵令停铸厘字钱，改铸康熙满汉字钱[②]。可见，王弘祚所引滇抚袁懋功言云南铸钱属实。

至于吴三桂统治时期云南的矿业发展，《滇云历年传》载：康熙九年（1670 年），云贵总督甘文焜奏免运送民夫，注称：“时，吴三桂占据冶场，专利入己场，害民无已，而青、白龙、金钗坡各坑产铜尤多，三桂令拨民夫运送楚、粤行销，刻无宁晷，民不聊生。文焜奏准苏困，三桂恶之。”[③]按倪蜕所称，三藩之乱前，云南铜矿产量颇高，不但用于本省铸钱，还外销楚粤。然倪蜕本松江人，康熙五十四年（1715 年）以幕僚身份，随甘文焜之子甘国璧入滇，不免贬吴赞甘之嫌。三藩之乱前任职云南的彭而述，在《与

① 王弘祚：《筹划滇疆五条》，罗振玉等缉：《皇清奏议》卷 16，民国影印本。

② 《清圣祖实录》卷 4，顺治十八年八月乙卯，《清实录》第 4 册，第 84 页。

③ 倪蜕辑，李埏点校：《滇云历年传》，云南大学出版社 1992 年版，第 528 页。

云督卞公》一文中称："某向在滇，寻思惟有鼓铸一节，可佐军需之穷。但大农不知此中情形，有议中止者。殊不知天下铜山在云中者居半，其余金银之矿亦可次第举行，庶几可以不仰给外郡，少苏飞挽之困。"[①]文中"云督卞公"应为云南总督卞三元，三藩之乱时乞养归旗。从"大农不知此中情形"看，当时云南鼓铸及矿业开发的规模有限，与倪蜕所言存在一定的出入。三藩之乱后，云贵总督蔡毓荣在《筹滇十疏》中言："查呈贡之黄土坡，昆阳之母子营，罗次之花箐，寻甸之迄曲里，建水之鲁苴冲、老鹤塘，石屏之飞角甸，路南之泰来，广通之火把箐，定远之大福山，和曲之白露，顺宁之老阴坡，俱有铜厂；易门之新旧县，马龙之红路口，寻甸之白土坡，石屏之龙朋里，路南之小水井，陆凉之三山，大姚之小东界，武定之只苴、马鹿塘，蒙化之西窑，俱有铁厂；罗平之块泽河，建水之清水沟，姚安之三尖山，俱有铅厂；寻甸之歪冲，建水之黄毛岭、判山，广通之广运，南安之戈孟、石羊，赵州之观音山，云南之梁王山，鹤庆之玉丝，顺宁之遮赖，俱有银厂；鹤庆之南北衙、金沙江，则有金银厂，或封闭有年，或逆占既开，寻复荒废。"[②]表明吴三桂统治时期，云南金银铜铅铁矿均有开采，这与前文所论基本一致，而"寻复荒废"说明矿厂的持续性不强，在一定程度上限制了其开发规模。

平定三藩之后，为了尽快恢复社会经济，稳定边疆秩序，云贵总督蔡毓荣从"筹滇莫先于筹饷"的认识出发，在《筹滇第四疏·议理财》提出"因滇之利，养滇之兵"的思想，并提出开发云南财源的四条具体措施，其中"矿硐宜开"一条言："若令官开官采，所费不赀，当此兵饷不继之时，安从取给，且一经开挖，或以矿脉衰微旋作旋辍，则工本半归乌有，即或源源不匮，而山僻之耳目难周，官民之漏卮无限，利归于公家者几何哉，是莫

---

① 彭而述：《读史亭文集》卷20《尺牍二》，清康熙四十七年刻本。

② 康熙《云南通志》卷29《艺文志三》，《中国地方志集成·省志辑·云南》第2册，第162—163页。

若听民开采而官收其税之为便也”，“宜请专责临元洱海永昌三道，各按所属，亲行察验，分别某厂可开，某处厂不可开，报部存案，一面广示招徕，或本地有力之家，或富商大贾，悉听自行开采，每十分抽税二分，仍委廉干官监收”，“凡有司招商开矿，得税一万两者准其优升，开矿商民上税三千至五千两者，酌量给与顶带，使知鼓励，又严禁别开官硐，严禁势豪霸夺民硐，斯商民乐于趋事，而成效速矣”[①]。确定民开官税的矿业开发政策，并对于招商开矿有成的官民予以奖励。从蔡毓荣所列矿厂和矿产来看，云南开矿不仅限于铜铅，还包括金银铁锡等矿种，相比康熙十八年《钱法十二条》的规定更为全面。以往学者大多将此视为清代云南矿业发展的开端，但从此后的文献记载看，矿业发展效果似乎并不理想。几年之后，蔡毓荣题定“金沙江金厂，石羊、南北衙银厂，妈泰等白铜厂，及各州县地方铁厂课额”，共计年征金 14.52 两、银 206.2 两[②]。而康熙三十年（1691 年）编纂的《云南通志》，其中并无矿厂的专门记载，仅在《物产》部分列举了几种矿产，并称“滇产五金，其来旧矣，但时出时竭，所获甚艰，既无定在，似难专指”[③]。显然，从矿课量看，云南矿业开发的规模与蔡毓荣的期望相差甚远。

然而，事实真相可能并非如此。康熙四十四年（1705 年），步军统领托和齐密奏：“窃云南金、银、铜矿，获利甚巨，于总督、巡抚、司、道官员、提督均有分确实。云南巡抚佟毓秀，乃我王下家奴，原安庆巡抚佟国佐之子。佟毓秀颇有本领，自为云南巡抚以来甚富。奴才引金、银、铜矿事，问为其下要人送礼物之来人，但真实详情概不陈说，仅语之大概：云南总督、巡抚、文武各员皆赖此利为生，而不告诉总督、巡抚年取几何。”[④]督抚等

① 康熙《云南通志》卷 29《艺文志三》，《中国地方志集成·省志辑·云南》第 2 册，第 162—163 页。

② 鄂尔泰监修，靖道谟编纂：雍正《云南通志》卷 11《钱法·厂课》，《景印文渊阁四库全书》第 569 册，第 367 页。

③ 康熙《云南通志》卷 12《物产》，《中国地方志集成·省志辑·云南》第 1 册，第 275 页。

④ 王小虹等编译：《康熙朝满文朱批奏折全译》，中国社会科学出版社 1996 年版，第 1652 页。

官私分矿利，此事非同小可，皇帝由此命令彻查。该年十月，佟毓秀自陈："至奴才衙门向有个旧、北衙等矿厂除照额纳课之外，每年山产多寡无定，约有羡余银万余两，历来抚臣赖此为养廉之资。故奴才到任亦循旧而行，然亦不敢尽行自得。因云省边地以养兵为要，今在省八营兵丁家口甚多，奴才仰体皇上用奴才恤兵之意，通赏银米盐斤，共三千余两，又发粮道修河坝海口一千余两，又赏济孤贫士子等项，尚有余银，奴才自行用度。此项虽非取之官民，然一丝一毫何莫非主上之恩。若不奏明而得之，奴才心中惶悚，不能自安。今将至年终，谨冒昧具折。"朱批："尔到任即当奏明，今总督察后方具折来奏，不合！"①由此看来，册载云南定额矿课并不能如实反映矿业开发规模，大部分矿业收益并未进入政府统计范围，成为云南地方官员的非法所得，以致有学者认为，这一时期的云南矿业掌握在地方大员手中②。

面对中央已经开始调查云南地方官员隐匿矿厂、私分矿利的弊病，新任云贵总督贝和诺不得不清理私矿，将其纳入政府矿税统计的范围之内，以实征重定矿课银："云南金银铜锡等矿厂，自康熙四十四年冬季起至四十五年秋季止，一年之内共收税额银八万一百五十二两零金八十四两零。"③矿课银大增的同时，云南矿厂数量亦大幅度增加。据雍正《云南通志》记载，康熙四十四年（1705年）、四十六年（1707年），贝和诺两次新增矿厂30处，其中金厂2处、银锡厂9处、铜厂18处、朱砂厂1处④。也就是说，这一时期云南矿课、矿厂的大幅度增加是清理私矿的结果，亦表明康熙四十四年之前，云南矿业的实际开发规模已经扩大，只是没有全部纳入政府统计范围之内而已。雍正元年（1723年），云贵总督高其倬追述云南矿业时亦言："云

---

① 《云南巡抚佟毓秀奏报动用矿厂羡余银两数目事》，康熙四十四年十月初八日，中国第一历史档案馆档案，04-01-35-0880-001。

② 温春来、李贝贝：《清初云南铜矿业的兴起》，《暨南大学学报》2018年第2期。

③ 《清圣祖实录》卷231，康熙四十六年十月己亥，《清实录》第6册，第309页。

④ 雍正《云南通志》卷11《钱法·厂课》，《景印文渊阁四库全书》第569册，第369—371页。

南铜斤一案，自康熙四十四年以前，通省银铜各厂，俱系督抚各官私开，原未奏报，亦无抽收款项、案册可稽。因事久显露，经前督臣贝和诺折奏，始委员分管，交广西、元江、曲靖、永北四府抽课充饷。”[①]

相对而言，康熙时期云南矿业开发侧重于金银等贵金属。康熙四十六年（1707 年）贝和诺题定的 8 万余两矿税银，绝大多数出自银厂。虽然铜厂数量较多，但“按厂抽课，递年加增，尚无定额，至四十九年（1710 年）收获课息银九千六百二十五两七钱九厘三毫五丝，后为每年定额”[②]。按康熙四十九年铜课银定额 9620 两、铜厂二八抽课推算，当时铜产量大约在 50 万斤。至于商民多采银矿而非铜铅，雍正元年云贵总督高其倬分析称：“臣等以为，云南各银厂皆系客民自筹工本，煎炼完课。铜银均系矿厂，工本何以官私各别？细查，乃因煎矿炼铜用炭过于银厂，件件皆须购买，惟银砂可以随煎随使。铜虽煎成，必须卖出银两方能济用。况俱产于深山穷谷之中，商贩多在城市贩卖，不肯到厂，必雇脚运至省会，并通衢之处，方能陆续销售。若遇铜缺乏时，半年一载即可卖出，若至铜滞难销，堆积在店，迟至二三年不等。硐民无富商大贾，不能预为垫出一二年工本脚价，是以自行开采抽课者寥寥。”[③]一则炼矿所需燃料多寡不同，铜矿高于银矿；二则银矿煎炼后即为通货，而矿铜还涉及运售环节。尤其是在商民资本有限的情况下，采银多于采铜则势所必然。因此，政府干预和支持成为铜矿业发展不可或缺的重要因素。康熙四十四年（1705 年），云贵总督贝和诺实施的放本收铜政策：“（云南）各铜厂于额例抽收外，豫发工本，收买余铜，各厂每斤三四分以至五六分不等，雇脚发运省城，卖给官商。”[④]这一政策的目的之一是解决

① 《高其倬奏遵查铜斤利弊情形折》，雍正元年十二月二十日，《雍正朝汉文朱批奏折汇编》第 2 册，第 433 页。

② 雍正《云南通志》卷 11《钱法・厂课》，《景印文渊阁四库全书》第 569 册，第 371 页。

③ 《高其倬奏遵查铜斤利弊情形折》，雍正元年十二月二十日，《雍正朝汉文朱批奏折汇编》第 2 册，第 433 页。

④ 雍正《云南通志》卷 11《钱法・厂课》，《景印文渊阁四库全书》第 569 册，第 372 页。

商民资本缺乏和铜斤运销的两大困境。正如高其倬所言："从前曾经部议，着多发工本，委贤能职大官员专管开采，息银可以多得等因。奉旨：依议。遵行在案。此官发工本招募人夫开采之所由来也。"[①]

放本收铜政策为商民提供了资金的同时，也挤压了商民的利润空间，垄断了铜斤的销售渠道。云南"各厂（铜）每斤（价银）三四分以至五六分不等，雇脚发运省城，卖给官商，及加耗运供鼓铸，照定价每百斤九两二钱核算，除归还铜本运脚厂费等项外，所获余息尽数归公"[②]。因官府所定铜价远低于市价，从而将部分商民利润转化为官府铜斤余息收益。正因为如此，放本收铜政策的实施并未带来铜矿业的大规模发展。雍正元年（1723年），云贵总督高其倬追述康熙末年云南铜业时言，康熙五十六年（1717年）金世扬管理矿务之际，"各厂开采年久，硐深矿薄，又兼附近山场柴炭砍烧已尽，厂民费本重大，获利无几，停抽课铜二十斤"；"后系藩司毛文铨接管，自康熙五十九年（1720年）五月起至六十年三月止，共办铜八十万九千二百六十斤"，但查出"金世扬尚有厂欠等项未归工本银五万四千九百八十五两零"；李世德接管后，"自康熙六十年（1721年）四月管起，至雍正元年（1723年）二月终止，连闰共二十四个月，作为二年，共办获铜一百六十一万八千五百三十余斤"，"两年共厂欠一万二千一百五十二两有零"[③]。又据金世扬复奏："窃臣于康熙五十五年八月内抵云南布政司任，见滇中厂课虚悬甚多，皆系厂衰，历年积欠，奏销做完之数。臣当详两院酌议筹补，因彼时铜价稍昂，但开采年久，硐深矿薄，本大利微，商民无力攻采，一年所出铜斤不足四十万，按以每百斤二两收课，尚未及额息九千六百余两之数……于五月内招商王日生管理，是年即获

① 《高其倬奏遵查铜斤利弊情形折》，雍正元年十二月二十日，《雍正朝汉文朱批奏折汇编》第2册，第433页。

② 雍正《云南通志》卷11《钱法·厂课》，《景印文渊阁四库全书》第569册，第372页。

③ 《云贵总督高其倬奏遵查铜斤利弊情形折》，雍正元年十二月二十日，《雍正朝汉文朱批奏折汇编》第2册，第433页。

铜六十余万……于五十七年内，督臣蒋陈锡面谕，铜斤余息已奏明圣祖仁皇帝，赏作养廉，是年出铜九十余万斤，所得余息，蒋陈锡、甘国壁各分得银一万两，臣亦分得银六千两。五十八年出铜与分得余息约略相同。”[①] 据以上所言，康熙五十年（1711 年）以前云南产铜不足 40 万斤，五十七、五十八年两年铜产量均超过 90 万斤，而康熙六十年（1721 年）又降至 80 万余斤。金世扬管厂时因“无案存查”，其自陈产量有夸大之嫌，而且从金世扬到李世德，厂欠银亦随着铜产量的增加而扩大。笔者曾专文论述厂欠[②]，实质上是政府变相承担商民亏损，以换取铜产量的稳定和增加。

反观没有政府资金支持的银矿业，受矿业生产规律的影响而产量大减，不敷课额。康熙六十年（1721 年），云贵总督张文焕、云南巡抚杨名时奏：“滇南山谷素产银矿，设厂收课，国赋攸关。臣等检齐历年题报之案，唯石羊、个旧二厂为滇省大厂，自五十二年矿沙衰微，抽收不敷，前抚臣不敢遽以缺额具题，每年虽奏报全完，而实则虚悬无著。至五十六年秋季，共计不敷银十万两有零……自五十六年冬季起至五十九年秋季止，又共计不敷银七万二千七百七十四两零”，户部议复：令其“酌盈剂虚，通融填补”[③]。雍正二年，云贵总督高其倬亦称：“至银厂一项，目下而论极为衰乏……查云南银厂当石文晟为巡抚时大旺，数年以后，渐渐不及，尚敷课额，督抚或征有羡余，近年以来，大为衰乏，缺额甚多，经抚臣杨名时折奏，令各厂通融完课，复将子厂之课收帮，所欠比前稍少，然亦不能足额，去年所缺系抚臣以盐规补完，此银厂历来之情节。”[④] 石羊、个旧二厂的衰落导致全省实征银课急剧减少，缺额严重，故张文焕、杨名时奏请在全省各银厂之间“通融填

① 《工部左侍郎金世扬奏为遵旨查奏铜斤利弊事》，雍正二年闰四月初一日，《雍正朝汉文朱批奏折汇编》第 2 册，第 886—887 页。

② 参见马琦：《清代滇铜厂欠与放本收铜》，《历史档案》2015 年第 3 期。

③ 《户部左侍郎三和题为核查云南省乾隆七年分收获课金课银锡斤票税等项数目事》，乾隆八年九月二十九日，中国第一历史档案馆档案，02-01-04-13644-005。

④ 《云贵总督高其倬奏谢圣恩并报地方事宜折》，雍正二年二月十八日，《雍正朝汉文朱批奏折汇编》第 2 册，第 614 页。

补”。但是，因二厂缺额巨大，云南督抚不得不另以盐规银填补，这意味着银矿的生产规模相比康熙四十四年有所减小。

云南所产铜斤虽无法供给全国，但亦足一省之用。康熙六十一年（1722年），云南奏请开局鼓铸[①]，据雍正二年（1724年）杨名时言：“（云南）奉文以铜六铅四搭铸，应设炉四十七座，每年百万铜斤之外，多铸铜一万五千二百斤。”[②]云南以本省产铜鼓铸，意味着铜产量亦超过百万斤，相比康熙末年，滇铜产量有所增加，这应是雍正初年整顿云南矿务的结果。如雍正三年（1725年），云贵总督高其倬奏称：“会查盐铜一案，共查出盈余每年共八万五千七百两……又铜斤，原奏一年约可办一百余万斤，今一年已获一百二十万斤，工本亦调剂节省，亦有盈余，锡斤亦较前积多，银矿亦稍好。”[③]

为了弥补老厂课额不足，云南不断新开子厂。虽然铜厂数量依旧，但却增加了产量。如雍正四年（1726年）四月，云南巡抚鄂尔泰奏称：“窃查滇省铜厂额课九千六百余两，经管司道按年照数办纳，而青龙寺老厂外，如有新开之厂，恐衰旺无定，俱不题报，只就附近老厂作为子厂”，如“路南州大龙井一厂，原属龙宝子厂，铜苗甚旺，现今一季内已办获铜六万余斤”[④]，该年四月至八月，大龙井子厂又获铜58万余斤[⑤]。同年九月，鄂尔泰言：“臣今数月以来，已将滇黔二省已开、未开、已报、未报各厂明查密访，粗知情事，犹未敢迫连，激成弊端矣。勘验确实，逐渐调理，陆续奏报。”[⑥]

---

① 《清世宗实录》卷2，康熙六十一年十二月戊寅，《清实录》第7册，第65页。

② 雍正《云南通志》卷11《钱法》，《景印文渊阁四库全书》第569册，第353页。

③ 《云贵总督高其倬奏陈雍正元年二年两年历奉密谕暨折奏事件办理情形折》，雍正三年正月二十六日，《雍正朝汉文朱批奏折汇编》第4册，第363页。

④ 《云南巡抚鄂尔泰奏为报明铜厂事》，雍正四年四月初九日，《雍正朝汉文朱批奏折汇编》第7册，第117页。

⑤ 《云南巡抚鄂尔泰奏报收盐办铜数目折》，雍正四年九月十九日，《雍正朝汉文朱批奏折汇编》第8册，第116页。

⑥ 《云南巡抚鄂尔泰奏报收盐办铜数目折》，雍正四年九月十九日，《雍正朝汉文朱批奏折汇编》第8册，第116页。

可见，这是云南督抚遍访矿厂的结果，该年划归云南管辖的东川府亦不例外[①]。十二月，云贵总督鄂尔泰奏称："查东川矿厂颇多，前川省未开，亦以米粮艰难之故。现在汤丹一厂，臣已试采，矿苗甚旺，就目前合算，岁课将及万金。此外如革树等厂几十余处，待米粮足用，通行开采，虽或衰旺不一，皆不无小补。"[②]至次年三月，鄂尔泰又报："再新归滇属之东川府有汤丹、普毛二厂出铜颇旺，川省旧曾开采，臣经委知府黄士杰管理并发银接济。滋据呈报：汤丹厂自去年九月初九日起至今年二月终止，除工本食用外，办获净息银五千三百四十余两；普毛厂离府辽远，油米驮脚俱买，自去年十一月起至年终止，合计办获银铜虽已报息五百余两，尚未止大效，现在督令该府竭力调剂。此外，府属地方仍有银铜厂二三处，亦现令采试。"[③]大型铜厂的发现，迅速推高了滇铜总产量。五月，鄂尔泰奏："今岁闰三月以来，仰赖圣主福庇，山祇效灵，铜矿增盛倍常，数十年来所未有。即就现在核算，五年分铜斤可办获三百数十余万，合计应获余息银不下十数万两。"[④]实际上，该年滇铜产量超过400万斤[⑤]。很明显，雍正朝滇铜产量的快速增加是不断开发新厂的结果，而原有老厂的产量并未出现显著的增长。如青龙等老厂，至乾隆朝中期，产量依然维持在百万斤左右[⑥]。

滇铜产量的急剧扩大提高了政府的矿业收益，但也意味着铜本银的投

---

① 《清世宗实录》卷43，雍正四年四月戊寅，《清实录》第7册，第633页。

② 《云贵总督鄂尔泰奏走陈东川事宜折》，雍正四年十二月二十一日，台北故宫博物院编：《宫中档雍正朝奏折》第7册，台北故宫博物院1982年版，第172页。

③ 《云南总督鄂尔泰奏为报明厂务情形事》，雍正五年闰三月二十六日，《雍正朝汉文朱批奏折汇编》第9册，第525—526页。

④ 《云南总督鄂尔泰奏报铜矿大旺工本不敷恳恩通那以资调剂折》，雍正五年五月初十日，《雍正朝汉文朱批奏折汇编》第9册，第767页。

⑤ 《云南总督鄂尔泰奏为铜矿大旺等事》称："今查各铜厂自雍正五年正月起至十二月终止，共办获铜四百万零"（雍正六年四月二十六日，台北故宫博物院编：《宫中档雍正朝奏折》第10辑，台北故宫博物院1982年版，第355页）。

⑥ 《清高宗实录》卷636，乾隆二十六年五月壬子，《清实录》第17册，第108页。

入急剧增加，而超过本地市场需求的铜斤亦面临销售的难题。正如林荃所言，这种发展既超过了云南市场的容量，也超过了云南地方经济力量可以支持的再生产的规模[①]。雍正五年（1727 年），云贵总督鄂尔泰奏称："但铜多本少，收买不敷，厂客如有积铜，薪米即难接济，若不早为筹划，临时更费周章，相应恳祈圣恩俯准于盐务盈余银内酌借五六万两，发价收铜，卖价还项。一转移间，似于厂务大有裨益。"[②]同时，又奏请将滇铜外销："再运铜一案，一应驮脚等项，臣早经办，所需二百七十万铜数，俱可于明年三四月内到汉口，五六月内到镇江，断不至迟误，发运之外，所余铜斤仍足供两省鼓铸，亦不费周章。"[③]雍正五年所产 401 万余斤滇铜，"内除留本省鼓铸外，运赴湖广一百一十万零，江南一百六十万零，陆续雇脚发运，已将发完。又因广东洋铜缺少，需铜甚殷，不敢歧视，现议卖给铜二十万斤"，同时，鄂尔泰奏请将滇铜外销制度化："应请将雍正六年所办铜斤，俟年终核定确数，除留滇鼓铸外，余铜若干，咨明户部，于雍正七年分陆续催觅驮脚，运赴湖广、江南，卖给承办之员，转运京局，以供八年鼓铸，而七年分办出之铜则于八年份发运，以供九年京局之用，似此递年办运，在铜数既得清楚，而挽运亦可从容。"[④]云南地方政府筹措资金，极力扩大铜本银规模，同时将滇铜外销制度化，转卖于江南八省，间接供应京局，在扩大滇铜销路的同时，也获得了可观的卖铜余息。

政府解决资金、销路两大问题之后，滇铜产量快速扩大。如雍正十三

---

① 林荃：《谈谈清代的"放本收铜"政策》，云南省历史研究所、云南大学历史系编：《云南矿冶史论文集》，云南省历史研究所 1965 年版，第 118—119 页。

② 《云南总督鄂尔泰奏报铜矿大旺工本不敷恳恩通那以资调剂折》，雍正五年五月初十日，《雍正朝汉文朱批奏折汇编》第 9 册，第 767 页。

③ 《云南总督鄂尔泰奏钦奉圣谕酌筹运铜他省事宜折》，雍正五年十月初八日，《雍正朝汉文朱批奏折汇编》第 10 册，第 777 页。

④ 《云南总督鄂尔泰奏为铜矿大旺等事》，雍正六年四月二十六日，《雍正朝汉文朱批奏折汇编》第 12 册，第 310—311 页。

年（1735年），滇铜产量649.6万余斤，乾隆三年达1045.8万余斤[①]。滇铜产量的扩大与超大型铜厂的开发有直接的关系。如乾隆二年（1737年），云南巡抚张允随奏称："汤丹等厂每月需工本银不下六七万两，为数繁多，道库只存银八万五千余两，尚不敷汤丹一厂闰九、十两月工本，其十一、十二月两月，无银可给"，除了从司库暂借银15万两外，还请"于近滇省分及两淮盐课内酌拨银三十万两，委员解滇，封贮司库，仍照急需银两之例，题明预动收买余铜"[②]。其后，京运、各省采买陆续开启，滇铜取代洋铜供应京省各局，每年900余万斤，其铜本银由户部按年划拨，每年100万两。由此可见，在政府资金扶持和市场开拓下，滇铜矿业快速发展，产量从康熙朝中期的40万斤、雍正五年的400万斤扩大到乾隆三年的1000余万斤。

综上所论，清前期因制钱鼓铸和火器铸造对铜铅需求的快速增加，国内市场供不应求，导致了第一次币材危机，迫使康熙十四年政府部分开放矿禁、允许商民开采铜铅矿的政策出台。虽然开放海禁后的大量洋铜进口化解了第一次币材危机，但国内铜铅矿业开发规模仍然有限。故当日本限制出口之后，第二次币材危机随之而来，铜禁政策愈演愈烈。虽然吴三桂统治时期，云南矿业就已开发，三藩之乱后蔡毓荣又以开发矿业作为恢复社会经济的措施之一，但大量矿厂被地方大员所掌控，并未纳入政府统计范围之内。直到康熙四十四年总督贝和诺将其公开之后，每年八万余两的矿税表明矿业发展已经初具规模。但是，这一时期的矿业开发侧重于金银等金属，商民因资本有限，开发铜铅者寥寥。故贝和诺实施放本收铜政策，由政府提供资金促进铜矿业发展。但是，这一政策同时也挤压了商民的获利空间和垄断了铜斤的销售渠道，导致滇铜年产量长期徘徊在90万斤左右，仅能满足云

① 马琦：《清代滇铜产量研究：以奏销数据为中心》，《中国经济史研究》2017年第3期。

② 张允随：《张允随奏稿》（上册）《奏为请旨敕拨银两接济铜厂工本以供鼓铸采买事》，乾隆二年十一月十六日，载方国瑜主编，徐文德、木芹、郑志惠纂录校订：《云南史料丛刊》第8卷，云南大学出版社1999年版，第568页。

南本地的币材需求。雍正朝以来，政府彻底整顿云南铜政，极力开发新厂，尤其是雍正四年东川归滇之后，汤丹等大型铜厂的开发，使滇铜产量一举突破 400 万斤大关。但是，铜本银的需求随之扩大，而云南本地亦无法消化如此巨大的铜斤，资本和销路成为制约滇铜矿业持续发展的两大难题。云南督抚或挪借公帑，或奏请中央接济，极力扩大铜本银的来源，同时策划滇铜外运，售于江浙湖广等办铜省份，扩大滇铜销路，并使之制度化。正是由于政府的支持，乾隆初年滇铜产量跃上 1000 万斤。因此，清代西南边疆的矿业勃兴，既是市场需求拉动的结果，也是政府扶持的产物。

第二章　清中期滇铜黔铅运输与全国币材供给

以滇铜为代表的西南边疆矿业的兴起，从根本上扭转了国内市场的币材供需关系。然铜铅主要消费市场地处内地，以京省各局为主。产销地分离使运输的重要性进一步凸显，构建国内铜铅运输体系成为保障币材供给的重要一环。从专采洋铜到滇铜京运，清中期覆盖全国的铜铅运输体系的形成、运作和管理，以及如何保障币材供给，正是本章将要解答的问题。

第一节　币材来源转变与京局供给方式的变革

康熙末年，日本洋铜进口受阻，国内产铜不足，政府屡次变更京铜采办方式，从税官办铜到内务府商人办铜，从江南八省分办到江浙二省承办，均无法从根本上解决币材供不应求的矛盾。雍正初年整顿云南铜政，尤其是东川归滇后大型铜厂的发现，使滇铜产量实现跨越性增长，以滇铜黔铅为代表的西南边疆矿业开始兴起。然云贵僻处西南一隅，如何实现大规模资源调运成为保障币材供给的关键，而原有的京运制度亦势必随着币材来源的变化出现相应的变革。

一、滇铜黔铅间接供给京局

康熙四十四年（1705年），云贵总督贝和诺于云南铜厂实行放本收铜政策。雍正元年（1723年），云贵总督高其倬追述云南铜政时言："查得云南铜斤一案，案自康熙四十四年以前，通省银铜各厂俱系督抚各官私开，原未奏报，亦无抽收款项按册可稽，因事久显露，经前督臣贝和诺折奏，始委员分管广西、元江、曲靖、永北四府，抽课充饷，每炼铜百斤，抽课二十斤，外又给管厂头人名为厂委监费，另收小铜九斤，其中不无私自旺收肥已等弊，硐民即将所得之铜抵还官本。……自四十四年前督臣贝和诺报出之后，递年加增，尚无一定之额，至四十九年（1710年），征获息银九千六百二十余两，此后即为定额，而铜厂俱系给官本开采"；"云南铜厂自定额以来，即系借给工本，官开官收，又拨脚价运至省会及通衢，盖房收贮，拨人看守，招商销售，完课归本，故有官铜店之名也……又各厂近者五六站，远者十八九站或二十一二站不等，又非省内一处盖能销售，须分运至剥隘、沾益、平彝等处，以便广东、湖广商贩承买"[①]。此时云南钱局早已停铸，云南所产铜斤由官府收购，转销于湖广、广东等处。

除了高其倬的追述之外，康熙末年的记载亦可证明滇铜外销。如康熙五十五年（1716年），江西巡抚佟国勷奏言："据详，铜产云南，聚于湖广、江苏，洋铜聚于闽广、江浙。"[②]湖广、广东、江苏等省皆属分办京铜省份，滇铜外销最终流向京师。雍正二年（1724年），工部侍郎金世扬称，康熙五十六年（1717年）五月，云贵总督蒋陈锡招商王日生管理铜厂，"是年即获铜六十余万，陆续分售官商，每百斤卖十一二三两不等"[③]。故雍正《云南

---

① 《云贵总督高其倬等奏遵查铜斤利弊情形折》，雍正元年十二月二十日，《雍正朝汉文朱批奏折汇编》第2册，第432—437页。

② 《江西巡抚佟国勷奏为江西素不产铜委员实难承办仰恳圣慈敕归聚产省分就近起解事》，康熙五十五年九月二十二日，《明清档案》第39册，编号：A39—213。

③ 《工部左侍郎金世扬奏为遵旨查奏铜斤利弊事》，雍正二年闰四月初一日，《雍正朝汉文朱批奏折汇编》第2册，第886—887页。

通志》直言："各铜厂于额例抽收外，豫发工本收买余铜，各厂每斤三四分以至五六分不等，雇脚发运省城，卖给官商。"[①]《清文献通考》亦承袭此说："时云南广开铜厂，总督贝和诺题定，按厂抽纳税铜，每年变价，将课息银报部，复请于额例抽纳外，预发工本，收买余铜，各铜厂每斤价银三四分以至五六分不等，发运省城，设立官铜店，卖给官商，以供各省承办京局额铜之用。"[②]虽然康熙朝后期滇铜产量有限，但通过转销湖广、江浙、广东等省官商，长期间接参与京铜供给。"康熙六十一年（1722年）岁末，九卿议令云南设炉鼓铸，次年滇省设炉四十七座，年用铜百万斤"[③]。至此，滇铜基本为本省鼓铸所用。

雍正四年（1726年），东川归滇，汤丹等大型铜厂陆续开发，产量骤增。次年（1727年），云南总督鄂尔泰奏言："五年分铜斤可办获三百数十余万，合计应获余息银不下十数万两。但铜多本少，收买不敷，厂客如有积铜，薪米即难接济……再运销之法以速为利，查江浙湖广办铜诸省，缘采买洋铜每至误运，关系鼓铸匪轻。臣前任江苏，深知其故。若令各省委员赍银赴滇买铜起运，合算铜价每百斤九两二钱，加以脚费等项，运至汉口、运至镇江，每百斤不过需银十三两上下。如各省委员恐来滇多费，雇驮脚稍难，臣委滇员运赴汉口、运赴镇江，令各委员领铜交价，所需亦不过此数。但沿路关税得免抽收，始不致赔累，不致迟延。在各省获铜供铸，克副考成，在滇省获银充饷，无虑壅滞，以有易无，或亦两益之事也。"[④]滇铜产量已远超本省鼓铸所需，资本与市场成为制约滇铜发展的两大困境，故鄂尔泰提议借本收铜，外运汉口、镇江售卖。此举不但能够扩大滇铜外销市场，满足江浙

① 雍正《云南通志》卷11《课程·钱法》，《景印文渊阁四库全书》第569册，第372页。

② 《皇朝文献通考》卷14《钱币考二》，《景印文渊阁四库全书》第632册，第290页。

③ 《清世宗实录》卷2，康熙六十一年十二月戊寅，《清实录》第7册，第35页；雍正《云南通志》卷11《课程·钱法》，《景印文渊阁四库全书》第569册，第353页。

④ 《云贵总督臣鄂尔泰奏为铜矿大旺工本不敷恳恩通那以资调剂事》，雍正五年五月初十日，《世宗宪皇帝朱批谕旨》卷125，《景印文渊阁四库全书》第420册，第358页。

官商办铜之需，而且转销获利，有助于扩充工本，扩大滇铜生产，改善云南财政局面。同年十月，云南按察使张允随带回圣谕："鄂尔泰奏称铜厂甚旺请将铜运到湖广、江南卖与各省采买的官员，很好！"[①]这意味着滇铜外销湖广、江浙再次开启。

雍正六年（1728年），据云南总督鄂尔泰奏称："今查各铜厂自雍正五年正月起至十二月终止，共办获铜四百万零，内除留本省鼓铸外，运赴湖广一百一十万零，江南一百六十万零，陆续雇脚发运，已将发完。又因广东洋铜缺少，需铜甚殷，不敢歧视，现议卖给铜二十万斤，此五年分办铜运铜之数也。"[②]也就是说，雍正五年所办滇铜，除本省鼓铸所需之外，几乎全部转销于湖广、江浙、广东等京铜采办省份。不仅如此，鄂尔泰还进一步提议："应请将雍正六年所办铜斤，俟年终核定确数，除留滇鼓铸外，余铜若干，咨明户部，于雍正七年分陆续催觅驮脚，运赴湖广、江南，卖给承办之员，转运京局，以供八年鼓铸，而七年分办出之铜则于八年份发运，以供九年京局之用，似此递年办运，在铜数既得清楚，而挽运亦可从容。"[③]欲将滇铜转销采办省份、间接参与京铜供给的模式制度化，按年实施，不但可以保障京局币材需求，而且为滇铜外销提供稳定的市场。

之后的记载表明，虽然滇铜外销的模式与鄂尔泰的提议略有差异，但滇铜外销采办省份、间接参与京铜供给的事实依然延续。如雍正七年（1729年），鄂尔泰奏报："其湖北铜运，该省愿买滇铜，臣现在发运一百余万至永宁水路，听其收领；湖南、广东俱委员差役赴滇买铜，臣俱令粮道如数发卖，并些少减价，以恤远来；其吴省铜斤因去岁运到之铜至今尚未

---

① 《云南总督鄂尔泰奏钦奉圣谕酌筹运铜他省事宜折》，雍正五年十月初八日，《雍正朝汉文朱批奏折汇编》第10册，第777页。

② 《云南总督鄂尔泰奏为铜矿大旺等事》，雍正六年四月二十六日，《雍正朝汉文朱批奏折汇编》第12册，第310—311页。

③ 《云南总督鄂尔泰奏为铜矿大旺等事》，雍正六年四月二十六日，《雍正朝汉文朱批奏折汇编》第12册，第310—311页。

收解，不便再运，应俟年终将铜数报部后，听部候部拨。”[①] 再如雍正十年（1732 年），云南巡抚张允随奏言：“窃照滇省出产铜斤，必厂旺铜多，庶足供各省采运及本省鼓铸之用……总计一年约可办铜三百二十余万斤，获课息银八万一二千两；又永宁、威宁二店卖过客商及各省采买铜斤，获余银三万五千两零，约计一年共获课息银一十二万余两矣。”[②] 次年（1733 年），张允随又称：“臣查近年以来，（湖北、湖南、广东）三省铜斤因向滇省办买，即福建、江南亦自赍赴滇采办，暨云南之省城临安、东川，贵州之毕节等局，并广西府鼓铸京钱，年需铜斤甚多……本年各铜厂计至年底，约可办铜四百三十余万，加以乙卯年所办之铜归还本年，乙卯年滇省、贵州各局以及三省额铸铜斤外，所计尚属有余。现今湖南、湖北赍价到滇，臣行署迤东道王廷琬收价，照数发给起运，其未到三省各府乙卯年应办铜斤，俟到日再行拨发，总期开铸办解两无缺误。”[③] 由此可见，从雍正五年（1727 年）至乾隆三年（1738 年），除浙江外，湖北、湖南、广东、福建、江南等承办京铜省份均增采买滇铜，以供京运。

至于滇铜间接参与京铜供给的规模，可通过云南铜厂办获铜斤余息银两的年度奏报大致推算。雍正十一年（1733 年）的奏报记载，云南各铜厂共办获净铜 3531103 斤，其中，“又威宁店卖过贵州采买毕局鼓铸铜三十三万五千八十五斤四两，每百斤收价银九两八钱，共收过银三万二千八百三十八两三钱五分零，又东川店卖过四川采买铜一十四万八千八百斤，每百斤收价银一十一两，共收价银一万六千三百六十八两，又永宁店卖过各省采买铜一百七十万二千五百八十八斤五两，每百斤收价银一十三两，共

① 《云南总督鄂尔泰奏为报明七年分盐铜课息事》，雍正七年十一月初七日，《雍正朝汉文朱批奏折汇编》第 17 册，第 161—162 页。

② 《云南巡抚张允随奏为奏明办获铜斤余息事》，雍正十年十一月二十三日，《雍正朝汉文朱批奏折汇编》第 23 册，第 647 页。

③ 《云南巡抚张允随奏为奏明事》，雍正十二年十一月二十六日，《雍正朝汉文朱批奏折汇编》第 27 册，第 379 页。

收价银二十二万一千三百三十六两四钱八分零，以上三店通共卖过铜二百一十八万六千四百七十三斤九两，共收价银二十七万五百四十二两八钱三分零，内除九两二钱原本运脚店费等项外，约可获余息银三万九千九百五十二两五钱二分零"[①]。该年云南于贵州威宁、云南东川、四川永宁三处铜店，售卖贵州、四川及其他各省滇铜共计218.6万余斤，外销比例高达61.92%。按江西、浙江、湖北、湖南、河南、山东、山西等省局雍正七年开，宝黔局雍正八年开，宝川局雍正十年开，然"惟宝云局及八年所开之宝黔局、十年所开之宝川局皆因矿开铸，配用铜铅"，其余各局"并收买旧铜器，分别生熟铜对搭鼓铸"，"皆随各省斟酌题定，后以废铜铸完，各局于雍正十三年以前次第停止，宝济局于乾隆三年停止"[②]。也就是说，除了云南、贵州、四川三省之外，其他各省钱局皆以收买旧铜器为原料，用完即停。由此可以断定，所谓各省于永宁铜店采买滇铜170万余斤，实为湖北、湖南、广东、福建、江苏等承办京铜省份，凑运京局之举。再如乾隆元年（1736年），"东川店卖过各省采买铜一百六十万八千七百六十六斤十三两六钱四厘零"[③]。乾隆四年以后，京铜采办从江南各省转归云南，滇铜京运开启，滇铜外销仅限于各省鼓铸，兹于后文另行论述。

除了滇铜之外，黔铅亦间接参与了京局币材供给。雍正元年（1723年）云南开局鼓铸，因本省产铅不敷，于云贵地区查勘开采。次年（1724年），云贵总督高其倬奏："又访得贵州地方之马鬃岭、齐家湾、罐子窝等处亦有倭铅矿硐，因通知抚臣毛文铨，委员会同查勘招开，已经具奉令，各处皆有成效，除黔省抽课一年约共可获五六千两，归黔抽报济公外，云南省每

① 《云南巡抚张允随题报雍正十一年份各铜厂办获铜斤余息银两数目事》，乾隆元年五月二十九日，中国第一历史档案馆档案，02-01-04-12866-010。

② 《皇朝文献通考》卷15《钱币考三》，《景印文渊阁四库全书》第632册，第316页。

③ 《云南巡抚张允随题报滇省乾隆元年分办获铜斤余息银数事》，乾隆二年七月初八日，中国第一历史档案馆档案，02-01-04-12996-008。

年买运黔厂倭铅五十万斤。”[①]至雍正五年（1727年），云南减铸，本省产铅增加，不再采买黔铅，而此时黔铅产量却急剧扩大。次年（1728年）十月，云南总督鄂尔泰奏称：“迨雍正五年分，经臣题请（宝云局）减炉九座，止存三十六座，用铅既少，又值滇之罗平州属卑浙块泽二厂出铅颇旺，运局搭铸尽可敷用，遂将黔厂之铅停运。（贵州）马鬃岭等厂俱在僻壤，山路崎岖，难以通商，而开采小民又半系赤贫，苦无工本，不能久贮，每铅百斤厂价已减至八九钱一两不等……是以暂于司库借动盐余银两，作工本脚价，仍委朱源淳收买。除课铅照原定之价解黔报销外，余铅按时价收买统运汉口，卖给京商，所获余息尽数归公。自雍正五年二月起，至九月止，共发过银二万两，收获铅二百万零，今已运过铅二十万，约计工本脚价盘费每百斤共银三两五钱，而汉口之价则四两五钱，每百斤实获息银一两，尚存铅一百八十余万，现在陆续分路挽运。”[②]从所收余铅可见，黔铅产量已大幅度扩大，然云南停买，黔铅销售不畅，价格大跌。因此，鄂尔泰仿照滇铜事例，组织黔铅外销汉口，售于京商。此举虽为解决黔铅滞销，但售于“京商”，实则间接参与了京局币材供给。

雍正七年（1729年），贵州巡抚张广泗奏请将黔铅外销由云南转归贵州办理：“查上游之铜厂、铅厂等项俱系听民开采，官不过照例抽课，毫无稽查，以致其间有当调剂起色者、有应厘剔积弊者，并可仿照滇省买运铜铅之例，动帑收买，发运四川地方转售。凡此滇省已行之有效，督臣鄂尔泰办理极为周详。臣随与司道得以面请指导，即经委员前往确查，措办颇有头绪。”[③]该年十一月，贵州马鬃岭、大鸡、砂朱、江西沟、丁头山、柞子等黑

① 《云贵总督高其倬奏节省铅价调剂钱法折》，雍正二年十一月二十一日，《雍正朝汉文朱批奏折汇编》第4册，第54页。

② 《云南总督鄂尔泰奏为奏明借动库项收铅运售获息情由仰祈圣鉴事》，雍正六年十月二十日，《雍正朝汉文朱批奏折汇编》第13册，第721页。又见《宫中档雍正朝奏折》第10辑，第585页。

③ 《贵州巡抚张广泗奏为奏明事》，雍正七年八月初六日，《雍正朝汉文朱批奏折汇编》第16册，第314—315页。

白铅厂愈发兴旺，约计年可产铅400万斤，官买余铅“陆续发运于楚粤四达之区，公平转售，又可济官商之缓急，除脚价费用外，每铅百斤约可余银一两，总计一年可得三万余金”，而“铅厂既经归黔，则从前滇员所收买之铅斤自应销售清项”，表明张广泗所请已被批准[①]。显然，官购余铅转销楚粤，不论滇黔何省办理，均“可济官商之缓急”，即间接参与京局铅斤供给。

黔铅转销官商的规模远大于滇铜。雍正八年（1730年），贵州巡抚张广泗奏称：“除向有之齐家湾厂因矿砂浅薄业已题请封闭外，其马鬃岭、丁头山等厂，并续开之大鸡、砂朱、大兴等厂，每年产铅除完交课项外，尚约有余铅三四百万斤。各厂所费工本多寡不一，其收买价值议定每百斤一两四五钱不等，另加驮脚盘费，运往永宁、汉口等处销售。现在时价三两七八钱及四五两不等，除归还买本脚价，每百斤可获余息银一两四五钱不等。通计每年收买各厂余铅三四百万斤转运销售。再各厂每年抽收课铅有七十余万斤，留供鼓铸，但今开局伊始，只需用铅一十五万八千四百斤零，尚有余剩课铅五十四五万斤，应与所买余铅一并运销。”[②]官购余铅转销官商，极大地扩大了黔铅的销售市场，促进了黔铅矿业的进一步扩大，外销黔铅量和所获息银量亦同步增加。雍正十年（1732年），贵州布政使常安查奏：“约计各厂每年产铅，除完交课项外，尚约有余铅三四百万斤……（贵州粮驿道）王廷琬接管之后，于调剂厂规、通裕商运讲求办理，厂民踊跃，赴办一年，所出铅斤竟有六七百万斤之多，为从来所未有。”[③]雍正十二年（1734年），原任贵州布政使江西巡抚常德寿奏称：“再黔省倭铅一项大有裨益。自奴奉旨清查以来，雍正十年获余息银一十六万三千五十余两，十一年又获余息银

① 《云南总督鄂尔泰奏为奏明调剂黔省铅斤并办获滇省铅息事》，雍正七年十一月初七日，《雍正朝汉文朱批奏折汇编》第17册，第159—160页。

② 《贵州巡抚张广泗奏为奏明事》，雍正八年三月二十七日，《雍正朝汉文朱批奏折汇编》第18册，第324—328页。

③ 《贵州布政使常安奏为遵旨回奏事》，雍正十年六月十二日，《雍正朝汉文朱批奏折汇编》第30册，第521—534页。

一十六万九千九百余两。”[①] 贵州所产铅斤，除供本省及四川采买鼓铸之外，绝大部分外运永宁、汉口等处，售于京商。也就是说，这一时期京局鼓铸所需铅斤绝大部分产自贵州，由内务府商人采购运送京师。自雍正十三年后，京局所需铅斤由贵州承办，黔铅京运开启，兹于后文另行论述。

通过以上分析可知，自康熙四十四年云南实施放本收铜政策之后，设立铜店，收购余铜，转运永宁、汉口等地，售于承办京铜的江南、湖广等省官商，间接参与京局币材供给。然因康熙朝后期滇铜年产量不足百万斤，外销规模有限。雍正元年云南开局鼓铸，滇铜外销内地一度中断。雍正四年东川归滇后，汤丹等大型铜厂的开发导致滇铜年产量成倍增加，导致工本不敷，铜斤积压。为了满足江浙承办京铜之需，云南再次开启滇铜外销，或由滇铜运铜至汉口、江南，或办铜各省来永宁、东川采购，滇铜间接参与京铜供给持续至乾隆四年以前，其规模亦较康熙朝后期有所扩大，雍正五年高达二百九十万斤，其后基本稳定在一百六七十万斤左右。与此同时，雍正六年云南收购黔铅，转运永宁、汉口地处，售于京商，间接参与京局铅斤供给，次年改归贵州办理后，销量大增，高达四五百万斤，直至雍正十三年之前。由此可见，康熙朝后期至乾隆初年，云贵两省虽非承办京局铜铅省份，但通过外销滇铜、黔铅，转售湖广、江南等处官商，长期间接参与京局币材供给，不仅在缓解第二次币材危机中发挥了重要的作用，而且为之后的滇铜黔铅京运奠定了基础。

二、黔铅京运的开启

雍正五年之后，贵州黑白铅长期维持高产，逐渐引起中央的关注。雍正十一年（1733 年），上谕言：“鼓铸钱文，专为便民利用……至于户工两局需用铅斤，旧系商办。闻贵州铅厂甚旺，如酌给水脚，令该抚委员解京，

① 《江西巡抚常安奏为奏闻事》，雍正十二年二月初一日，《雍正朝汉文朱批奏折汇编》第 25 册，第 823 页。

较之商办节省尤多。著酌定规条，妥协办理。”[①]

将京局所需铅斤改归贵州办运，除了黔铅高产之外，低廉的价格也是中央考虑的主要因素之一。据雍正六年（1728年）总理户部事务和硕怡亲王允祥等题，黔铅“按照各厂地头时价，每百斤变价一两四、五、六钱不等”，“较之湖南所报铅价，每百斤六两二钱五分之数，不及四分之一；较云南所报铅价，每百斤四两五钱之数，仅止三分之一”[②]。即使按前文所引雍正八年（1730年）贵州巡抚张广泗所言，运至汉口，每百斤可获余息银一两四五钱不等，其成本仅为每百斤价银三两左右。而内务府商人承办京局铅价，已于康熙六十一年增至每斤银八分二厘五毫，虽然其后有所降低，但仍高达六分二厘五毫[③]。除自汉口至京师运费之外，仍“较之商办节省尤多”。如雍正十三年（1735年），云贵广西总督尹继善奏称：“（贵州巡抚）元展成所请于每岁运京三百六十六万余斤铅价内，赏息银三万七千余两，庶京局铅价较前商运，每年仍可节省四万五千七百余两。”[④]也就是说，贵州代替内务府商人办运京局铅斤，每年约可节省8.27万两白银。此外，因转销京商不畅，黔铅大量积压，不得已就地销售，也是变革京局铅斤采办方式的原因之一。如雍正十年（1732年），护理贵州巡抚布政使常安奏言：“查自雍正七年九月起至雍正十年三月底，先后共买余铅二百六十九万四千三十六斤零……详委按察司照磨吴英、贵阳府同知朱东启领运铅五万斤，分运永宁、汉口试销……余铅二百六十四万四千三十六斤零，因运销甚难，止就厂销售，每百斤一两四五六钱不等。”[⑤]

---

① 《清世宗实录》卷137，雍正十一年十一月癸巳，《清实录》第8册，第748页。

② 户科史书：《总理户部事务和硕怡亲王允祥等〈题为详请开采等事〉》，雍正六年五月二十八日，转引自《清代的矿业》，第315—316页。

③ 《皇朝文献通考》卷14《钱币考二》，《景印文渊阁四库全书》第632册，第298页。

④ 《云贵广西总督尹继善奏为遵旨议奏事》，雍正十三年二月初四日，《雍正朝汉文朱批奏折汇编》第30册，第839—840页。

⑤ 户科史书：《护理贵州巡抚常安题为详请题明收买厂余黑铅获有余息留充买本事》，雍正十年闰五月二十六日，转引自《清代的矿业》，第325页。

为落实雍正十一年（1733 年）上谕，次年户部奏准："京局鼓铸每年额办铅三百六十六万余斤，自雍正十三年为始，令贵州巡抚遴委贤员，照各厂定价，每百斤给价银一两三钱，依数采买，分解宝泉、宝源二局，每百斤给水脚银三两，其商办之铅停其采买。"① 雍正十三年（1735 年），黔铅京运正式开启。据贵州巡抚元展成奏报："臣查黔省本年上下两运铅斤，已于四月、九月委员解京，其所用水脚，虽尚未回黔核算，约略计之，尚有节省，即可以此抵补。俟解员回日，逐细核算，节省若干，另行报明。"② 自此以后，京局鼓铸所需铅斤由贵州采买，委员按年运送京局，即黔铅京运。乾隆九年（1744 年），贵州总督张广泗追述时亦称："惟查黔省办解京铅，向系官为收采，转售京商运局，所获余息留为本省公费、养廉。嗣于雍正十二年（1734 年）停止商办，令黔省动帑收买，委员解京，除陆运脚价外，每百斤照例给水脚银三两。"③

三、滇铜京运的决策与开启

清代滇铜运京早有提议。康熙二十四年（1685 年），云南巡抚王继文奏言："滇省产铜甚多，所铸之钱其值甚贱，故以减铸为请。京城需铜最为紧要，前曾将滇省铜炮解京，未见艰苦。今彼处铜斤可径交驿递，勿烦民力，从容运解，递至沅州，载于船内起运来京，殊有裨益，亦不致累民。"④ 然这一建议并未被采纳。

《清文献通考》记载：雍正元年（1723 年）"开云南省城及临安府、大理府、沾益州鼓铸局，定钱幕俱铸满文。先是，云南于康熙四十四年奏开

① 乾隆朝《钦定大清会典则例》卷 44《户部・钱法・办铅锡》，《景印文渊阁四库全书》第 621 册，第 621—391 页。

② 《贵州巡抚元展成奏为请旨事》，雍正十三年十月十二日，《雍正朝汉文朱批奏折汇编》第 29 册，第 500 页。

③ 《清高宗实录》卷 218，乾隆九年六月辛酉，《清实录》第 11 册，第 814 页。

④ 中国第一历史档案馆编：《康熙起居注》，中华书局 1984 年版，第 1331—1332 页。

青龙、金钗等铜厂。嗣以铜产日旺，巡抚杨名时奏请每年解京局铜一百万斤，以供鼓铸。经王大臣会同户部议言：滇省采铜渐次有效，与其解京多需脚费，不如即留滇开铸。其省城之云南府及临安府、大理府、沾益州四处相近铜厂，转运俱为便易，各令其开局，务选贤能道府监理，其钱幕应俱用满文，拟令铸云泉字样。于康熙六十一年十二月得旨：依议。……至是，云南各局俱行开铸"[①]。此条史料所言，云南巡抚杨名时奏请每年解运京铜 100 万斤，被户部否决，并与康熙六十一年部议云南开局鼓铸相关联。然《清实录》载：康熙六十一年（1722 年）十一月，"大学士等奏颁雍正年号钱文式样。得旨：钱文系国家重务，向因钱价昂贵，常廑皇考圣怀。今何以使钱文价平，方合皇考便民利用之意。从前云南巡抚杨名时题请鼓铸，部议不准举行。滇省之外，何省应令鼓铸，与钱价有益，著总理事务王大臣九卿公同会议具奏。寻议：鼓铸钱文，应令云南、四川两省设炉鼓铸。从之"[②]。可见，康熙六十一年云南开局乃是户部出于平减钱价的考虑，与杨名时奏请每年解京滇铜 100 万斤并无关联。然圣旨中提及，杨名时此前确曾奏请设局鼓铸，而这与奏请每年解京滇铜 100 万斤正好相反。况且《清文献通考》中记载的此条史料，除了其后《清史稿》引用之外，并无其他相关文献佐证，姑且存疑。

自雍正五年（1727 年）开始，滇铜转运汉口、镇江等处，由办铜省份购买，以凑运京局。乾隆朝《钦定大清会典事例》载：户部议准："（雍正）五年覆准：云南见产之铜除本省供铸外，尚余二百数十余万斤，令委官运至镇江百数十万斤，以备江南承办二省铜数；运至汉口百余万斤，以备湖广承办三省铜数。"[③] 雍正八年（1730 年），因广东洋铜不足，广东总督郝玉

---

① 《皇朝文献通考》卷 15《钱币考三》，《景印文渊阁四库全书》第 632 册，第 300 页。

② 《清世宗实录》卷 1，康熙六十一年十一月癸卯，《清实录》第 7 册，第 40 页。

③ 乾隆朝《钦定大清会典则例》卷 44《户部・钱法・办铜条》，《景印文渊阁四库全书》第 621 册，第 621—386 页。

麟奏请委员于汉口购买滇铜运京，并规定："嗣后八省仍各办一省铜数，江苏、安徽、江西、浙江、福建五省分办洋铜，湖北、湖南、广东三省分办滇铜。"[①]次年（1731年），"嗣后应令江浙督抚每年除额办洋铜之外，再预发银两，兼采滇铜"，"其安徽、江西、福建三省办铜本无节省一项，亦应听其兼采滇铜，以补洋铜之不足"[②]。至此，办铜省份均已兼采滇铜，云南已成京局铜斤的主要来源地之一。

在办铜各省均已兼采滇铜的情况下，雍正十三年（1735年）底至乾隆元年（1736年）初，户部侍郎李绂提出停采洋铜、专办滇蜀之铜以供京局的建议："臣思滇中厂铜，岁可得三百八十余万斤，益以用铜，则户工二局所须，但有盈余，断无不足。若将滇蜀二省停其铸钱，所有铜斤照洋铜给与价值，令其尽数解部，以应二部钱局之用。停止采买洋铜，则各省官员无买铜之累，国家钱法无亏本之虞，倭人虽狡，亦无可施其狭制矣。"[③]李绂这一建议虽然针对采买洋铜的弊端，但却以滇蜀停铸来保障京铜供给。前文已论，滇蜀开铸的目的是平抑钱价，与京局鼓铸无异。如从全局考虑，舍此就彼更无必要。况且此时四川产铜微不足道，需采买滇铜鼓铸。按李绂所言，即使滇蜀停铸，两省之铜尚无法完全满足京局之需。但不可忽略的是，滇铜产量波动较大。如雍正十年（1732年）、十二年（1734年）滇铜产量均超过480万斤，但雍正九年（1731年）、十一年（1733年）的产量仅为242万斤

① 《皇朝文献通考》卷15《钱币考三》，《景印文渊阁四库全书》第632册，第317页。

② 《皇朝文献通考》卷15《钱币考三》，《景印文渊阁四库全书》第632册，第320页；又见乾隆朝《钦定大清会典则例》卷44《户部·钱法》，《景印文渊阁四库全书》第632册，第387页。

③ 李绂：《穆堂类稿》初稿卷40《奏为买铜之官商交困请用滇铜以制倭狡以资鼓铸事》，道光十一年奉国堂刻本。此条奏折虽未载年月，但结合该书上下篇内容，实系于雍正十三年末。另据该文所言"将滇蜀二省停其铸钱"，而四川鼓铸始于雍正十年；又言"又近日狡倭掺杂铜色"，而户部于雍正十一年"定查验采办洋铜之例"。（《皇朝文献通考》卷15《钱币考三》）可断定该条史料应出于雍正十一年及其后。从李绂履历可知，雍正五年被劾，罢官入狱；雍正十三年九月，乾隆皇帝登基后，"著赏给（户部）侍郎衔，管理户部三库事务"（《清高宗实录》卷3，雍正十三年九月戊午）。至乾隆元年五月，因违规保举而降调（《清高宗实录》卷18，乾隆元年五月已亥）。故笔者判断，李绂此奏产生于雍正十三年九月至乾隆元年五月。

和366万斤[①]。一旦滇铜产量不济，京局势必停炉待料。

因此，漕运总督署理江苏巡抚顾琮对此提出异议。乾隆元年（1736年）三月，户部议复顾琮条奏称："'一、奏称滇蜀洋铜宜兼采办也。节年上下二运铜斤数百万余斤，俱系采自倭人，运解供铸，而钱文尚未充盈。今若舍置洋铜，专取足于滇蜀两省，恐矿砂出产无常，有误户工二局之需。请嗣后洋铜一项照例采买，益以滇蜀二省铜斤。惟于额办之数减少数十万石，东洋之出产宽裕，商船之返棹自速，则鼓铸有备，可无反复更易之虞等语'。查京局铜斤向来原归各关采办，至康熙五十五年始隶八省分办，原系滇洋并采，每年采办洋铜二百七十七万一千九百九十九斤零，采办滇铜一百六十六万三千一百九十九斤零，共计办铜四百四十三万余斤……应如该督抚顾琮所请，于额办之数减少数十万斤，每年以四百万斤为率，滇洋两处各办二百万斤，滇铜系本地出产，有数可稽，除本省及黔蜀两省鼓铸需铜一百一二十万斤，又除鼓铸解京钱铜一百六十六万余斤外，每年应办铜三十三万余斤，交部以足二百万斤之数，所需价脚银两照例拨给。……应行文各该抚自戊午年为始，令滇洋两处俱照现在定议分额承办。"[②]相对而言，顾琮滇蜀洋铜兼采的提议更为稳妥，既能满足京局所需，又可化解专赖洋铜的弊端。况且此时云南已代京铸钱，仅需办铜33万余斤，即可满足年办滇铜200万斤之数。现时滇省余铜完全足以负担，且无须大费周章。故户部很快批准这一建议：以乾隆三年（1738年）为始，令滇洋两处各办铜200万斤。

然江浙二省长期办运京铜，亏欠甚多，移新掩旧，年复一年。如不及时清理，虽办铜额减半，亦难保无虞。乾隆元年（1736年），浙江总督嵇曾筠、江苏巡抚邵基合奏："各省办铜既已总归江浙，请将戊午年铜斤暂停一

---

① 参见马琦：《清代滇铜产量研究：以奏销数据为中心》，《中国经济史研究》2017年第3期。

② 《大学士管户部张廷玉奏为遵旨议奏事》，乾隆元年三月十七日，《明清档案》第67册，编号：A67—79。

年，庶节年亏空弊端可以彻底清厘。户部原议，现存铜斤并额办铜斤共有六百余万斤，似可通融供用。”户部议复：“该臣等详查，户工二局每年额铸铜三百四十五万斤，所有节年挂欠铜斤屡经严催，办解无期，难以指供鼓铸……大学士嵇曾筠等既称海关办铜必须清理积弊，应如所请：将两关应办铜斤暂停一年，但己未年海关应办铜斤必须预筹儹办，始可无误”，并附八省历年未完核减铜色银 9 万余两[①]。次年（1737 年）五月，嵇曾筠等查奏：“讵各商一闻停办之信，无从领价那掩，水落石出，俱赴江海关衙门，首报亏空铜二万四千二百九十五箱零，计二百四十二万九千五百余斤，共值银三十五万二千二百余两。”[②] 亏空涉及八省，数量巨大，清理非一时可结。

故云南总督尹继善奏称：“京局鼓铸关系重大，采办洋铜弊累甚深，江浙洋商殷实者本少，即停办一年亦不能全清旧欠。查滇省各铜厂较前甚为旺盛，青龙、金钗等厂除供省城、临安二局鼓铸，所余之铜，金钗厂成色原低，不能解部，应招商发卖；其汤丹等厂每年可办获铜六七百万斤，除留供广西府鼓铸运京钱及解京铜三十三万余斤，又拨添省城局并供黔蜀二省采办外，尚可存铜三百余万斤。若悉行招商销售，公私夹杂，易滋弊端，况以内地余铜售之商贩，而京局必须之铜又办自外洋，殊觉舍近而求远。莫若将江苏、浙江应办乾隆三年额铜毋庸停办，委员挟价来滇，照依厂价每百斤九两二钱之数，收买解京。嗣后每至年底，滇省核实余铜数目，即先期报部，并咨江浙二省来滇采办。倘滇铜偶有不敷，亦即预行咨明，仍令海关采洋铜补足。”经九卿议定：“令江浙委员照依二百万斤之数，赴滇分办，仍分上下两运，照原定限期解部。”[③] 如此一来，江浙分办洋铜仅有其名，实则仍采滇铜，仅以洋铜补其不足而已。当然，尹继善此议是建立在滇铜产量大增的基

① 《内大臣户部尚书海望奏为遵旨议奏事》，乾隆元年十月十九日，《明清档案》第 68 册，编号：A68—143。

② 《大学士管浙江巡抚嵇曾筠、江苏巡抚邵基奏为奏查通商亏空银两并现在办理情形仰祈睿鉴事》，乾隆二年五月三日，《明清档案》第 72 册，编号：A72—54。

③ 《皇朝文献通考》卷 16《钱币考四》，《景印文渊阁四库全书》第 632 册，第 329—330 页。

础之上。乾隆元年（1736年），滇省办获净铜共计743.9万斤[①]，较此前李绂所言产量几乎翻倍。

既然京铜皆出自云南，滇洋分办徒具虚名，且江浙隔省采办，呼应不灵，实不如云南就近办理为便。故乾隆三年（1738年），直隶总督李卫奏言："滇铜旺盛，江苏、浙江现已停办洋铜，但若仍令委官前往采运，万里长途，呼应不灵，必致辗转贻误。不若竟令云南管厂大员办理，委官押运至京，较为便益。"九卿等议定："江浙应办铜二百万斤，自乾隆四年为始，即交滇省办运。如官员差委不敷，交吏部于候补候选人员内拣选，发往委用，其洋铜一项仍听有力之商，自携资本出洋贩运，即令江浙二省公平收买，以备就近开铸之用。"[②]同年三月，户部应云南巡抚张允随之请："将滇省广西府鼓铸运京钱文，自乾隆四年三月为始，停其铸解"，"应令云南准于照依江、安、浙、闽四省铜斤之例，自乾隆三年为始，办解户、工二部"，并称"今现在每年解部铜斤仅敷本年鼓铸之用，并无多余存贮之项，万一铜斤缺乏，鼓铸不敷，关系匪轻。……莫若乘目下滇铜旺盛之时，于该省每年额办铜四百万斤外，或额外加解一二百万斤运赴京局，于京师鼓铸大有裨益，应请饬令该抚于核实确查，酌定数目，按年添解可也"[③]。至此，京局所需铜斤全由云南办运，正运、加运合计，每年高达五六百万斤。

通过以上分析可知，从康熙朝后期江南诸省采买洋铜到乾隆三年（1738年）决定京铜全由云南办运，从康熙朝后期内务府商人办铅到雍正十三年（1735年）黔铅京运的开启，随着币材来源的转变，京局币材供给方式发生了根本性的变革。这既是应对洋铜进口减少、滇铜产量逐步扩大的必然结果，也与云贵地方政府的努力争取密不可分。自康熙朝后期实施放本

① 《云南巡抚张允随题报滇省乾隆元年分办获铜斤余息银数事》，乾隆二年七月初八日，中国第一历史档案馆档案，02-01-04-12996-008。

② 《皇朝文献通考》卷16《钱币考四》，《景印文渊阁四库全书》第632册，第331页。

③ 《大学士鄂尔泰奏为遵旨密奏事》，乾隆三年三月十日，《明清档案》第80册，编号：A80—70。

收铜以来，云南即通过转运滇铜于永宁、汉口、镇江等地，售于各办铜省份，贵州亦于雍正朝后期转销黔铅于京商，间接参与京局币材供给。从雍正八年（1730年）湖北、湖南、广东三省分办滇铜，到次年（1731年）安徽、江西、福建三省兼采滇铜，云南间接参与京铜供给得到制度上的认可。乾隆元年（1736年）虽然规定滇洋分办，但大量亏欠迫使江浙不得不采办滇铜，最终演变为京局采办全赖滇铜的事实。因此，雍正十一年黔铅京运、乾隆三年滇铜京运的决策看似突然，实则循序渐进，水到渠成。京局币材供给方式的这一重大变革为保障清中期全国币材供给奠定了制度基础，也开启了构建全国币材运输体系的开端。

第二节　各省采买与全国币材供给格局

滇铜、黔铅京运的开启意味着京局币材供给模式从江南诸省办铜、内务府商人办铅到云贵专属办运的转变，也使京局币材来源摆脱了专赖洋铜的不利局面。随着西南铜铅矿业生产规模的进一步扩大，彻底扭转了国内币材供给不足的难题，为各省鼓铸奠定了坚实的基础，各省采买滇铜黔铅模式逐渐形成，进一步完善了覆盖全国的币材供给体系。

一、各省采买滇铜鼓铸

虽然康熙、雍正年间曾多次大规模开设省镇钱局，但内地大部分省份并不产铜铅，其币材主要来自收购旧钱及废旧黄铜器皿。如雍正四年（1726年），户部议复甘肃巡抚石文焯奏言："'请动支库银二万两，收买小钱，开炉鼓铸大钱。即将大钱再收小钱，源源收铸，收尽停止。'应如所请。"[①] 再

① 《清世宗实录》卷50，雍正四年十一月辛亥，《清实录》第7册，第757页。

如雍正八年（1730年），江宁巡抚尹继善引雍正七年前任巡抚奏言："设炉鼓铸，上通国宝，下利民生，最为紧要。钦奉谕旨：收买黄铜器皿鼓铸。行据署布政司事江安粮道副使葛森详称：黄铜器皿总计各属收过生熟铜共六十九万四百二十八斤零，详请题报开炉鼓铸。"[①] 同年，湖南巡抚赵弘恩引户部议复前抚奏言："查湖南所收铜器，该抚虽称熟多生少，难以配搭，除将所收生铜一万八千四百二十六斤零配搭熟铜一万八千四百二十六斤零鼓铸外，尚余熟铜一十六万四千八十七斤零，每百斤加白铅二十斤，共该白铅三万二千八百一十七斤零，动用七年地丁银两采买，以供鼓铸。"[②] 因此，《清文献通考》总结道："雍正年间各省鼓铸，惟宝云局及八年所开之宝黔局、十年所开之宝川局皆因矿开铸，配用铜铅，余若宝巩局则取小钱改铸，旋即议罢。是年所开之宝昌、宝浙、宝武、宝南、宝河、宝济、宝晋局及嗣后所开之宝苏、宝安局，并收买旧铜器，分别生熟铜，对搭鼓铸……后以废铜铸完，各局于雍正十三年以前次第停止。"[③] 至于云南、贵州、四川三省，皆采买滇铜黔铅鼓铸，前文已有论述，兹不赘言。

乾隆初年，滇铜产量急剧增加，突破一千万斤，除了满足京运和本省鼓铸之外，还有大量剩余。故自乾隆五年（1740年）开始，内地各省纷纷奏请开局，采买滇铜鼓铸。该年正月，上谕："浙江巡抚卢焯请动库银十万两，前赴滇省采买铜斤，运浙鼓铸。该部议以所买铜斤与运京铜铅有无阻碍，应令卢焯会同庆复、张允随妥议具题，到日再议。"[④] 闰六月，户部议复云南巡抚张允随奏称："'今若令浙省办员仍赴东川领铜，碍难查考，应令径至永宁领运，其自东川、寻甸转运永宁，令承运各地方官分年带运，今拟以

① 《江宁巡抚尹继善揭为遵旨行文事》，雍正八年八月三十日，《明清档案》第45册，编号：A45—39。

② 《湖南巡抚赵弘恩揭报铜斤鼓铸搭配铅斤及折耗并钱文数目》，雍正八年十月三日，《明清档案》第45册，编号：A45—78。

③ 《皇朝文献通考》卷15《钱币考三》，《景印文渊阁四库全书》第632册，第316页。

④ 《清高宗实录》卷108，乾隆五年正月甲寅，《清实录》第10册，第616页。

六十万斤为率，分作两年。’应如所请。”[①]可见，浙江采买滇铜鼓铸已获户部批准。除了浙江之外，福建、江苏亦于本年奏请采买滇铜鼓铸。该年六月，云南总督庆复、云南巡抚张允随奏：“前闽省请买滇铜二十万斤，江苏请买滇铜五十万斤……闽省所需铜，应于附近广西之开化府者囊厂铜内拨给，交广西收贮税所，俟办员到日领运回闽，仍分作两年，每年十万斤，方得从容；至江苏上通楚蜀，应由威宁、镇雄两路运赴永宁，交办员领运回苏。”[②]乾隆六年，湖北、湖南亦请买滇铜鼓铸。该年四月，署理湖南巡抚许容奏：“湖南各属制钱缺乏，计惟筹备铜斤，设局鼓铸。闻滇省各厂产铜甚旺，除解京外尚多余剩。本拟一面具奏，一面委员赴买，但究未识滇铜是否足供鼓铸之需，因咨询云南总督庆复，并购取样铜样钱。寻据咨复，滇省金钗厂铜堪以接济邻省。”[③]同年十一月，户部议复前湖北巡抚张渠奏言：“楚省钱价昂贵，请采买滇铜开炉鼓铸，经咨令自行咨商云南督抚，妥议具奏。今湖北巡抚范璨奏称：调任云南总督庆复奏明，有金钗厂铜可以酌拨。”[④]

乾隆九年（1744年）后，广东、江西、广西、陕西也加入采买滇铜之列。乾隆十年（1745年）六月，户部议复前署广东巡抚策楞奏言：“粤东鼓铸钱文，部议令将现贮局铜照例配搭铅锡，先行开铸。其滇省有无余铜，可否通融卖给之处，并令咨商办理。嗣准云督张允随咨覆：滇省者囊、金钗二厂铜斤以资粤东鼓铸。”[⑤]同月，大学士等议奏：“江西巡抚塞楞额奏称，该省铸钱，所需铜铅请行云贵两省代筹接济。但两省每年办解京局铜铅为数甚多，且本省及四川等处需用，此外有无余剩可供别省之处，应令云贵督臣通盘核算，有余即将江西每年额需铜铅定议卖给。”[⑥]从此后的记载看，云南已

① 《清高宗实录》卷108，乾隆五年正月甲寅，《清实录》第10册，第616页；《清高宗实录》卷120，乾隆五年闰六月丙午，《清实录》第10册，第764页。

② 《清高宗实录》卷119，乾隆五年六月戊戌，《清实录》第10册，第752页。

③ 《清高宗实录》卷141，乾隆六年四月癸亥，《清实录》第10册，第1035页。

④ 《清高宗实录》卷154，乾隆六年十一月戊戌，《清实录》第10册，第1202页。

⑤ 《清高宗实录》卷242，乾隆十年六月庚戌，《清实录》第12册，第126页。

⑥ 《清高宗实录》卷242，乾隆十年六月癸卯，《清实录》第12册，第117页。

同意售卖。如次年（1746年），云南卖给江西正铜28.8万斤[①]。广西钱局设于雍正十二年，此前鼓铸用本省所产之铜。乾隆十一年（1746年），两广总督策楞、署广西巡抚鄂昌奏称："粤西铜厂不敷鼓铸，请于滇铜厂内每年拨十五万斤，至运费每百斤多一两有余，成本无亏，鼓铸有益。"[②]广西的奏请同样得到云南的支持，如乾隆十三年（1748年），滇省"拨卖湖北、粤西、粤东三省正铜六十九万九十九斤，余铜六千九百一斤，又拨卖粤东省金钗厂正铜一万六千四百九十一斤二两，耗余铜三千九百五十七斤十四两"[③]。乾隆十四年（1749年），陕西设局鼓铸。陕西巡抚陈宏谋奏："陕省经大兵过后，钱价昂缺，前经奏明开炉试铸，照价酌减在案，自后陆续试铸，易银平价。"[④]但未说明铜斤来自何处。《铜政便览》载：乾隆十四年陕西第一次采买滇省高铜20万斤[⑤]，说明陕西鼓铸用铜采自云南。

由此可见，至乾隆十四年（1749年），除直隶、山西之外，其他如贵州、四川、福建、浙江、江苏、湖北、湖南、广东、江西、广西、陕西等十一省鼓铸，均向云南采买铜斤，滇铜不仅供应京局，而且成为各省铸钱所需铜斤的主要来源。当然，各省采运滇铜与滇铜京运不同，由各省委员携带价银至滇，按年采买，自行运回本省，成为各省铸铜供给的主要模式。

二、黔铅楚运及各省采买

清前期制钱的成分多有变化，总的趋势是降低铜的比例，增加铅等其他金属的比例。如乾隆五年（1740年）开始铸造青钱，其中，白铅（金属

① 《云南巡抚图尔炳阿题报滇省乾隆十一年各铜厂办获铜斤余息数目事》，乾隆十二年八月初六日，中国第一历史档案馆档案，02-01-04-14123-007。

② 《清高宗实录》卷279，乾隆十一年十一月己酉，《清实录》第12册，第641页。

③ 《大学士兼管户部事务傅恒题为遵旨察核滇省十三年办获铜斤余息各款事》，乾隆十四年十一月初八日，中国第一历史档案馆档案，02-01-04-14333-004。

④ 《清高宗实录》卷343，乾隆十四年六月丙午，《清实录》第13册，第758页。

⑤ 佚名：《铜政便览》卷7《采买》，刘兆祐主编：《中国史学丛书三编》第1辑第2册，台北学生书局1986年版，第483页。

锌）和黑铅（金属铅）的配铸比例分别为 42% 和 6%，黑白铅亦成为鼓铸制钱的主要原料。虽然乾隆五年之后各省陆续设局鼓铸，然大多不产铜铅，除了采买滇铜之外，外购铅斤亦不可或缺。如乾隆六年（1741 年），湖广总督那苏图奏请开局鼓铸时称："查滇省现有金钗厂铜，可酌拨一年，而汉口铅锡俱可就近采买，请即开局鼓铸。"[①] 次年（1742 年），户部议复闽浙总督那苏图、巡抚刘于义奏称："闽省接济鼓铸，应收买商铜三万二千四百余斤，计价银五千六百七十三两零。至配铸尚需白铅二万六千九百余斤，应照前次委员赴楚采买。"[②] 乾隆十年（1745 年），户部议复江西巡抚塞楞额奏言："至于配铸之黑白铅锡，俱买于湖北之汉口。"[③] 同年，户部议复江苏巡抚安宁奏称："江苏每年鼓铸需用黑白铅斤，向由楚办。"[④] 可见，乾隆五年至十年开局鼓铸省份，大多赴湖北汉口采买铅斤，俗谓"楚铅"。

汉口乃九省通衢之地，交通便捷，商贸兴盛。虽然湖北并不产铅，然其周边的四川、贵州、湖南、广西均为产铅省份。笔者曾推算，雍正末年至乾隆初年，黔铅年产量约在五六百万斤[⑤]。雍正十三年（1735 年）黔铅京运开启，原定每年 366 万斤。然据乾隆十年（1745 年）贵州总督张广泗追述："窃照黔省威宁州所属之莲花、砂硃，遵义府所属之月亮岩等厂所出铅斤。先奉部行：自乙卯年为始，每年办解京局上下两运白铅一百八十三万斤。嗣因改铸青钱，每年减办白铅五十六万，只办白铅一百二十七万斤。至乾隆七年内，京局加卯鼓铸，复行每年办解宝泉宝源两局白铅

① 《清高宗实录》卷 137，乾隆六年二月乙丑，《清实录》第 10 册，第 979 页。

② 《清高宗实录》卷 178，乾隆七年十一月己巳，《清实录》第 11 册，第 302 页。

③ 《吏部尚书兼管户部尚书事务刘于义奏为遵旨议奏事》，乾隆十年六月二日，《明清档案》第 138 册，编号：A138—26。

④ 《清高宗实录》卷 254，乾隆十年十二月辛亥，《清实录》第 12 册，第 294 页。

⑤ 参见马琦：《清代黔铅产量与销量——兼对以销量推算产量方法的检讨》，《中国经济史研究》2011 年第 4 期。

三百八十四万一千九百余斤，连耗铅四百三万三千余斤。”[①] 也就是说，从雍正十三年（1735 年）至乾隆四年（1739 年），每年京运仅为定额的一半；乾隆五年（1740 年）之后，每年所运白铅进一步减至 127 万斤，直到乾隆七年（1742 年）之后才加至 384 万余斤。

贵州剩余铅斤，或就地销售，或转销内地，供鼓铸各省采买。如乾隆四年（1739 年），贵州总督张广泗奏言：“迨至乾隆元年，因铅厂收积已多，京局存铅又尚充裕，题请将莲花、砂硃二厂所出铅斤，除抽课外，余铅听民自行销售，各在案。”[②] 乾隆六年（1741 年），户部核销贵州莲花等厂抽课银两时亦称：“查该省收存铅斤，前经臣部议：令于每年配解京局之外，余存铅斤设法疏通，归还原款。嗣据该督咨覆：莲花、砂硃二厂扣至乾隆六年三月底，约共存铅六百五十九万五千余斤，酌留三百一十万斤，以备川黔二省鼓铸，并配运京局之外，其余铅三百四十余万斤，请就近厂地及发运重庆销售。等因在案。”[③] 乾隆七年（1742 年），户部复核贵州莲花等厂课余铅斤及工本银两时称：“今黔省现议于毕节县鼓铸，所有铅厂自应黔省委员经理收课，以供鼓铸。厂民所得余铅照例收买，运往川楚之永宁、汉口，听各省买用。”[④] 而其余邻近各省并不具备大规模外销铅斤的条件。四川依然采买黔铅鼓铸，尚无大规模运销汉口的可能。广西鼓铸所需白铅亦向外购买。如乾隆七年，户部议复广西巡抚杨锡绂奏鼓铸事言：“至现开各厂并无白铅，应于百色等处收买运省，又贺县、南丹二处虽有锡矿，但锡质低潮，课亦无多，

① 《贵州总督张广泗题为贵州白铅不敷供铸请以乾隆十年三月为始增价收买余铅以济运解事》，乾隆十年五月初七日，中国第一历史档案馆档案，02-01-04-13868-010。

② 《贵州总督兼管巡抚事务张广泗为遵旨议奏事》，乾隆四年十一月十二日，《明清档案》第 91 册，编号：A91—65。

③ 《议政大臣协理户部事务讷亲题为遵旨核查贵州省威宁州属莲花厂乾隆四年六月至五年五月抽课事》，乾隆六年十月二十九日，中国第一历史档案馆档案，02-01-04-13402-005。

④ 《协理户部事务讷亲题为会查黔省莲花等厂收存课余铅斤数目及存剩工本等银数目事》，乾隆七年四月初四日，中国第一历史档案馆档案，02-01-04-13450-013。

应请采买点锡。”[①] 次年（1743 年），户部议复贵州总督张广泗奏言：“至请将他省黑白铅斤题请分解。查广西产铅已题定留供本省鼓铸，湖南铅矿开采多寡，尚难豫定。所有京局需铅，应仍令张广泗照数采办，依限解部。”[②] 可见，广西、湖南虽已开采铅矿，但产量无多，除供本省鼓铸外，应无更多余铅转销汉口。以上分析可知，所谓汉口楚铅，绝大部分应来自贵州，即黔铅转运汉口售于鼓铸省份。

但是，乾隆七年之后，黔铅京运正耗铅增至 400 万余斤，贵州储备京铅，势必收紧商铅外销。乾隆十年（1745 年），贵州总督张广泗奏称，截至本年三月，贵州各厂仅存铅 50 余万斤，“尚不敷办运乾隆十年十月起解丁卯年上运一半之数”，请“将莲花、砂硃二厂，查照从前运售余铅之例，于向定官价一两三钱外，每余铅百斤再酌量加增银二钱，照课铅变价每百斤一两五钱之例，一并收买”[③]。贵州加价收购余铅以备京运，势必导致转销汉口的黔铅数量大减，而各省采买汉口楚铅有增无减，汉口铅价上涨已不可避免。同年六月，户部议复江西巡抚塞楞额奏称：“至于配铸之黑白铅锡，俱买于湖北之汉口。连年各省一齐开铸，以致汉口铅价日贵一日。而江西委员所买并水脚合算，初次白铅三两五钱零……四次白铅五两八钱一分零……节次价值逐渐加增，现在每年工本至一两一钱五分六厘零”，鼓铸亏损，故塞楞额建议直接赴滇黔购买，“闻云南铜厂、贵州铅矿因连年各省来往采买，又复充裕有余，江西每年有协饷百十万，委官十数员解送两省，即令领铜铅而回，甚为公便”[④]。同年十二月，江苏亦奏请赴黔采买铅斤，户部议复：“护江苏巡抚安宁疏称，江苏每年鼓铸需用黑白铅斤向由楚办，现闻黔省铅厂

---

① 《清高宗实录》卷 176，乾隆七年十月庚子，《清实录》第 11 册，第 271 页。

② 《清高宗实录》卷 185，乾隆八年二月辛亥，《清实录》第 11 册，第 387 页。

③ 《贵州总督张广泗题为贵州白铅不敷供铸请以乾隆十年三月为始增价收买余铅以济运解事》，乾隆十年五月初七日，中国第一历史档案馆档案，02-01-04-13868-010。

④ 《吏部尚书兼管户部尚书事务刘于义奏为遵旨议奏事》，乾隆十年六月二日，《明清档案》第 138 册，编号：A138—26。

甚旺，请照江西改办例，亦改由黔省办买，并酌动钱本银两，专员赍解黔省，交该省委办京铅之员代办，协同苏省委员运到仪征，换船交卸……所需白铅，准改由黔省办买。但该护抚所称动项委解办运之处是否可行，应令贵督酌筹，咨覆苏抚，妥协办理。”[①]可见，江西采买黔铅已获批准，由委员挟价银赴黔交纳，所购黔铅搭附京运，由京运委员与江西委员协同运至江西交卸。

鉴于江西、江苏已赴黔采买铅斤，并搭附京运回省，故贵州着手规范黔铅外销模式，由贵州统一运至汉口收买，供各省采买，以免影响京运。《清文献通考》载：乾隆十一年（1746年），贵州总督张广泗奏：“黔省威宁州、水城厅等处开采白铅，出产旺盛，岁自办解京局正耗铅四百数十万斤之外，本省鼓铸及川省收买又约需一百万斤，计多余铅三百万斤。但矿厂衰旺不常，请每年额外预办二百万斤存贮，以备接济，尚有百万余斤，动藩库公项银尽数收买，运至四川之永宁下船，抵赴汉口发卖，以供江浙等省钱局采办之用。大学士等议如所请。从之。”[②]《清代的矿业》中亦有一条与之相似的朱批奏折（但未注明时间）：“贵州总督张广泗奏请节省铜铅余息以裨工程一折……又查莲花、砂硃、月亮岩各厂，每年约可出铅一千万余斤，每年需用七百余万斤，尚余三百万斤，今议于京黔及各省铸局应需铅斤外，每年再预备二百万斤，留待矿厂衰微之时济用外，尚余铅百余万斤，暂于公项银内借动二万两收买，转运汉口发卖，除去运费，可获息银一万三四千两，其借动工本限二年归还。”[③]从张广泗原奏及户部议奏来看，贵州决定每年运白铅100万斤，至汉口售卖给各省铸局，显然得到了中央的批准。

这一黔铅外销模式，文献被称为黔铅楚运，始于乾隆十一年。乾隆

① 《清高宗实录》卷254，乾隆十年十二月辛亥，《清实录》第12册，第294页。

② 《皇朝文献通考》卷17《钱币考五》，《景印文渊阁四库全书》第632册，第353页。

③ 《张廷玉奏为遵旨议奏事》，乾隆［年份不详］，引自《清代的矿业》（下册），第329—331页。

十四年（1749年），户部议复贵州巡抚爱必达奏称："黔省铅厂旺盛，余白铅五百万斤，经臣请拨工本收买运赴汉口，令各省买供鼓铸。准部议复：江苏等九省每年采买鼓铸约需铅二百万斤，除从前已议令黔省每年运一百万斤至汉口，以供各省采买，此项余铅五百万斤内，再拨一百万斤，共二百万斤，已足各省鼓铸之需，其余四百万斤，每年再存备一百万斤。"[①] 自乾隆十四年开始，黔铅楚运每年增至200万斤。如乾隆十六年（1751年），四川总督策楞奏报："黔省委员开州知州钱维锡领运乾隆十五年分下运办贮汉口销售各省鼓铸正耗白铅，并拨补巫山沉失铅，共一百二十五万一千五百二十四斤，于乾隆十六年四月十六日由重庆开帮起。"[②] 黔铅楚运仿照京运，分上、下两运，各半运解，以供江苏等九省采买鼓铸。

需要说明的是，黔铅楚运不但模式与各省采买滇铜有别，而且采买省份也不尽相同。湖南、广西两省本就产铅，基本无须采买黔铅。而直隶、山西两省虽采洋铜鼓铸，但所需铅斤亦赴汉口采买黔铅。如乾隆十二年（1747年）上谕："据山西巡抚准泰奏称，晋省办铜鼓铸，尚须白铅点锡，应委员赴楚采买，一时不得其人，请饬发参革河东道周绍儒，出资前赴采买，效力赎罪等语……著照所请，将周绍儒发往晋省，办理铅斤，以赎前愆。"[③] 再如乾隆三十一年（1766年），户部议复直隶总督方观承奏称："采办鼓铸铜铅酌定限期，洋船铜斤进口，令江苏巡抚起限，统计苏州至保定交局请限三个月十八日；委办铅锡，自该省至汉口及运回保定，共限七个月二十八日，如无故逾限一月以上，将领解官革职，戴罪管解，完日开复。"[④] 其余江苏、江

① 《户部移会稽察房议复贵州巡抚爱必达将黔省各省厂余铅酌定官商分买备贮运销及请拨工本等项事》，乾隆十四年六月，台湾"中研院"史语所藏《内阁大库档》，全文影像：093152。

② 《四川总督策楞奏为遵例具奏事》，乾隆十六年七月二十一日，《宫中档乾隆朝奏折》第1辑，第205页。

③ 《清高宗实录》卷299，乾隆十二年九月甲寅，《清实录》第12册，第914页。

④ 《清高宗实录》卷767，乾隆三十一年八月壬戌，《清实录》第18册，第421页。

西、浙江、福建、湖北、广东、陕西等省，与采买滇铜省份一致。加之于永宁采买黔铅的四川，黔铅外销多达十省。

综上所论，从乾隆五年（1740年）至十四年（1749年）前后，随着以滇铜黔铅为代表的西南矿业生产规模的进一步扩大，国内币材供给量进一步增加，各省纷纷奏请开局鼓铸，各省采买滇铜、黔铅楚运及各省采买也在这一时期逐渐形成，成为有别于京运的各省币材供给模式，京省币材供给覆盖全国，国内统一的币材供给体系进一步完善。

第三节　全国铜铅运输体系的形成

黔铅京运、滇铜京运、各省采买滇铜、黔铅楚运及各省采买的陆续开启，标志着覆盖国内统一的币材供给体系的形成和完善。但是，铜铅产于西南一隅，而京省钱局却遍布全国。因此，铜铅运输是实现币材供给不可或缺的重要环节，全国铜铅运输系统的建立及其制度保障成为全国币材供给体系有效运转的关键所在。

一、滇铜京运

乾隆三年（1738年）三月，经户部议复、皇帝批准，京局铜斤全由云南办运。两个月后，云南巡抚张允随上《奏明办解京铜事宜以速鼓铸事》，为落实滇铜京运，详细规划了京运的铜斤、工本、运员、批次、路线、运费、防护、接收、管理等方面[①]，构建了一套相对全面的运输框架。兹以此奏为主，结合其后京运的具体情形，论述滇铜京运的制度与规定，包括铜斤与工本、陆路分运与联运枢纽、水路长运的运员与批次、京局交纳等方面

① 张允随：《张允随奏稿》(上册)《奏为奏明办解京铜事宜以速鼓铸事》，乾隆三年五月三十日，见《云南史料丛刊》第8卷，第574—578页。

内容。

1. 铜斤与工本

乾隆三年三月，中央确定开始滇铜京运，每年正铜400万斤。该年五月，云南巡抚张允随奏称："查乾隆三年四月内始准部文，一切章程尚在未定，而滇省应办解京铜三十余万，并江、安、浙、闽采办之二百万已多到滇，交价雇运，现皆壅滞威宁。今即委滇省现任官速运，本年断不能再运此二百万之数。应俟各省铜斤办运完日，牛马稍多，以四年为始起运，源源接济，以期不误京局五年鼓铸之用。"[①] 此时，云南办运京铜尚在筹划之中，江南四省已赴滇办运，加之云南所办，已达230万余斤，且滇铜出省仅威宁一路，沿途运力不足，云南独立承办全部京铜根本无法完成，故张允随奏请推迟一年，自乾隆四年（1739年）起，江南四省京铜由云南一并承办。前文所引《清文献通考》言，乾隆四年开始云南办运京铜400万斤，此乃是推迟之后的结果，并非中央原议。

此400万斤京铜实为正铜，即运京交局数量。然自滇至京途程万里，逾山涉江，铜斤难免磕碰耗损。故张允随筹划京运时言："应请每正额铜一百斤，外带余铜三斤，交纳之时，如正额铜斤秤折若干，即将余铜添足；如有余剩，即作正铜交部，归入带运项下"；同时，从前云南运陕钱文，部定九五成色，熔净后每百斤折耗八斤有余，故张允随亦奏请，"今运京铜斤亦应照例每百斤照加耗铜八斤，一并领解交纳"[②]。也就是说，滇铜京运，每正铜百斤，外加耗铜八斤、余铜三斤。乾隆《钦定大清会典则例》亦载："从前各省承办云南铜，解部时多系九成、九五，照成色核减，今应于正铜

① 张允随:《张允随奏稿》(上册)《奏为奏明办解京铜事宜以速鼓铸事》，乾隆三年五月三十日，见《云南史料丛刊》第8卷，第574—578页。

② 张允随:《张允随奏稿》(上册)《奏为奏明办解京铜事宜以速鼓铸事》，乾隆三年五月三十日，见《云南史料丛刊》第8卷，第574—578页。

百斤之外加给耗铜八斤，永为定例。”[①] 如此，乾隆四年，云南实需运京正铜400万斤、余铜12万斤、耗铜32万斤，合计444万斤。

此外，乾隆三年，中央决定滇铜京运时，令于正额之外，每年加运一二百万斤。张允随言：“查滇省自东川至永宁一路，向来各省办运铜斤并未至四百万之多，尚且马脚不敷，今骤增至四百万，已恐将来不免壅积之虞，势不能于额外再为加增。应请试行一年，如果尚有余力，可以加运若干，再行酌定核题。”[②] 同样出于滇黔川交界地区运力的限制，加运京铜一并推迟。乾隆六年（1741年），京局加卯鼓铸，次年（1742年）户部复准：“云南办运正耗铜六百三十三万一千四百四十斤。”[③] 除去余铜、耗铜，乾隆七年云南实运京局正铜570万余斤。除原额400万斤外，此170万余斤正铜当属加运。也就是说，云南开启京局加运铜斤应不晚于乾隆七年。

乾隆末年，滇铜产量增加，云南存铜过多。乾隆五十八年（1793年）九月，上谕称：“近年（云南）铜厂丰旺，固应及时收买。但该省每年额铜应办一千五十九万余斤，而逐年借项采办余铜，又有一千三百四十余万斤。除供各省采买外，其每年解运京铜只须六百三十三万余斤，是该省积存余铜已属不少。今又添拨工本一百万两随时采买，又应得余铜一千余万斤。若不随时搭解运京，纵使在滇堆积成山亦属无用。即便搭解运京，亦觉过多无用处也……著富纲、费淳将户部折内指出各条，逐款详晰查明，据实复奏，再行核办。”[④] 其后，云南督抚复奏，户部议定：“滇省铜斤厂矿旺盛，历年除额铜之外，其多办铜一千三百四十余万斤，应分给正运六起官搭

---

① 乾隆朝《钦定大清会典则例》卷44《户部·钱法·办铜》，《景印文渊阁四库全书》第621册，第388—389页。

② 张允随：《张允随奏稿》（上册）《奏为奏明办解京铜事宜以速鼓铸事》，乾隆三年五月三十日，见《云南史料丛刊》第8卷，第574—578页。

③ 乾隆朝《钦定大清会典则例》卷44《户部·钱法》，《景印文渊阁四库全书》第621册，第390页。

④ 《清高宗实录》卷1437，乾隆五十八年九月丁巳，《清实录》第27册，第212页。

解运京，每年每起带解铜二十万斤。”[①] 仍然决定云南带解运京，每年120万斤。然云南每年带解铜斤多寡不一，并非严格依照定额。如嘉庆元年（1796年），云南“拨发嘉庆元年京铜六百三十三万四百五十五斤七两九钱，又搭解多办铜一百二十三万三千三百三十三斤五两三钱三分三厘”[②]；嘉庆四年，云南“拨运嘉庆四年京铜六百三十三万四百一斤十三两七钱，又搭解多办铜一百九万三十七斤五两一钱六分八厘”[③]。嘉庆以后，云南办铜不敷定额，尚未见搭解京铜的记载。

滇铜京铜开启之后，京铜全归云南办运，工本、厂费、运脚、盘费、养廉等银需用巨大，云南本省已无力承担。张允随在筹划京运时言：“查汤丹等厂每年约办铜七八百万斤，所需工本、厂费等项不下五六十万两，又每年办运京铜四百万，约需脚价、官役盘费银十余万两，又每年应解司库余息银二十余万两。应请每年预拨银一百万两解贮司库，除按年支销外，如有余剩，照升任督臣尹继善题定之例，即归余息项下充公；如再有余剩，截作下年工本、脚价，每年于铜务并运铜案内据实报销。”[④] 这一奏请显然得到中央的批准。如乾隆四年（1739年），大学士协理户部事务讷亲奏：“嗣据该督庆复，将乾隆四年应需铜本等项银一百万两，题请就近拨给。臣部查办理铜本等项银两，系陆续支用之项，先于湖南春拨留协银内拨银三十万两、江西春拨留协银内拨银一十万两，解滇供用；其下剩银六十万两，俟本年秋拨时再行找拨等因。题覆亦在案。”[⑤] 秋拨时，户部又从河南划拨银50万两解送

① 托津等编纂：嘉庆《钦定大清会典事例》卷175《户部·钱法·办铜》，沈云龙主编《近代中国史料丛刊三编》第65辑第642—670册，台湾文海出版社1991年版，第7939—7940页。

② 《大学士管理户部事务和珅题为题明事》，嘉庆二年十月二十八日，中国第一历史档案馆档案，02-01-04-18043-002。

③ 《工部尚书管带户部琳宁题为题明事》，嘉庆六年三月二十六日，中国第一历史档案馆档案，02-01-04-18341-001。

④ 张允随：《张允随奏稿》（上册）《奏为奏明办解京铜事宜以速鼓铸事》，乾隆三年五月三十日，见《云南史料丛刊》第8卷，第574—578页。

⑤ 《大学士协理户部事务讷亲题为遵旨密议事》，乾隆四年六月七日，《明清档案》第89册，编号：A89—36。

云南[①]。加之乾隆三年，户部提前由江西划拨云南买铜工本银 15 万两[②]，滇铜京运之始，协滇铜本银已达 105 万两。

实际上，云南每年办运京铜的实际费用并不足 100 万两白银。如乾隆七年（1742 年），云南巡抚张允随奏："解运京铜所需铜本、脚价等项，必须按年题，请预先拨给，以供办运。兹据布政使阿兰泰会详：乾隆四、五、六年余银九十万三千八百五十两零，并乾隆七年余剩银两，请截作癸亥年（乾隆八年）办铜工本，无庸拨发；请将甲子年（乾隆九年）应需铜本银一百万两就近预拨，于癸亥年春初解送到滇，存贮司库陆续动用，庶免临时迟误。详题前来，臣覆查无异，谨题请旨。"[③]可见，乾隆四年至六年，云南年均实际使用铜本银约 70 万两，故其后所拨铜本银根据需要随时调整。如乾隆九年（1744 年），部拨云南铜本银仅为 64 万两[④]。次年（1745 年），据云南巡抚张允随奏："滇省办运京铜，乾隆十年应需铜本等银，奉准部文，于江西省秋拨银内拨银六十万两，湖南省秋拨留协银内拨银二十五万两。"[⑤]其后，户部每年实拨云南铜本银基本稳定在 85 万两左右。乾隆末年，因京铜年额增加，云南办运京铜费用相应增加，户部铜本银又恢复至 100 万两。如乾隆五十七年（1792 年），云南巡抚谭尚忠奏："查云南省办运京铜应需铜本银两先据云贵总督富纲奏明，滇铜年额递增，运费较多，所有支拨铜本

---

① 《两淮盐政三保题为奏请预拨铜本以速解运事》，乾隆四年十二月二十一日，《明清档案》第 91 册，编号：A91—65。

② 《云南巡抚张允随题为酌拨乾隆三年兵饷事》，乾隆三年五月三十日，中国第一历史档案馆档案，02-01-04-13076-008。

③ 《云南巡抚张允随题为遵旨议奏事》，乾隆七年十二月五日，《内阁大库档》，全文影像：063040，系统号：NO000091495。

④ 《云南总督管巡抚事张允随奏为请定酌拨条例事》，乾隆九年一月二十九日，《明清档案》第 129 册，编号：A129—33。

⑤ 《云南总督管巡抚事张允随奏为遵旨议奏事》，乾隆十年四月二十九日，《明清档案》第 137 册，编号：A137—59。

银两，请自五十一年为始，每年拨银一百万两，以资办运。”[①]

2. 陆路分运与联运枢纽

滇铜运京可借用长江、运河的水运之便，但由云南至长江水次却必须穿越滇川黔三省交界地区的乌蒙山区。以前滇铜外运湖广，借道贵州威宁至四川永宁下水，然滇铜黔铅京运及各省采买导致运量大增，威宁一线早已不堪重负。乾隆三年（1738 年），张允随筹划京师时言：“查挽运京局俱系汤丹厂铜，必先运至东川府，存贮店内，然后另雇马脚，再运威宁。今滇省每年运京铜四百万，再加运一二百万，自厂至东川，由小江塘至热水塘五十余里，两山壁立，中通狭涧，沿途碎石溜沙，行走甚难，兼以夏秋雨多，烟瘴盛发，脚户畏惧不前。是一年之中，只可运铜半年。此半年之内，断不能运出四五百万之多，必两路分运，方可无误。今查由厂至威宁，另有车路可通，臣等现在委员查勘，俟查明复到，另议核题。”[②]因京铜来自汤丹等厂，由各厂至东川铜店道路崎岖，难以常川运铜，故云南督抚提议另辟新路，由厂直达威宁，两路分流，以化解由各厂至威宁道路运力不足的难题。

经过查勘之后，次年（1739 年）正月，云南总督庆复奏：“滇铜运道自东川起，由昭通过镇雄，直达川属之永宁，最为捷径，施工开辟，便可与威宁两路分运……又自厂至东川，所经小江塘及寻甸一路尚多阻塞，亦应一例开修。”[③]另据贵州总督张广泗引庆复奏言：“应自庚申年为始，将应办京铜四百万斤内，由寻甸发运威宁转运永宁二百万斤，黔省应解京铅共三百六十六万斤自可照数转运，再滇省自行雇脚，由东川发运昭通镇雄转运

① 《云南巡抚谭尚忠题为遵旨速议具奏事》，乾隆五十七年八月二十四日，《明清档案》第 265 册，编号：A265—124。

② 张允随：《张允随奏稿》（上册）《奏为奏明办解京铜事宜以速鼓铸事》，乾隆三年五月三十日，见《云南史料丛刊》第 8 卷，第 574—578 页。

③ 《清高宗实录》卷 85，乾隆四年正月丁丑，《清实录》第 10 册，第 339 页。

铜二百万斤。”[①]可见，乾隆四年，东川分别经昭通、镇雄和寻甸、贵州威宁至四川永宁水次的陆路运输格局已经形成，两路分运，每路运铜 200 万斤。

虽然不再单依威宁孔道，但威宁一路运力不敷的问题并未彻底解决。乾隆四年十一月，贵州总督张广泗奏："不知向来威宁驮运铜铅，一系雇募东川由威宁直下永宁驮盐贸易之马匹，一系威宁雇募夫马短运至镇雄，即雇镇雄前往永宁驮盐生理之马匹，一系雇募大定、黔西、毕节往永宁驮盐来威贸易之马匹，是威宁地方办运铜铅前至永宁原有三处雇马，两途分运，始得免于违误。今既另开昭通之路，则东川马匹自必皆就本地领运，镇雄马匹亦上能承接昭通之滇铜，均各不复揽接威宁之铜铅矣。地方马匹止有此数，铜斤虽经分运，威宁驮马实已截去两路，而欲以大定等处一路马匹，每年接运滇铜二百万斤、接运黔铅一百八十三万斤……合计威宁每年仍有办运铜铅五百三十余万斤。驮马不敷，实有壅阻需滞之处。”[②]

其实，张允随在筹划滇铜京运之时，就已将威宁一路运力不敷的状况考虑在内。“查滇省运铜至京，必由威宁换马。但威宁一州路当滇黔蜀三省冲衢，官运铜铅、商驮货物均于此处换马。前因官商争雇，壅滞不前。……从前各省办铜只一百余万，驮马艰难尚且如此。今查黔省现运京铅三百八十四万零，又每年运毕节铜铅四十一万零，又准四川抚臣咨，每年买滇铜三十万斤，再加以滇省办运京铜四百余万，是每年官雇六分之中约需马五六万匹，按日轮流计算，每日必得马一百五六十匹。现今据各办员报称：威宁每日进关之马至多不过五六十匹，少则一二十匹，即加给脚价，亦断不能雇至前数之多”。故张允随提议，“将黔省铅斤暂停起运一年，即以运铅之驮脚为运铜之驮脚，权宜措办，庶无缺误”。当然，张允随亦明白，黔铅与

① 《贵州总督兼管巡抚事务张广泗奏为遵旨议奏事》，乾隆四年十一月十二日，《明清档案》第 91 册，编号：A91—65。

② 《贵州总督兼管巡抚事务张广泗奏为遵旨议奏事》，乾隆四年十一月十二日，《明清档案》第 91 册，编号：A91—65。

滇铜一样，均为京局鼓铸所必须，“暂停起运究非长策”，另辟新路运铜才是解决问题的根本之法。“经臣等委员查勘，东川由鲁甸、昭通至大关之盐井渡下船，可由水路直达川江。若此路可通，则两路分运，可免壅滞”[①]。同年九月，张允随又奏请开修另一条运铜道路。“臣思运送京铜，现止有威宁一路，而官运铜铅、商贾百货拥挤一途，实属艰难。且东川由威宁至永宁，计程十九站。若由昭通至筠连县以达川江，止有十四站，水路二百三十里，既有大船装运，所费无多。若得此路开修，酌量里数，安设台站，车马兼用，则两路分送，实于铜政大有裨益”[②]。乾隆五年（1740年），云南总督庆复又奏请开凿金沙江水道运铜，大学士等议复：“‘开凿通川河道实为滇省大利，已两次委员查勘，自东川府由小江口入金沙江，溯流至新开滩，一路直通四川泸州。……滇省现运铜斤，若得改由水运，每岁可省运脚之半，约计三四年省出运费，足以兴修永远钜工’等语。查此项工程千数百里，长滩巨石，必令兴修之后，食货转输，一劳永逸，庶国帑不至虚縻，应令该督等遴委贤员，确实估计，详慎举行。”[③]

自乾隆五年（1740年）至十年（1745年），东川经昭通至大关陆路及盐井渡水道、东川经昭通至镇雄陆路及罗星渡水道、金沙江水道相继开通，加之原有的永宁道，京铜外运由两路扩大至四路。乾隆十年（1745年），云南巡抚张允随奏报：“臣查金江上下两游工程……今据详议，每年以运铜一百万斤计算，较陆路可节省运脚银六千三百余两。又开罗星渡河道，除照原奏于节省脚价银内归款外，每年分运威宁铜一百五十八万余斤，可节省运脚二千九百余两。又开修盐井渡河道，除照原奏于节省脚价银内归款外，每年分运东川铜一百五十八万余斤，可节省运脚银五千二百余两。三

① 张允随：《张允随奏稿》（上册）《奏为奏明办解京铜事宜以速鼓铸事》，乾隆三年五月三十日，见《云南史料丛刊》第8卷，第574—578页。

② 张允随：《张允随奏稿》（上册）《奏为奏明委员先期发运京铜开修运道情形事》，乾隆三年九月初三日，见《云南史料丛刊》第8卷，第574—578页。

③《清高宗实录》卷123，乾隆五年七月丁酉，《清实录》第10册，第812页。

共节省银一万四千五百余两。”[①]可见，罗星渡道分运威宁路铜斤，金沙江道、盐井渡道分运东川路铜斤，不仅解决了滇川黔交界地区陆运运力不足的困境，而且此三道运输水陆结合，节省了大量的运费。另外，“兹据督理金江铜运迤东道宋寿图具报：乾隆十年运抵泸州铜七十万斤，十一年运抵泸州铜一百二十八万六千七百七十斤零，其运至沿江铜房存贮者尚有一百七十五万二千四百余斤，一俟交冬水落，即可陆续运抵泸州；又据大关同知高为阜具报：盐井渡通金沙江水路自乾隆九年至十一年，共运抵泸州铜三百一十三万二千七百五十斤零；又据转运京铜之署云南府同知徐柄具报：罗星渡通川河道自乾隆十年七月至十一年五月十个月内，运抵泸州铜一百三十八万四千一百六十斤。三共水运抵泸铜六百五十万三千五百八十斤零”[②]。可见，金沙江、盐井渡、罗星渡三道运铜，年均超过100万斤，已占京运大半，分运格局已成。

东川至永宁的陆运铜斤，其后亦被水运所取代。乾隆十九年（1754年），户部议准：“至寻甸转运铜三百十有六万五千七百二十斤，陆运威宁，委寻甸州为承运官，月给养廉银四十两，即交威宁店委员接收转运罗星渡水运泸州；其由东川运者，每年计铜三百十有六万五千七百二十斤，内分运一半铜至豆沙关，委大关同知为承运官，接收转运泸州，月给养廉银三十两，分运一半铜至黄草坪转运泸州，委永善县为承运官，月给养廉银三十两，副官村县丞为协运官，月给养廉银二十两。”[③]从上述铜店委员的设置可以看出，寻甸一路铜斤全部经威宁转运罗星渡，然后沿南广河水运泸州，年运铜3165720斤，而东川一路铜斤分半运至豆沙关（原为盐井渡，后上移至豆沙

① 张允随：《张允随奏稿》（上册）《奏为遵旨复奏事》，乾隆十年九月二十日，见《云南史料丛刊》第8卷，第574—578页。

② 张允随：《张允随奏稿》（上册）《奏为奏报滇省新开通川各河道水运京铜数目仰祈睿鉴事》，乾隆十一年六月二十九日，见《云南史料丛刊》第8卷，第574—578页。

③ 嘉庆朝《钦定大清会典事例》卷173《户部·钱法·办铜》，《近代中国史料丛刊三辑》第65辑第642—670册，第7926—7927页。

关）、黄草坪两处，然后沿大关河、金沙江水运泸州，每年各运铜 1582860 斤。可见，滇铜分运不再经过永宁，分罗星渡、盐井渡、金沙江三路水陆联运至四川泸州。至此，从乾隆四年至乾隆十九年，历时十五年，滇东北京铜运输体系从筹划到实施，几经调整，最终形成三道分运、水陆结合的运输格局。

陆运各道实行递运，即分段运输，由各府厅州县官员就近负责。张允随筹划滇铜京运时奏称："查汤丹等厂收买、发运铜斤向系粮道管理，今自厂运至东川换马转运，凡雇备驼脚、秤发铜斤仍照旧料理，并责成该道稽查，其本任养廉已敷支用，毋庸加给；至东川店换马运至威宁，雇觅驼脚、收发铜斤应委东川府知府管理；若寻甸一路可以车运，自厂运至寻甸换车转运，应委寻甸州知州管理；若昭通盐井渡一路可以通行，直达川江，则自东川以至水次，雇脚秤收应委昭通府知府管理；至盐井渡雇觅船只并收发铜斤，应委大关同知管理。"① 自厂经东川、寻甸两路京铜，由云南粮储道道员、东川府知府、昭通府知府、寻甸州知州分段负责，雇募驮马脚夫，组织运送。而作为各段链接点的东川府、昭通府、盐井渡，成为铜斤秤兑收发的中转站，设立铜店，由云南粮储道道员、东川府知府、昭通府知府、大关厅同知兼理。如乾隆七年（1742 年），户部议准云南巡抚张允随奏称："滇省解运京铜，威宁、永宁二处铜店各设收发官一员，应请每员月给养廉银一百两。"② 铜店由所在地方官兼管，分段运输亦由所在地方官组织实施，各给养廉盘费。乾隆《钦定户部则例》对京铜陆运各段运输及铜店的记载更为详细："寻甸一路，寻甸、宣威州知州岁支银四百八十两……；威宁州查催官一员，月支马脚盘费银三十两；威宁店委员一员，岁支银一千二百两。东川一路，东川、昭通二府知府各岁支银七百二十两；大关同知承运豆沙关，岁

① 张允随：《张允随奏稿》（上册）《奏为奏明办解京铜事宜以速鼓铸事》，乾隆三年五月三十日，见《云南史料丛刊》第 8 卷，第 574—578 页。

② 《清高宗实录》卷 176，乾隆七年十月己亥，《清实录》第 11 册，第 271 页。

支银三百六十两；永善县知县承运黄草坪，限六个月，月支银三十两；副官村县丞月支银二十两，扣支六个月；黄草坪查催官一员，月支马脚盘费银三十两；泸州店委员一员，岁支银一千二百两。”[①]其后新开的罗星渡道，亦“添设镇雄、罗星渡、南广三店，每年给书役银四百二十八两八钱”[②]。

京运之初，云南督抚筹划滇铜运输，先由各厂递运至四川永宁县码头，再分批由水路长运京师。如乾隆五年（1740 年）户部议复云南巡抚张允随奏称：“查京铜全归滇办，现用递运之法，于东川、寻甸两路运至永宁，其长运之员直至永宁领铜运京，办理已有头绪。”[③]也就是说，四川永宁成为滇铜陆运的集散地，也是长运领铜地点，即滇铜京运的联运枢纽。后因滇东北运力不敷，新开盐井渡、罗星渡、金沙江三道，多路分流递运，汇至泸州。可见，乾隆十年（1745 年）以后，四川泸州已经成为滇铜外运的汇集之地，而永宁仅是四路分运的水陆节点之一。至乾隆十九年（1754 年），威宁道铜改走镇雄，由罗星渡入川江，京铜外运全部汇集于四川泸州，永宁已无铜可领，故“将永宁店裁撤，移设泸州，委大关抚夷同知经管，月给养廉等项照永宁店事例给发”[④]。至此，四川泸州最终替代永宁，成为京铜联运枢纽，亦即水路长运的起点。

3. 水路长运的批次与运员

京铜汇集泸州后，沿长江水运，经重庆、汉口、江宁等地至江苏仪征，转入京杭运河之后，经江苏、山东、直隶北上通州入京[⑤]。但是，京铜年额甚多，势必无法一次运送。张允随在滇铜京运前就奏请分批运送：“查滇省

① 于敏中、蔡履元等纂修：乾隆《钦定户部则例》卷 45《钱法 · 养廉杂费》，故宫博物院编《故宫珍本丛刊》第 285 册，海南出版社 2001 年版，第 386 页。

② 载龄等修：同治《钦定户部则例》卷 35《钱法二 · 威宁镇雄运铜》，同治十二年刊本。

③ 《清高宗实录》卷 120，乾隆五年闰六月丙午，《清实录》第 10 册，第 764 页。

④ 嘉庆朝《钦定大清会典事例》卷 173《户部 · 钱法 · 办铜》，《近代中国史料丛刊三辑》第 65 辑 642—670 册，第 7926 页。

⑤ 参阅蓝勇：《清代滇铜京运路线考释》，《历史研究》2006 年第 3 期。

办铜四百万，需员甚多，应以五十万为一运，委滇省现任府佐或州县一员为承运官，再委杂职一员为协运官，计铜四百万，需府佐州县八员，杂职八员，方敷委用。”[①] 即将正铜四百斤均分为八运，每运正耗余铜 55.5 万斤，派委云南现任府佐州县官一人为承运官，杂职一员为协运官，负责东川、寻甸至京师的铜斤运输，俗称水路长运。乾隆五年（1740 年），张允随奏请将京铜八运并为四运，户部复准：“云南办铜运解京局，自乾隆四年办运之初原分八运，每运委正运官一人、协运官一人，在东川、寻甸等处领运，今八运既并为四运，应别设承运收发等官，雇脚运至永宁。其运交京局，每运正运官委府佐或州县一人，协运官委杂职二人，赴永宁领运，各押铜五十万斤，挨次起程。”[②] 随着长运起点从东川、寻甸改归四川永宁，京铜八运亦被并为四运，每运协运官增至二人，仍以佐杂充任，与正运官均分运送。

虽然批次减少，但运铜船队数量并未明显减少，且杂职微员管理不善，川江沉溺多有发生。乾隆二十三年（1758 年），湖北巡抚庄有恭引云南巡抚刘藻奏称：“请将四正运并为三运，两加运合为一运，每岁七月开头运，九月开二运，十一月开三运，次年二月开加运。”[③] 目的在于缩减运铜船队数量，以免安排在川江水涸时发运，减少沉溺。户部议准：“云南办铜四正运并为三运，两加运合为一运，每岁头运铜船于七月、二运于九月、三运于十二月、加运于四年正月，在泸州水次开行，以僻川江风险，其三正运照旧仍委正协官各一员管解，其加运铜数较多，应裁去正运官一员，仍留协运官二员，前后照应办理。”[④] 可能这样的开运时间仍然不妥。乾隆二十五年（1760 年），户部进一步调整：“办运京铜头运于八月、二运于十月、三运于

① 张允随：《张允随奏稿》（上册）《奏为奏明办解京铜事宜以速鼓铸事》，乾隆三年五月三十日，《云南史料丛刊》第 8 卷，第 574—578 页。

② 乾隆朝《钦定大清会典则例》卷 44《户部 · 钱法 · 办铜》，《景印文渊阁四库全书》第 621 册，第 621—690 页。

③ 《清高宗实录》卷 562，乾隆二十三年五月戊戌，《清实录》第 16 册，第 132 页。

④ 嘉庆朝《钦定大清会典事例》卷 173《户部 · 钱法 · 办铜》，《近代中国史料丛刊三编》第 65 辑第 642—670 册，第 7928 页。

十二月、加运于次年二月，在泸州次第开行。”[①]

京局正加铜斤归为四运后，每运仍分正协运官，职责不专，府佐州县与杂职相互推诿，贻误京运。乾隆二十六年（1761 年），户部议定：“滇铜每年正加四运，每运委派同知、通判、知州、知县等一员，均分起运，不必委用佐杂为协运，仍遵奏准起程日期，先后开船依限抵通。”[②] 嘉庆《钦定大清会典事例》亦载：乾隆二十六年议准，“铜斤运京向委正协二员合运，责任不专，应将正加四运分作八起运解，每起派委同知通判知州知县等官一员管解，裁汰协运各官”[③]。可见，运员不分正协、全用府佐州县官的同时，亦将正加四运恢复为八运起解。嘉庆十一年（1806 年），御史叶绍楏奏请将京运八起并为六运，经云贵总督伯麟议奏：“滇铜正运六起，加运二起，请将正运六起改为正运四起分运，每起领运正耗余铜一百十万四千四百五十斤。”[④] 滇铜京运又改为正运四起、加运二起，平均带铜运京，直至咸丰初年。

4. 京局交纳

滇铜水运至通州，于张家湾上岸，陆运入局交纳。乾隆三年（1738 年），张允随筹划在张家湾设立铜店：“至张家湾应设立铜房一所，并委云南府佐或州县一员、杂职一员驻扎，总管秤收。再查张家湾系五方杂处之地，每年数百万铜斤由此盘运，关系綦重，应请设监督一员，驻扎张家湾，以司弹压稽查。铜斤一到，监督即同转运京局之员，一面给承运官回文照票，一

① 嘉庆朝《钦定大清会典事例》卷 173《户部 · 钱法 · 办铜》,《近代中国史料丛刊三编》第 65 辑第 642—670 册，第 7930 页。

② 《清高宗实录》卷 638，乾隆二十六年六月己卯,《清实录》第 17 册，第 129 页。

③ 嘉庆朝《钦定大清会典事例》卷 173《户部 · 钱法 · 办铜》,《近代中国史料丛刊三编》第 65 辑第 642—670 册，第 7930—7931 页。

④ 《清仁宗实录》卷 171，嘉庆十一年十一月癸亥,《清实录》第 11 册，第 226 页。

面将某月日收明第几运铜斤若干具文报部，并滇省陆续交纳擎批备案。”[①] 但滇铜运京之后，发现由张家湾陆运入局运费昂贵。次年（1739 年）十一月，户部议复云南巡抚张允随奏：“‘滇省运铜至京，向于张家湾设局，请改设通州，由水路转运’等语。查由通至京四十里，不若经由水路，请设局大通桥，其船只、夫役、水脚等项应令直隶总督孙嘉淦、仓场侍郎塞尔赫等详悉查奏，再行定议。”[②] 户部同意改走水路，提议于大通桥设局，令直隶总督与仓场侍郎查奏。

一年后（1740 年），户部议复直隶总督孙嘉淦奏称：“‘查铜斤向在张家湾起岸，运赴京局，车脚每多未便，今若从通州水运，较张家湾陆运实多节省’等语，应如所题。嗣后铜船一过津关，即令坐粮厅约束指引，俟到坝后会同铜务监督，率委员齐赴坝口，眼同点验掣秤，令经纪用闸河剥船，运抵大通桥，转运至京。”[③] 至此，滇铜长运至通州，水运大通桥入局。乾隆七年（1742 年），直隶总督高斌奏称：“滇省解京铜斤向来长运官抵通，交铜务监督秤收转运，即回滇报销，另有委官在通，守掣批回。今既令长运官管解进局，抵通时又经坐粮厅点验，派经纪转运，所有铜务监督及云南委官应并裁撤。”[④] 长运交收方式及地点已变，铜务监督及云南派驻张家湾委员的职能已由运员及坐粮厅替代，故将其裁撤。

二、黔铅京运

黔铅京运虽然早于滇铜，但其制度方面的记载却不如滇铜丰富。加之，时人“重铜轻铅”，黔铅开采、运销及管理方面的制度和政策多沿用滇铜事例。如乾隆十四年（1749 年），户部议定运铜条规，最后附言：“办解铅锡

① 张允随：《张允随奏稿》（上册）《奏为奏明办解京铜事宜以速鼓铸事》，乾隆三年五月三十日，见《云南史料丛刊》第 8 卷，第 574—578 页。

② 《清高宗实录》卷 104，乾隆四年十一月甲寅，《清实录》第 10 册，第 567 页。

③ 《清高宗实录》卷 131，乾隆五年十一月丙戌，《清实录》第 10 册，第 912 页。

④ 《清高宗实录》卷 166，乾隆七年五月辛未，《清实录》第 11 册，第 105 页。

与运铜事同一例，应均照例办理。”[1] 乾隆四十年（1775 年），吏部直言：“窃思运京铜斤关系户工二局鼓铸，固应上紧趱运，严定处分，而外省派赴滇黔诸省采办铜斤等项，亦均关紧要。……且运京铅锡，与铜斤事同一例，原例内专言铜斤，不及铅锡，立法亦未详备。”[2] 因此，关于黔铅京运制度只能从其后的文献记载中梳理和归纳，而与滇铜京运相同的内容则不赘言。

1. 铅斤与铅本

前文已言，虽然雍正十一年（1733 年）规定：自雍正十三年（1735 年）开始，黔铅京运每年定额 366 万余斤。但因京局存铅过多，黔铅京运一年之后，即令减半解京。如乾隆四年（1739 年），贵州总督兼管巡抚事务张广泗奏称：“黔省办运京局铅三百六十六万斤，自乾隆元年奉文，止办半运以来，计至现在办运乾隆五年，已少运铅九百余万斤。”[3] 再如乾隆七年（1742 年），户部复核乾隆五年四月起至乾隆六年三月底黔铅课余铅数目及工本银两时亦言：“开除砂硃、莲花、月亮岩三厂运存永宁、綦江二处铅内，转运京局课余白铅一百八十三万斤零一钱。”[4]

乾隆五年（1740 年），京局改铸青钱。户部议定：“嗣后宝泉、宝源二局鼓铸，按铜铅百斤内，用红铜五十斤、白铅四十一斤八两、黑铅六斤八两、点铜锡二斤，配搭改铸青钱，与旧铸黄钱一同行用。”[5] 同时，调整黔铅京运的种类和数量：“每年应需黑铅五十万斤，令贵州总督于柞子等厂收买，

① 《清高宗实录》卷 341，乾隆十四年五月乙丑，《清实录》第 13 册，第 714 页。

② 《清高宗实录》卷 977，乾隆四十年闰十一月癸卯，《清实录》第 21 册，第 344 页。

③ 《贵州总督兼管巡抚事务张广泗为遵旨议奏事》，乾隆四年十一月十二日，《明清档案》第 91 册，编号：A91—65。

④ 《协理户部事务讷亲题为会查黔省莲花等厂收存课余铅斤数目及存剩工本等银数目事》，乾隆七年四月初四日，中国第一历史档案馆档案，02-01-04-13450-013。

⑤ 乾隆朝《钦定大清会典则例》卷 44《户部·钱法》，《景印文渊阁四库全书》第 621 册，第 376 页。

其原白铅每年减办五十六万斤……均于乾隆六年为始，按年解部。”①可知，此前贵州办运京铅全为白铅。此后，除每年京运黑铅50万斤外，白铅亦相应减少。如乾隆十年（1745年），贵州总督张广泗奏追述：“先奉部行，自乙卯年（雍正十三年）为始，每年办解京局上下两运白铅一百八十三万斤。嗣因改铸青钱，每年减办白铅五十六万，只办白铅一百二十七万斤。”②

乾隆七年（1742年），“云南钱停运京局，（京局）加卯鼓铸，（贵州）每年应加运黑铅二十万五百七十一斤”③。两年后，京局再次加卯鼓铸，京铅运额亦随之扩大。据张广泗曾奏：“第乾隆八年以前，（贵州）解铅止一百七八十万斤，水脚节省无多。嗣因京局添铸，自乙丑年（乾隆十年）为始，岁解黑白铅四百五十四万二千余斤。”④也就是说，乾隆元年（1736年）至九年（1744年），贵州办运京局黑白铅每年约一百八九十万斤，自乾隆十年（1745年）开始，京铅年额增至454.2万斤。乾隆十四年（1749年），因贵州黑铅产量下降，每年京运黑铅700571斤改归湖南办解，贵州仅办解白铅正额384万余斤。如乾隆二十一年（1756年），贵州“各厂运存永宁等处余铅内，兑交委员王启绪等解交京局铅三百八十四万一千九百一十四斤”⑤。乾隆二十九年（1764年），户部奏准：“贵州白铅自三十年为始，每年添办一十五万斤，运京供铸；又奏准：湖南郴州铅厂封闭，所有每年额办黑铅七十万五百七十一斤，令贵州湖南各半办运。”⑥如此，乾隆二十九年

① 乾隆朝《钦定大清会典则例》卷44《户部·钱法》,《景印文渊阁四库全书》第621册，第392页。

② 《贵州总督张广泗题为贵州白铅不敷供铸请以乾隆十年三月为始增价收买余铅以济运解事》，乾隆十年五月初七日，中国第一历史档案馆档案，02-01-04-13868-010。

③ 乾隆朝《钦定大清会典则例》卷44《户部·钱法》,《景印文渊阁四库全书》第621册，第392页。

④ 《清高宗实录》卷218，乾隆九年六月辛酉,《清实录》第11册，第814页。

⑤ 《署贵州巡抚周人骥题为详明筹办厂务等事》，乾隆二十四年正月二十一日，中国第一历史档案馆档案，02-01-04-15200-002。

⑥ 嘉庆朝《钦定大清会典事例》卷174《户部·钱法》,《近代中国史料丛刊三编》第65辑第642—670册，第7955页。

以后，贵州每年运京白铅增至4391914斤，黑铅350285.5斤，合计黑白铅4742199.5斤。如乾隆三十年（1765年）四月至三十一年（1766年）三月，贵州“办运丙戌年下运京铅委员修文县彭南禄、安南县知县程矩，办运丁亥年上运京铅委员遵议通判席赞、龙里县知县王云鳞，共拨莲花、福集、柞子等厂黑白铅四百七十四万二千一百九十九斤八两”[①]。

迨至乾隆四十年（1775年），贵州黑铅不敷办运，户部又将京局黑铅全归湖南办运。次年（1776年），贵州巡抚裴宗锡称：“查（贵州）额解京铅四百三十九万一千九百余斤。”[②]应专指白铅而言，并不包括黑铅在内。如乾隆四十二年（1777年），护理贵州巡抚布政使郑大进奏报：贵州“委办戊戌年（乾隆四十三年）上运京铅黄平州知州袁治额运正加白铅一百九万七千九百七十八斤八两……于乾隆四十一年十二月初二日由重庆开行解京”。[③]并未提及带解黑铅。然几年之后，湖南黑铅产量亦减。乾隆四十八年（1783年），户部议准：“京局黑铅自乾隆四十九年为始，仍令湖南、贵州各半分办。”[④]即自乾隆四十九年（1784年）开始，贵州仍办京局黑铅350258.5斤。如乾隆五十四年（1789年），贵州巡抚郭世勋奏报：乾隆五十年四月至五十一年三月，贵州“自永宁转运丁未年上下两运白铅四百三十九万一千九百一十四斤、五十年份黑铅三十五万二百八十五斤八两”[⑤]。京运黑白铅合计4742199.5斤。

乾隆五十九年（1794年），京局恢复鼓铸黄钱，“湖南、贵州、广东

---

① 《贵州巡抚方世儁题为奏销黔省莲花等厂乾隆三十年四月至三十一年三月收过奉拨司库铅斤工本等项银两事》，乾隆三十一年八月二十日，中国第一历史档案馆档案，02-01-04-15876-003。

② 裴宗锡：《滇黔奏稿录要》（不分卷）《奏为奏明请旨事》，乾隆四十一年四月十八日，全国图书馆文献缩微复制中心2007年版，第209—214页。

③ 《贵州巡抚裴宗锡奏为恭报京铅开行日期仰祈睿鉴事》，乾隆四十二年一月十二日，《宫中档乾隆朝奏折》第37辑，第507—510页。

④ 嘉庆朝《钦定大清会典事例》卷174《户部·钱法》，《近代中国史料丛刊三编》第65辑第642—670册，第7959页。

⑤ 《贵州巡抚郭世勋题为详明筹办厂务等事》，乾隆五十四年三月二十一日，中国第一历史档案馆档案，02-01-04-17573-006。

年额运京黑铅、点锡停止办解”；嘉庆四年（1799 年），京局又恢复三色配铸，“应需黑铅仍令湖南、贵州遵照原额办解”。[①] 次年（1800 年），因京局加卯鼓铸，户部“令湖南、贵州二省各加办铅九万斤”[②]。其后，黔铅京运又带解京师操演铅斤，贵州所办黑铅逐渐加增。道光十二年（1832 年）四月至十三年三月，贵州“自永宁局转运乙未年上下两运白铅四百三十九万一千九百一十四斤，又带解户局乙未年上下两运、工局癸巳年下运及甲午年上运营操黑铅五十万三千二百三十八斤二两，共白黑铅四百八十九万五千一百五十二斤二两”[③]。至道光末年，贵州年办黑铅仅为 3 万斤。如道光二十五年（1845 年）四月至二十六年（1846 年）三月，贵州“自永宁局转运丁未年上运白铅一百九十二万九百五十七斤，又加运白铅二十七万五千斤，又带解工部营操黑铅一万五千斤；又丁未年下运白铅一百九十二万九百五十七斤，又加运白铅二十七万五千斤，又带解工部营操黑铅一万五千斤，共白黑铅四百四十二万一千九百一十四斤”[④]。可见，除了带解京铅 3 万斤外，贵州办运京局白铅 4391914 斤。

虽然黔铅价格低廉，但京运数量甚大，贵州本省显然无法承担所需工本运脚银两。乾隆五年（1740 年），贵州总督张广泗奏请：“所有黔省额运京铅一百八十三万斤，均于遵义府属之月亮岩厂办运，至应办辛酉年（乾隆六年）京铅，应需工本脚费共银十万三千余两，请一并题拨来黔接济。”[⑤] 可见，贵州办运京铅所需工本银两由中央划拨而来。如乾隆五年四月至六年

① 嘉庆朝《钦定大清会典事例》卷 174《户部·钱法》，《近代中国史料丛刊三编》第 65 辑第 642—670 册，第 7963 页。

② 嘉庆朝《钦定大清会典事例》卷 174《户部·钱法》，《近代中国史料丛刊三编》第 65 辑第 642—670 册，第 7963 页。

③ 《贵州巡抚贺长龄题为详明筹办厂务等事》，道光十七年［月日不详］，中国第一历史档案馆档案，02-01-04-20900-032。

④ 《贵州巡抚乔用迁题为详明筹办厂务等事》，咸丰元年六月二十三日，中国第一历史档案馆档案，02-01-04-21489-014。

⑤ 《贵州总督兼管巡抚事务张广泗奏为请拨京铅工本运脚银两事》，乾隆五年［月日不详］，《内阁大库档》，编号：NO000000283。

三月，贵州收到江西拨解乾隆五年、六年协黔铅本银共152031两，而本年度开支收买各厂课余铅工本、由厂至店陆运脚价、拨给京运水脚等银共计219501两[①]。

其后，随着京铅年额扩大、官购余铅增价以及收买储备铅斤，中央划拨的协黔铅本银亦相应增加。如乾隆二十二年（1757年），户部议复护理贵州巡抚吴士端奏称："该臣等查得，黔省办运京铅及收买备贮铅斤所需价脚银两，自应预为拨给，以资应用。今该抚疏称：乾隆二十一年十月及二十二年四月应办戊寅年上下两运白铅三百八十四万一千九百一十四斤，共需工本银五万五千七百七两七钱五分零；由厂发运永宁水陆脚费银五万八千七百八十一两二钱八分零；又由永宁白沙湾转运京局水脚银一十一万五千二百五十七两四钱二分；又备贮铅三百万斤，需工本银四万三千五百两，总计工本水陆脚费共银二十七万三钱二百四十六两四千五分零。内除上年运铅节省银一千五百二十九两二钱六分零，留为工本脚价之用外，实应拨银二十七万一千七百一十七两一钱九分零，应请一并拨解。"[②]再如嘉庆二年（1797年），户部议复贵州巡抚冯光熊奏称："该臣等查得贵州巡抚冯光熊疏称，黔省应办己未年白铅四百三十九万一千九百一十四斤，应需工本运费银两均需拨项解黔，俾得随时接济……总计办运京局白铅四百三十九万一千九百一十四斤，共需工本、水陆脚价、车价、剥费等银二十七万三千六百一十三两八钱五分二厘。内除由通州运局节省银二千三百九十三两五钱九分三厘、又运费及沿途剥费等银八千二百二十八两零五分七厘，照例请交仓场衙门收贮转发外，实应拨解黔省白铅工本水陆脚

---

① 《协理户部事务讷亲题为会查黔省莲花等厂收存课余铅斤数目及存剩工本等银数目事》，乾隆七年四月初四日，中国第一历史档案馆档案，02-01-04-13450-013。

② 《大学士兼管户部事务傅恒议复贵州题请拨给铅斤工本运费银两事》，乾隆二十二年六月十三日，《明清档案》第194册，编号：A194—104。

价银二十六万二千九百九十二两二钱零二厘。”[①] 可见，清中期协黔铅本银每年约 27 万两，由贵州提前奏请，户部审核后从内地各省协拨。

2. 京铅陆运及联运枢纽

黔铅产地相对滇铜而言比较集中，主要位于黔西北地区。此地虽距川江不远，但仍需穿越乌蒙山区。早在雍正年间，云贵督抚组织黔铅外销时，即以四川永宁为水陆码头，沿江而下汉口等地。如雍正六年（1728 年），云南总督鄂尔泰奏：“（贵州）马鬃岭等厂俱在僻壤，山路崎岖，难以通商，而开采小民又半系赤贫，苦无工本，不能久贮，每铅百斤厂价已减至八九钱一两不等……是以暂于司库借动盐余银两作工本脚价，仍委朱源淳收买，除课铅照原定之价鲜黔报销外，余铅按时价收买统运汉口，卖给京商，所获余息尽数归公。”[②] 可见，黔铅京运之前，黔西北至湖广、江浙等地的黔铅运输已经存在。贵州巡抚元展成在筹划黔铅京运时极有可能借助原有黔铅外销的运输通道，形成以永宁为枢纽的水陆联运体系。

贵州省威宁州是明清时期川滇黔三省的交通要冲，由四川泸州经永宁、贵州毕节、威宁可达云南曲靖府；由四川叙州府经云南昭通、贵州威宁可达大定府。因此，威宁成为滇川黔三省交通的咽喉，商贸往来的必经之地。雍正三年，贵州威宁镇总兵石礼哈奏称，康熙五十八年（1719 年），商人王日生“到威宁府开采天桥、腻书、阿都、柞子等厂，至四川重庆府发卖”[③]。威宁至永宁的直线距离不远，但要翻越乌蒙山区，其间羊肠鸟道，运输费时。据乾隆九年（1744 年）调查：“查自威宁税门首起至顿子坎一站四十里……

① 《户部尚书范宜恒题为钦奉上谕事》，嘉庆二年七月十八日，《明清档案》第 279 册，编号：A279—45。

② 《云南总督鄂尔泰奏为奏明借动库项收铅运售获息情由仰祈圣鉴事》，雍正六年十月二十日，《雍正朝汉文朱批奏折汇编》第 13 册，第 721 页。

③ 《贵州威宁镇总兵石礼哈奏报恶棍王日生开矿贩卖等劣迹事》，雍正三年四月二十二日，《雍正朝汉文朱批奏折汇编》第 4 册，第 813 页。

大湾至永宁一站四十里，计一十三站共设六十四塘，计程六百一十九里，处处皆高岗峻岭，石磴嶙峋，兼之岚重箐深，雾多泥滑，且遇过河之处岸高沟险，卸渡艰难，迥非他处可比。惟自顿子坎至瓦甸、瓦甸至七家湾、七家湾至平山铺、平山铺至新屯、新屯至毕节、摩尼至普市，此六站之内，间有坦坡，是以一日尚能行五六十里为一站；至若由威宁至顿子坎、毕节至层台、层台至白岩、白岩至赤水河、赤水河至摩尼、普市至大湾、大湾至永宁，此七站之内鸟道崎岖，危坡曲磴，步若登梯，如行螺旋，叠溪深坎，处处碍行，竭尽一日，或力虽只四十余里即为一站，而人马之劳疲更甚于日行七十里之离，是以往来商旅皆必旧定之程，以为歇站，而不能破站越程。”[①] 瓦甸、七家湾、平山铺、毕节、层台、赤水河、摩尼、普市等地名至今仍多保留，由此可以确定，现代G326国道威宁至毕节段、G76国道毕节至叙永段基本沿清代威宁至永宁驿道而修。

清代贵州的最大白铅厂莲花厂和最大黑铅厂柞子厂均位于威宁州境（厂址在今赫章县妈姑镇莲花村和海子村），距离瓦店站分别为4公里和10公里。莲花、柞子等厂铅沿驿道北上，兹不赘言。仅次于莲花厂的福集厂位于水城厅（厂址在今六盘水市水城区老鹰山镇福吉村），与威宁州接壤。乾隆十一年（1746年），贵州总督张广泗奏称：“水城运铅至威宁州属柞子厂，相距两大站。”[②] 但是，水城福集厂与威宁莲花厂之间乃贵州最高峰韭菜坪，山高坡陡，难以通行。乾隆十四年（1749年），贵州巡抚爱必达奏：“再查由（福集）厂至毕节县，经过者罗密箐，小径错出交互，每多将铅埋藏深箐，分往私卖。”[③] 另据光绪《水城厅采访册》载：“者落箐塘，由马鬃至此凡十里，设兵二名。又五里接大定协分防白布河汛沙子塘界，北路共

① 《云南总督张允随奏为京铜运脚不敷等事》，乾隆九年六月十六日，《明清档案》第131册，编号：A131—102。

② 《清高宗实录》卷261，乾隆十一年三月乙未，《清实录》第12册，第390页。

③ 《贵州巡抚爱必达题为详请题报开采白铅矿场以济鼓铸事》，乾隆十四年九月二十四日，中国第一历史档案馆档案，02-01-04-14331-005。

五塘二汛，计程八十里，此为赴本府及毕节路。”[①]者罗箐在今纳雍县雍溪镇附近，可推知福集厂铅绕道大定府亲辖地再北上毕节。清代由毕节至赤水河的道路并非只有现代 G76 国道一条，运铅至此，道路歧出。乾隆三十六年（1771 年），贵州巡抚李湖奏：“查自各厂起运铅驮会归毕节地方，向分中、西、北三路行走，靠北一路山径丛杂，由滇省綦乡经过，每多偷藏滋弊，应行堵截，驮铅夫马悉归中路转运，以杜分歧。惟牛驮一项须就西路水草，在毛鸡场分走，至干溪铺会合中路前进。”[②]故官府不得不沿路设卡，防止偷卖铅斤。

黔西北各厂铅斤经威宁道陆运至四川永宁县城汇集，然后水运入京，故永宁成为黔铅京运的水陆联运枢纽。光绪《续修叙永永宁厅县合志》载：“铅局在城西盐店街，康熙初年创立，转运贵州京铅，设局驻永。”[③]该书所载永宁铅局设立时间有误，但不会晚于雍正末年。乾隆十四年，贵州巡抚爱必达奏：“永宁水次设书办一名，月给工食银二两四钱，巡役一名，月给工食银一两八钱，统于课铅项下开支。”[④]永宁铅局收纳贵州各厂经威宁道陆运而来的京铅，但该店长期由大定府知府家人管理，并未派驻专员。如乾隆三十五年（1770 年），贵州巡抚李湖奏：“虽永宁设有局房，总司收兑，亦未派员经理，责令查催开报，上偷下玩，荡无法守，每致有运无交，积成锢弊。”[⑤]他建议：“永宁局收兑铅斤，应派员驻扎，专司经理也。查永宁设局原为存贮京楚铅斤、兑给委员领运而设，每岁计共收兑七百余万斤，责成綦

① 陈昌言纂修：光绪《水城厅采访册》卷 7《武备·兵制》，油印本。

② 《贵州巡抚李湖奏为清厘运铅积弊事》，乾隆三十六年七月初十日，中国第一历史档案馆档案，04-01-30-0481-021。

③ 邓元鏸、万慎纂修：《续修叙永永宁厅县合志》卷 5《建置志·公署》，光绪三十四年铅印本。

④ 《贵州巡抚爱必达题为详请题报开采白铅矿场以济鼓铸事》，乾隆十四年九月二十四日，中国第一历史档案馆档案，02-01-04-14331-005。

⑤ 《贵州巡抚李湖奏为请定铅运章程以清积弊仰祈圣鉴事》，乾隆三十五年九月，中国第一历史档案馆档案，04-01-35-1277-015。

重。……应请于永宁局派委佐贰一员，前往驻扎，按年更换，专司收兑铅斤，查对厂簿，如有已发未到之铅，即知会原拨地方官，向马柜夫行脚户跟究，并行各卡查催，仍将逐日收兑铅数，按旬汇报抚司道府存核，所需养廉及巡卡工食即于铅驮节省项下酌给报销。”[①]

除了威宁道之外，贵州黔铅外运还曾开辟有赤水河道和綦江道。前文曾言，乾隆三年滇铜京运即将开启，威宁道驮脚不敷，铜铅壅滞不前。云南督抚曾议开辟新道分流运输，贵州亦有类似的举措。乾隆三年（1738年），贵州总督张广泗奏："京局铜铅，乃每年必需之物，己未铅斤虽改由省城一路办解，运存之铅，业已无多。此后仍由威宁办运，究虞拥挤。请于黔省较近水次兼产铅矿之地，招商开采，收买接济。"[②] 在靠近水运码头之地开采铅矿，另开新路运输京铅，以分流威宁道的运输压力。次年，贵州于绥阳县开设月亮岩铅厂。乾隆五年（1740年），户部议定：月亮岩厂"所出铅斤官商分买，如出铅一万斤，照例抽课二千斤，其余八千斤官商各买一半……即由月亮岩分路解运"。[③] 月亮岩厂铅从何处分运，文献中并无明确记载。乾隆七年（1742年），贵州总督张广泗奏报："拨运自砂硃、莲花、月亮岩三厂共运永宁、綦江二处新旧收买课余白铅二百八万七千九百七十一斤，每百斤用脚费自八钱七分至一两（九八平折库平银）不等"，"开除砂硃、莲花、月亮岩三厂运存永宁、綦江二处铅内转运京局课余白铅一百八十三万斤零一钱"[④]。莲花、砂硃二厂位于威宁州境，铅斤陆运永宁铅局，不可能远赴四川綦江，则綦江所运铅斤当来自月亮岩厂。綦江位于川黔交界，有水路直达川江，故于此綦江设立铅局，以供收运。此外，按贵州陆运铅斤每百斤每

---

① 《贵州巡抚李湖奏为清厘运铅积弊事》，乾隆三十六年七月初十日，中国第一历史档案馆档案，04-01-30-0481-021。

② 《清高宗实录》卷82，乾隆三年十二月癸未，《清实录》第10册，第291页。

③ 《清高宗实录》卷114，乾隆五年四月乙卯，《清实录》第10册，第674页。

④ 《协理户部事务讷亲题为会查黔省莲花等厂收存课余铅斤数目及存剩工本等银数目事》，乾隆七年四月初四日，中国第一历史档案馆档案，02-01-04-13450-013。

站价银八分五厘推算[①]，月亮岩厂至綦江县水次约为11站。乾隆十年（1745年）四月至十一年（1746年）三月，贵州仍有铅厂发运京铅至綦江[②]。但是，乾隆十四年（1749年），月亮岩厂即因“洞老山空”而封闭，綦江道应被废弃。

赤水河发源于川滇黔交界地带，于合川汇入长江，是距离黔铅主产区最近的水道。乾隆十年（1745年），贵州总督张广泗奏：“黔省威宁、大定等府州县，崇山峻岭，不通舟楫，所产铜铅，陆运维艰，合之滇省运京铜，每年千余万斤，皆取道于威宁、毕节，驮马短少，趱运不前。查有大定府毕节县属之赤水河，下接遵义府仁怀县属之猿猱地方，若将此河开凿通舟，即可顺流直达四川、重庆水次。”[③]可见，贵州开辟赤水河道仍然出于分流京铅的目的，以免威宁一线不堪重负。次年，赤水河工程完竣。据乾隆十九年（1754年），贵州巡抚定长奏言，京铅自黔西州鱼塘下水，除新滩至二郎滩盘剥外，可直达重庆，每年运铅150余万斤[④]。但是，赤水河运铅持续的时间并不长，至乾隆二十六年（1761年）已不见黔铅转运鱼塘的记载[⑤]。道光《仁怀直隶厅志》亦载，嗣因赤水河铅运“节省无多，今仍陆运至永宁下船，运至泸州”[⑥]。

3. 京铅批次与重庆熔铸

雍正十二年，户部议定黔铅京运，即确定了分批解运的原则，即“照

---

① 《云南总督张允随奏为京铜运脚不敷等事》，乾隆九年六月十六日，《明清档案》第131册，编号：A131—102。

② 《贵州总督张广泗题为详明筹办厂务并恳题请借帑买运余铅以便厂民以济公项事》，乾隆十一年十月十一日，中国第一历史档案馆档案，02-01-04-14047-18。

③ 《清高宗实录》卷239，乾隆十年四月庚申，《清实录》第12册，第73页。

④ 《清高宗实录》卷473，乾隆十九年九月乙巳，《清实录》第14册，第1121页；《贵州巡抚定长奏参赤水河工程事》，乾隆十九年九月十六日，《宫中档乾隆朝奏折》第9辑，第577—580页。

⑤ 《贵州巡抚乔光烈题为黔省莲花等铅厂乾隆二十六年收铅工本及运存销售支用等银两事》，乾隆二十七年十二月二十日，中国第一历史档案馆档案，02-01-04-15507-003。

⑥ 陈熙晋纂修：道光《仁怀直隶厅志》卷2《地理志·山川》，道光二十一年刻本。

办铜之例，分为上、下两运，上运四月起解，十月到部，下运十月起解，次年三月到部”[①]。雍正十三年（1735 年），贵州巡抚元展成亦奏：“臣查黔省本年上、下两运铅斤已于四月、九月委员解京。”[②]贵州办运京铅亦分两运，只是起运时间与户部议定的稍有差异。上下两运所需运员，从贵州现任府佐州县中遴选，此与滇铜京运无异。

重庆是黔铅京运的另一重要节点。前文所论綦江道、赤水河道运铅，均汇集于重庆，而自永宁起运的黔铅亦于重庆换船。如乾隆八年（1743 年），户部议定：“一、黔省起运，俱于重庆雇觅大船，载至汉口更换，每有坏船之患，请照运铜之例，制备麻绳浮杠，以备沉溺标记。”[③]另据乾隆四十年（1775 年）署四川总督文绶奏称：“滇黔二省办运京局铜铅，攸关鼓铸，自应实力催趱。查滇铜自泸店领兑开行，由重庆换船，至四川巫山县出境，例限九十五日。黔铅自永宁运至渝局，镕化换载，至四川巫山县出境，例限六个月零十五日。”[④]重庆“镕化换载”说明，贵州起运的京铅并不纯净。乾隆五十七年（1792 年），户部奏言：“贵州运京铅斤，向来运员在厂领运，每毛铅百斤加耗五斤，至四川重庆，始行募工镕净解京，矿砂折耗，势所不免，遂致解官挂欠。嗣后应令贵州本厂镕净，照例五十斤一块，鉴明厂名斤数，到局验收。”[⑤]也就是说，乾隆五十七年以前，黔铅京铅多为毛铅，至重庆熔化纯净后，换船载运。至此，改为在厂熔铸，外运净铅。

至于黔铅京运路线，嘉庆《钦定大清会典》记载：“贵州京铅由厂运至永宁，运官兑领上船，至泸州易船，至重庆铜铅皆起载，东川道督同过秤、雇船换载，并行文夔关查验，至汉口易船，至仪征又易船，由湖北、江南护

① 《协理户部事务讷亲题为会查黔省莲花等厂收存课余铅斤数目及存剩工本等银数目事》，乾隆七年四月初四日，中国第一历史档案馆档案，02-01-04-13450-013。

② 《贵州巡抚元展成奏为请旨事》，雍正十三年十月十二日，《雍正朝汉文朱批奏折汇编》第 29 册，第 500 页。

③ 《清高宗实录》卷 185，乾隆八年二月辛亥，《清实录》第 11 册，第 387 页。

④ 《清高宗实录》卷 995，乾隆四十年闰十月癸亥，《清实录》第 21 册，第 294 页。

⑤ 《清高宗实录》卷 1416，乾隆五十七年十一月丁未，《清实录》第 26 册，第 1054 页。

送之员盘查过秤……由南北运河至天津雇船起拨，起六存四，如原船破漏不能前进者全行起拨，抵通坝，运官打包过秤，坐粮厅亲赴掣点，经纪运贮号房，大通桥监督复加掣点，车户由朝阳门陆运赴局，钱法堂侍郎验包兑收。”[①] 也就是说，京铅自永宁下船，沿纳溪河至泸州入川江，其后线路与滇铜京运一致。

三、各省采买滇铜黔铅的数量与运输

自雍正八年至乾隆十四年，贵州、四川、江苏、浙江、福建、湖北、湖南、江西、广东、广西、陕西等十一省相继开局，赴滇买铜鼓铸。然各省购铜数量多寡不一。如雍正十一年（1733 年），“（云南）威宁店卖过贵州采买毕局鼓铸铜三十三万五千八十五斤四两，每百斤收价银九两八钱，共收过银三万二千八百三十八两三钱五分零；又东川店卖过四川采买铜一十四万八千八百斤，每百斤收价银一十一两，共收价银一万六千三百六十八两”[②]。而乾隆十一年（1746 年），云南“又拨卖黔省采买铜五十四万斤，拨卖江西采买正铜二十八万八千斤，拨卖闽省采买正铜五十万斤，拨给闽省补耗正余铜二万七百五斤”[③]，贵州、江西、福建三省采买滇铜共计 134.8 万余斤。各省采买频率各异，有一年一买，亦有三年一买者。《铜政便览》载：乾隆十四年（1749 年）陕西第一次采买滇省高铜 20 万斤，乾隆三十一年（1766 年）第四次采买滇省高低铜各 20 万斤[④]。

各省年度采买滇铜总量，据乾隆三十一年（1766 年），云贵总督杨应琚奏称：“现在滇省各厂每年约可办获铜一千二三百万斤，内解赴京局及本省

① 托津等撰：嘉庆朝《钦定大清会典》卷 14《户部 · 广西清吏司》，沈云龙主编：《近代中国史料丛刊三辑》第 64 辑第 631—634 册，台北文海出版社 1991 年版，第 742 页。

② 《云南巡抚张允随题为移请转详等事》，乾隆元年五月二十九日，中国第一历史档案馆档案，02-01-04-12866-010。

③ 《云南巡抚图尔炳阿题报滇省乾隆十一年各铜厂办获铜斤余息数目事》，乾隆十二年八月初六日，中国第一历史档案馆档案，02-01-04-14123-007。

④ 《铜政便览》卷 7《采买》，《中国史学丛书三编》第 1 辑第 2 册，第 483 页。

鼓铸并外省采买滇铜共约需一千二百余万斤，所余不过数十万斤，若外省尽数加买，势必入不敷出。请将各省采买滇铜，除乾隆十九年奏定之额仍听按年买运外，如有请豫买一运以及加买并借买数十万斤之处，概不准行。”[①] 虽然乾隆十九年（1754 年）奏定各省采买滇铜之额未见记载，但是滇铜京运每年 633 万余斤、云南本省鼓铸需铜 230 万余斤，推算各省采买总量约 340 万斤。但是，杨应琚忽视了各省采买滇铜的频率，并非所有省份均一年一买。如乾隆四十三年（1778 年）八月，云贵总督李侍尧奏：“至从前滇省奏报产铜丰旺之年，于京外各项需铜铜斤如额应付，似已足一千二三百万之数。其实外省采买一项，虽岁需三百四十余万斤，内如福建、江西等省，历查旧案，有三二年一次、年半一次赴滇采买者，就数年中牵算，滇省备铜二百万斤，足抵各省三百四十余万斤之用。是向来滇省产铜极旺需用无缺之年，名为一千二三百万，实在亦并无此数也。今就厂铜及减炉省出铜斤一并合计，每年共可供各省采买铜一百六七十万斤，缺数无多。”[②] 该年底，李侍尧又奏：“查各省采买滇铜每年额数虽需三百数十余万斤，其间有一年领买一次者，有两三年领买一次者，牵匀合计，每年滇省实止发铜二百万斤，是以前议裁减三十四炉节省铜一百十二万余斤，并于贵州、广西、湖北三省采买额数内酌减十分之三铜三十七万斤，并各厂原备采买铜四十六万余斤，共铜一百九十五万余斤，可敷各省每年实领二百万斤之数，此原就滇省每年实发铜数而计已敷应用。……今奉准部文，以各省每年鼓铸实需滇铜二百六十余万斤，是除前议备供一百九十余万斤之外，尚不敷铜六十余万斤”[③]，不得不停止东川局加卯，以敷各省采买之需。也就是说，各省年均实际采买滇铜总计 260 余万斤。

---

① 《清高宗实录》卷 764，乾隆三十一年七月壬申，《清实录》第 18 册，第 392 页。

② 《云贵总督李侍尧奏为钦奉谕旨酌筹铜务事宜先行恭折奏复事》，乾隆四十三年八月二十一日，《宫中档乾隆朝奏折》第 43 辑，第 589 页。

③ 《云贵总督李侍尧奏为遵旨再行裁减滇省局炉筹备采买铜斤仰祈睿鉴事》，乾隆四十三年十二月二十日，《宫中档乾隆朝奏折》第 46 册，第 249 页。

《铜政便览》对各省采买滇铜在云南省内的运输站程有详细的记载："凡九省（江苏、浙江、广西、广东、江西、陕西、福建、湖南、湖北）委员领运上游各厂铜斤由省城转运剥隘，计二十四站，自省城至竹园村计八站，马运由竹园村至剥隘计十六站半。"[①] 也就是说，除了四川、贵州之外，其他各省采买滇铜后，由省城昆明经竹园村（今属弥勒州）至广南府土富州的剥隘出省。嘉庆朝《钦定大清会典》云："省局则各视其水陆之程而运之。……再由剥隘经百色，宝广径达粤江，余局由陡河达湘江，分别水陆程站核给脚价。"[②] 即自百色下水，沿珠江、长江以达各省。

据笔者考证，诸省买运滇铜由剥隘陆运至广西省思恩府百色厅，再沿右江水运至南宁府宣化县转入郁江，又水运至浔州府桂平县，转入龚江至梧州府苍梧县；广东、江西自苍梧县进入广东省封川县，沿西江经德庆州、高要县而至三水县，至此二省分道，广东铜运由三水县水至广州府城交局；而江西省运铜则由三水县北上北江，经清远、英德、曲江、始兴等县至南雄州，然后陆运过梅关入江西省大庾县，再沿章水、赣江顺流而下，以至江西省城南昌；广西溯桂江北上，经平乐至广西省城桂林；湖南经兴安灵渠，沿湘江顺流而下，经永州、衡州而至长沙；湖北铜运则继续沿湘江北上，经岳州而至湖北省城武昌；福建自汉口沿长江而至江西九江，穿越鄱阳湖区，溯赣江、汝河、黎溪而至建昌府新城县五福，陆运八十里，越杉关至福建光泽县上水口下船，沿绍武溪、富屯溪、东溪而至闽江，最后达福州府；江苏自九江顺流而下至镇江，转入江南运河至苏州；浙江自苏州经嘉兴至杭州。陕西运铜至湖北汉口之后，溯汉水而上，过襄阳后经河南淅川，至商南县龙驹寨上岸，陆运经蓝天至西安。贵州经过曲靖、宣威、沾益、威宁等地至

---

① 《铜政便览》卷七《采买》,《中国史学丛书三编》第 1 辑第 2 册，第 443 页；嘉庆朝《钦定大清会典则例》卷 175《户部 · 钱法》,《近代中国史料丛刊三编》第 65 辑第 642—670 册，第 8053—8055 页。

② 嘉庆朝《钦定大清会典》卷 14《户部 · 广西清吏司 · 钱法》,《近代中国史料丛刊三辑》第 64 辑第 631—634 册，第 744 页。

毕节，或由经普安、安顺以达贵阳[①]。虽然各省目的地不同，但除贵州之外，采买滇铜运输基本由滇东南至广西段为通道，沿珠江、长江及其支流，或随流而下，或溯水而上，实现了与滇东北、川江等处京运铜铅的有效分流，可称之为广南白色道。

各省鼓铸采买滇铜，铅斤亦所必须。乾隆十一年（1746年），贵州开启黔铅楚运，以供各省采买。乾隆十四年（1749年）楚运年额扩大到200万斤，二十年（1755年）又进一步增至380余万斤。乾隆三十一年（1766年），贵州巡抚方世儁奏："窃照黔省出产白铅，于乾隆十四年经前抚臣爱必达奏准，每年酌拨二百万斤运湖北汉口售供各省鼓铸之用。嗣于二十年前抚臣定长议请正额之外加运一百八十万斤，经部复准办理。至二十三年因楚局递年分运，壅滞难销，前抚臣周琬查明奏请停运一年，并于加运铅内酌减四十万斤，每年共运铅三百四十万斤。迨后二十五年，又因汉局存积铅斤约敷两年销售，复经前抚臣周人骥奏明，停运一年，并请将加运一百四十万斤停止办理，每年止照原议拨正额铅二百万斤运楚销售各在案。兹据布政使良乡粮驿道永泰会详称，查明楚局原积铅斤自渐运以来，按年销售，所余无几，请自乾隆丙戌年起，每年加运铅一百万斤，存贮楚局，以备售供。"[②]可见，因黔铅楚运年额过大，江南九省采买有限，不得不暂停一二年，年额亦相应递减，停止加运，恢复原额200万斤。乾隆三十一年，汉口积存黔铅销售将尽，贵州巡抚方世儁又奏请加运，正加每年300万斤。

但是，此时正值威宁州知州刘标亏空案发，贵州并无足够的铅斤加运汉口。如乾隆三十三年（1768年）仅加运81万斤，而次年已无加运，正额尚且短缺40万斤[③]。乾隆三十七年（1772年），贵州巡抚觉罗图思德奏："其

---

① 参见马琦：《各省采买滇铜的运输问题》，《学术探索》2010年第4期。

② 《户部奏为加运楚局铅斤事》，乾隆三十一年三月，《内阁大库档》，编号：000049046。

③ 《贵州巡抚李湖奏为清厘运铅积弊事》，乾隆三十六年七月初十日，中国第一历史档案馆档案，04-01-30-0481-021。

运楚销售额铅三百万斤，先经李湖条奏，请裁减加运一百万斤。臣查各省采买，除减炉停铸加卯等，尚需铅二百一十八万斤，今正额二百万斤，加运五十万斤，以三十五年为始，每年办运二百五十万斤。”[①]李湖裁减加运100万斤后，图思德又奏请加运50万斤，每年楚运白铅正加250万斤。如乾隆四十二年（1777年），贵州巡抚裴宗锡奏言：“楚省额运二百六十二万五千斤。”[②]其后，黔铅楚运年额变化不大，但汉口售铅并不顺畅。如道光十四年（1834年），户部奏：“黔省每年办运汉口销售白铅二百六十三万斤……今据该抚奏称，汉局存铅现因直陕等省奏停铸务，无须采买，累年积贮至八百四十余万斤之多，若再照常办运，未免陈陈相因，空悬成本，请将来年之壬癸两年停其办解。”[③]统计嘉庆、道光两朝，停运嘉庆二十年、二十一年，道光五年、六年、七年、十二年、十三年、十五年、十六年、十八年、十九年等楚运[④]。

各省赴汉口购买黔铅后，运往省局的路线各异。据笔者考证[⑤]，江苏、浙江沿长江水运至镇江，再沿江南运河至苏州与杭州；江西、福建沿长江、赣江、闽江及其支流，分别达南昌与福州；陕西溯汉水北上均州，经商州至西安，这五省路线与采办滇铜路线基本相合。直隶沿长江、运河、大清河水运保定府；山西沿长江、运河水运至直隶河间府故城县郑家口，再陆运经正定府获鹿县而至太原；湖北运楚铅，由汉口水运至武昌城。湖南所买黔铅并

---

① 《贵州巡抚图思德奏为遵旨查明楚铅迟误及催运在途积铅情形事》，乾隆三十七年十一月二十二日，台北故宫博物院藏《军机处档折件》，编号：018826。

② 裴宗锡：《滇黔奏稿录要》（不分卷）《奏为新开前场试采已有成效预筹改拨京初二运铅进一节帑项而裕备贮仰祈圣鉴事》，乾隆四十二年正月十二日，第401—408页。

③ 《户部奏为汉局存铅较多酌请暂停办运事》，道光十四年九月，《内阁大库档》，档号：NO000017377。

④ 《清宣宗实录》卷107，道光六年十月乙酉，《清实录》第34册，第767页；贺长龄：《耐庵奏议存稿》卷3《汉局白铅请暂停办运折》，道光十七年八月二十六日，沈云龙主编：《近代中国史料丛刊》第36辑第353册，台北文海出版社1989年版，第317页；《户部移会稽察房贵州巡抚贺长龄奏为准将楚铅暂停办运事》，道光二十一年六月，《内阁大库档》，编号：000049242。

⑤ 参见马琦：《清代黔铅运输路线考》，《中国社会经济史研究》2010年第4期。

非在楚运之内，而是由贵州运员于楚运之便，每年带解白铅 20 万斤至岳州府巴陵县，由湖南溯湘江运回长沙。四川于永宁采买黔铅，自永宁铅局沿纳溪河、长江、资江水运至成都。

由此可见，雍正末年至乾隆初年形成的币材供给格局服务京省各局，与之配套的铜铅运输体系以长江、珠江、运河等水路干线为主体，覆盖全国大部分地区，年均运输滇铜近千万斤、黔铅八百余万斤。滇铜黔铅持续性高产已成事实，全国币材供给的关键在于铜铅运输体系能否顺利运行。如此大规模、广覆盖、跨区域的资源调运工程实属罕见，其安全性、时效性还需更为具体的制度、政策、措施予以配合和支撑。

第四节　全国币材供给与铜铅运输的制度保障

成本、安全、时效是规划运输时必须考虑的三大要素。乾隆初年，铜铅京运和各省采买体系的确立，是基于全国币材供给的需求，也是考量成本的结果，绝大部分运输以利用水路为主。但是，川江凶险，运河繁忙，天时难测，运输的安全性和时效性难以掌控。面对运输过程中各种事故的频繁出现，相关政策、规定、措施亦相应出台，成为币材供给和铜铅运输的制度保障。

一、规避风险的安全性规定

铜铅京运及各省采买的路线跨越诸省，距离遥远，隔省办运难免掣肘，且铜铅价值不菲，难保沿途无偷盗之患。故乾隆三年（1738 年），张允随规划京运时即奏言："查部文内开，因各省办铜长途万里，呼应不灵，是以改令滇省办理。但滇省惟自汤丹至威宁尚可呼应，若自威宁以下即非滇省管辖，其呼应不灵与各省无异。将来办铜，每于换马、换船处所，若令承运官自雇，势难兼顾，且以滇省之员雇外省之脚，必致行户居奇，高昂价值，即令地方官协同帮雇，而非切己，谁肯急公？所关非浅。再四筹议，欲无迟误，须则专成，请嗣后滇省每于起运之前，计定铜斤到站日期，预行咨明沿途督抚，各省即照护解饷鞘之例，转咨前途督抚遴委能员，在于换马、换船处所，督同地方官照数雇备，待铜斤一到，即行驮载前进，以免迟误”；“查运京铜斤经过处所，应令文武专兼，各官选拨兵役昼夜防护，催趱前进。再运铜自永宁以下，经瞿塘三峡，江河之险，偶遇不测，应照漕船定例，饬令地方文武各官查勘确实，出具保结，题请豁免”。[①] 张允随出于京运安全、及时的考虑，奏请沿途各省州县协同运员雇募船只、马匹和人夫，并仿饷银运送事例，由沿途州县派兵防护。对于川江之险，张允随亦有考虑，船只沉溺按漕运则例奏请豁免。

不幸的是，滇铜京运开启的次年，即有川江沉船发生。如乾隆六年（1741 年），仓场总督赛尔赫奏报：“据云南大理府太和县县丞费霖等管解乾隆五年二运铜斤到通……查二运京铜缘川江沉溺船只，打捞铜斤，是以抵铜在三运之后，合并陈明。”[②] 乾隆五年二运京铜因在川江沉溺打捞，迟至乾隆六年七月才抵达通州。上述史料也表明，对于川江铜船沉溺，并未按张允随奏请的仿照漕船之例，而是及时就地打捞铜斤。因此，每运铜铅置备打捞器物在所必须。乾隆八年（1743 年），户部议复贵州总督张广泗奏黔铅办解京局铅斤事宜时称：“一、黔省起运，俱于重庆雇觅大船，载至汉口更换，每有坏船之患，请照运铜之例，制备麻绳浮杠，以备沉溺标记。应如所请。其绳杠价银若干，如沿途无用，将来作何报销之处，均未详晰声明，仍令查明报部。一、黔省办运京铅，系沿途雇募船只，每多勒掯耽延等弊，请令各地

---

① 张允随：《张允随奏稿》（上册）《奏为奏明办解京铜事宜以速鼓铸事》，乾隆三年五月三十日，见《云南史料丛刊》第 8 卷，第 574—578 页。

②《仓场总督户部右侍郎塞尔赫奏为奏闻事》，乾隆六年七月七日，《明清档案》第 104 册，编号：A104—16。

方官协同雇给，责成行户具结承保。应如所请。”[①] 既然川江沉船较多，贵州理应为运铅船只事先置备。

如何尽量避免铜铅船沉溺，云贵及沿途各地官员可谓不惜余力，不断查漏补缺。如乾隆十六年（1751 年），户部议复四川总督策楞奏称：“滇黔办运铜铅，川江水急滩险，大船转运不灵，向用夹鳅秃尾中船，恐满载太重，每船约载七八万斤，以八分为度。若改用小船，所载不及此数，而船多雇觅维艰，必致违限，不如照旧为便。应如所议，仍用夹鳅秃尾中船，运员不得减少船只，额外装载并私带货物，经过地方有司实力稽查。”[②] 规定雇运船只的类型和装载量，保持船只的灵活性，一定程度上可免触滩沉溺。至于水流湍急的问题，亦可选择水涸时发运。如乾隆二十三年（1758 年），署理湖北巡抚庄有恭引云南巡抚刘藻奏言：“滇省岁办京铜向分正加六运，每遇川江盛涨，碍难违限，多至沉失。经户部议，以川江水急惟在五六月间，欲将二运分摊前后五运，以为避险之计。经滇省议称，正运铜斤系沿途雇船，加运之铜系拨船递运，若将正运派加，未免参差互歧。请将四正运并为三运，两加运合为一运，每岁七月开头运，九月开二运，十一月开三运，次年二月开加运，一切换船等事可以次第办理。”[③] 如此安排，可以规避川江丰水期，降低运铜船只的沉溺风险。

至于沿江险滩，沿江省份不时兴工，或凿宽，或凿低，便于船只航行。如乾隆二十八年（1763 年），四川总督阿尔泰奏：“川江绵亘数千里，地险水急，或顽石横亘中流，或石笋林立水底，凡商客及云贵运解铜铅、江楚拨运官米船只，每磕帮擦底，动辄覆溺。查冬月水落，滩石率多显露，饬沿江各属，将境内险滩查明，或应开宽，或应凿底，设法筹办。乘水落石出时，顾觅夫匠，将险滩怪石逐加锤凿起除，士民闻风超事，现在有方兴工者，有

---

① 《清高宗实录》卷 185，乾隆八年二月辛亥，《清实录》第 11 册，第 387 页。
② 《清高宗实录》卷 397，乾隆十六年八月壬戌，《清实录》第 14 册，第 225 页。
③ 《清高宗实录》卷 562，乾隆二十三年五月戊戌，《清实录》第 16 册，第 132 页。

将次完工者，又饬各属，将急公绅士办工较多者详请奖励，牧令办有成效者并准记功。”[①] 对于人力难施、无法清除的险滩，则规定盘剥上岸，过滩再运。乾隆《钦定户部则例》载：“一运官承运铜铅船只，沿途经过江河险滩处所，遇水浅溜急，或雇夫加纤，或将铜铅起剥十分之五六。如至湖北归州新滩，值水落之时，则全数起剥；水涨之时，仍载大船即停起剥，于每年秋末春仲时，责令地方官确勘，酌量应剥、应停起止日期，由宜昌府核明加结，详报立案。”[②]

险滩如非全数起剥，铜铅船通过仍面临危险。故令各沿江州县刊刻险滩手册，发予入境运员，同时雇募滩师，常驻险滩，指导船只规避。如乾隆五十六年（1791 年），四川总督鄂辉奏铜运事宜称：“一、各险滩处所，酌募滩师四五名，按所在州县捐给工食，令其常川在滩，专放铜铅船只。如过滩安稳，听运员量加犒赏。如有失事，将该滩师革退，枷示河干，仍令各地方官将应行添设滩师之处及滩师姓名造册查报。一、如遇铜铅失事，即雇水摸打捞，于水摸中选诚实一人点为水摸头，专司督率。”[③] 两年后（1793 年），湖北巡抚惠龄的建议更加用心：“臣由蜀赴楚，察看铜船所经，如嘉定、叙州、重庆、夔州各府属，水已归槽，各州县遵于滩上雇募滩师，帮同驶放。但铜船较重，仍易失事。臣谕令，先用小船导引（朱批：亦一法），又饬于两岸雇募民夫，持篙杆以资保护，勤者奖赏，不经心者枷责。至楚境宜昌府属，三峡水更迅急，怪石布满江心，亦令各备船夫，兼用导引推拒之法。”[④] 小船引导、长杆拒石，防范沉溺的新方法纳入则例，指导铜铅运输。如同治《钦定户部则例》规定：“一、经过险滩，应刊刻一纸，遇铜铅船入境，交给运员，传知各船户水手，留心趋避，并令各州县在险滩两岸插立标记，俾免

① 《清高宗实录》卷 699，乾隆二十八年十一月壬午，《清实录》第 17 册，第 829 页。
② 乾隆朝《钦定户部则例》卷 43《钱法》，《故宫珍本丛刊》第 285 册，第 353 页。
③ 《清高宗实录》卷 1384，乾隆五十六年八月乙巳，《清实录》第 26 册，第 575 页。
④ 《清高宗实录》卷 1443，乾隆五十八年十二月戊子，《清实录》第 27 册，第 267 页。

冒险行走，临期多添人夫照料，派游击都司查催押送，以昭慎重。一、川江各险滩处所，酌募滩师四五名，按所在州县，捐给工食，令其常川在滩，专放铜铅船只，如果过滩安稳，听运员量加犒赏，以示鼓励，如有失防沉溺，即将该滩师枷示河干，以昭炯戒”，并将四川、湖北、湖南、江西四省沿江32州县的180余处险滩逐一开列于后[①]。险滩手册、驻守滩师、小船引导、长杆拒石、常备水摸，指导船只规避的措施和方法不断丰富，进一步降低船只沉溺的风险。

上述措施和方法只是针对沿线水情和航道状况的设计，而对于导致沉溺的天时却无能为力。传统时代内河航行船只大多以风为动力，虽无风难行，然风力过大则有倾覆之虞，必待风力适中才能航行，被称为守风。乾隆九年（1744年），户部奏参滇铜运员顾景昭迟延逾限时称：“滇省乾隆七年四运正运官顾景昭，前据该抚咨称，于乾隆七年十一月二十二日由永宁开载……今于乾隆九年四月初八日始据座粮厅呈报，铜斤抵通……统计逾限八个月有余，即因沿途守风、守冻不无耽延，亦不应迟至八月有余之久。”[②]也就是说，政府在规定运输时间限制的时候，已经将守风、守冻等因素考虑在内了。因此，乾隆十四年（1749年），户部酌定运铜规则时，不仅强调运官及委派上司承担铜铅短少的分赔责任，“请嗣后如沿途盗卖，解官名下不能追赔，亦照例著落委解不慎各上司分赔，并严加议处”；而且重申不得因守风、守水拖延，“至守风、守水，定限已宽，不准扣算”；还规定沉溺打捞与运输同时进行，“再每运正、协二员，倘沿途有沉溺打捞等事，即令一员前运，如逾限，亦不准扣算”，这些规定同样适用于黔铅，“办解铅锡，与运铜事同一例，应均照例办理”。[③]

---

① 同治朝《钦定户部则例》卷36《钱法三・险滩豁免》。

② 《户部尚书海望奏为恭奏事》，乾隆九年四月二十三日，《明清档案》第130册，编号：A130—100。

③ 《清高宗实录》卷341，乾隆十四年五月乙丑，《清实录》第13册，第714页。

守水、守闸主要针对运河山东段，冬春水源不足，需待蓄水过闸；守冻主要在直隶、山东境内，冬季运河封冻，需待来年开春方可行船。如乾隆十六年（1751年），山东巡抚准泰奏报："查有贵州委官修文县典吏朱宏仁领运乾隆壬申年宝泉、宝源二局白铅六十四万斤，计装船六只，于乾隆十六年五月初三日辰时由江南入东省之泽县境，沿途州县稽查催趱，已于乾隆十六年六月初一日申时催出东省之德州卫境，交与直隶之景州接催北上讫。内除该船在泽县、济宁卫、嘉祥、汶上、阳谷、聊城、博平、临清、武城等境守风、守闸、守水等日期均已行查，统俟取到各结案，汇申送部外，该船并无无故逗留，及在境生事等情。"① 再如乾隆三十八年（1773年），直隶总督周元理奏报："云南委员邓川州知州陈希泽解运壬辰年头运二起京铜七十三万六千三百斤，又带解戊子年三运官郝守训在四川沉失捞获铜二千八百四十二斤，因天津地方水浅，照例起剥，所有存四铜二十九万五千六百五十六斤，在于西沽冻阻，其头剥铜斤业已抵通，二剥铜船三万二千七百十一斤零亦于蔡村以北地方守冻。"②

由此可见，从乾隆初年以来，为确保京运及各省铜铅运输的安全，先后实施了一系列政策、规定和措施，如沿途协助与防护，规定船只类型、装载量及置备麻绳浮标，采取小船引导和长杆撑石方式，每年开宽、凿低险滩，并其地常驻滩师、预备水摸，刊刻险滩手册分发运员，以及守风、守水、守闸、守冻的规定，等等。虽然无法杜绝沉溺，但这些规则的确立和不断细化，无疑降低了水运风险，极大地提高了运输的安全性，是全国币材供给和铜铅运输的制度保障。

① 《山东巡抚准泰奏为恭报铅船出境日期仰祈睿鉴事》，乾隆十六年七月初一日，《宫中档乾隆朝奏折》第1辑，第30页。

② 《直隶总督周元理奏为循例具奏事》，乾隆三十八年十一月二十一日，《宫中档乾隆朝奏折》第33辑，第438页。

二、强调时效性的运输限期

为确保币材及时供给，政府在黔铅滇铜京运之时，均明确规定了运输时间，逾限议处。

如雍正十二年（1734年），户部议定："请自雍正十三年为始，令贵州巡抚委员照额收买，分解户工二局，每百斤给水脚银三两，照办铜之例分为上、下两运，上运于四月起解，十月到部；下运于十月起解，次年三月到部，如有迟误，将承办之员照例议处"；乾隆三年（1738年），议定滇铜京运时，户部亦奏："从前江浙承办洋铜，自起运之后限以半年到京，今云南道里较远，应加展三月，限以九月到京，每运挨次计算，如有逾限，仍将领解官照旧例议处。"[①] 京运限期参照此前京局办运成例，滇省运铜量加三月，以九个月为限；黔省运铅上下两运分别为七个月和六个月。至乾隆八年（1743年），黔铅上下两运亦统一时限。据户部议复贵州总督张广泗奏言："'应解宝泉、宝源两局黑白铅斤，请分上下两运，依限解交，于当年十月起解者，于次年三月到部，于当年四月起解者，于九月到部。解员逾限，照例题参'。应如所请。"[②] 黔铅上、下两运各限半年。

需要说明的是，此限专指长运，即自永宁等处领兑铜铅至京师的运输时间。事实上，由厂至店的运输亦有时限。乾隆九年（1744年），因滇铜运官顾景昭逾限，户部奏称："查滇省办运京铜，原系分为八运，前据该督张允随题定，每运自厂发运起，扣限三个月到永宁，又自永宁扣限九个月运抵张家湾，总计扣限一年解到。经臣部议准，照依该督所定限期，依限解运，如愈限未到，即将迟误各员交部议处。等因在案。"[③] 也就是说，滇铜陆运定限三个月。除了运铜限期外，运官自省至局亦不得随意逗留。乾隆七年

① 《皇朝文献通考》卷15《钱币考三》，《景印文渊阁四库全书》第632册，第323页。

② 《清高宗实录》卷185，乾隆八年二月辛亥，《清实录》第11册，第387页。

③ 《户部尚书海望奏为恭奏事》，乾隆九年四月二十三日，《明清档案》第130册，编号：A130—100。

（1742 年），根据云南巡抚张允随的奏请，吏部议定："'滇省解运京铜，威宁、永宁二处铜店委员收发，其长运各官自滇至永，计程二十三站，酌定运官自滇起程，限二十三日到永。如沿途逗留逾限，即行咨参，其处分统听部议'等语。应如所请。"①至此，滇铜自厂至局、由局到京，以及运官自省至局均有明确的时间限定。

同时，为了鼓励运员，如铜铅及时、安全到京，即由户部带领引见，这对基层官员而言，实为莫大殊荣。如乾隆六年（1741 年），协理户部事务纳亲奏："今云南大理府同知戴肇明管解乾隆三年上半运京钱一十七万二千三百一十六串一百六十八文到京，业已照数收讫。据云南巡抚张允随咨称，该员办事老成，才情明晰。又云南府通判卢元管解乾隆五年三运正运户部工部铜五十四万斤，业经据张家湾监督那禅照数查收，具批解部。据云南巡抚张允随咨称，该员人尚明白。臣等遵例将该二员带领引见。"②

但是，京运仍有迟误。上述乾隆七年滇铜四运正运官顾景昭逾限达八个月之久，故户部奏请将其交吏部议处。乾隆十四年（1749 年），户部奏参云南运员吴兴远、周楙短少铜斤，上谕称："向来运解官物委员，一离本省，辄任意稽迟，或捏报守冻、阻风，或假称疾病损失，多方迁延，以遂营私，邻省督抚又以无与己事，漠不关心，及至亏缺，徒事追赔，非仅运铜一事为然。"③可见，虽然有违限议处、完解引见的奖惩规定，但铜铅运输依然问题频发。因此，除了加大违规的惩处力度，进一步细化运输限期。次月，户部议定："一、运解宜定限期。查自永宁至汉口限四个月，已属宽裕，汉口抵通五个月，系照漕船例。惟在汉口、仪征换船换篓停留日期，例报地方官，

---

① 《清高宗实录》卷 180，乾隆七年十二月丙戌，《清实录》第 11 册，第 323 页。

② 《协理户部事务纳亲奏为钦奉上谕事》，乾隆六年七月二十二日，《明清档案》第 104 册，编号：A104—72。

③ 《清高宗实录》卷 338，乾隆十四年四月辛卯，《清实录》第 13 册，第 669 页。

转详咨部扣除，运官藉词稽延。嗣后汉口限四十日，仪征二十日，统核自永抵通，定限十一个月。如逾一月以上，照例查参，领解官革职，委解上司降三级留任。至守风守水，定限已宽，不准扣算。再每运正、协二员，倘沿途有沉溺打捞等事，即令一员前运，如逾限亦不准扣算。”① 汉口、仪征换船的规定明确了运员任意逗留的界线，沉溺打捞与铜铅运输分头进行，以免因此延误时限。乾隆十六年（1751 年），户部又确定由通州、张家湾入局时限："再查铜铅抵通抵湾，即照汉口、仪征换船篓之例，限两个月全数交局。如遇阴雨泥泞，或铜铅并到，车脚难觅，令转运之通州坐粮厅、张湾巡检据实报明，逾限捏饰，将解员及转运之员一并议处。”至此，滇铜自厂至京、运员由省至局及汉口、仪征、通州等处换船均有明确的时间规定。运输限期不但避免了运员的任意逗留，而且也保障了京局币材供给的时效性。

京运之外，各省采买滇铜黔铅的运输范围更广，但尚无明确的时限要求。乾隆三十一年（1766 年），广西巡抚宋邦绥奏请广西办运滇铜往返十八个月，被户部议驳："广西每年额办滇铜，连补色共四十六万余斤，数多分八起运发，计云南剥隘地方起运，自百色至梧州府系下水，自梧州至桂林府省城系上水，共计程限七个月二十一日。倘遇船只不敷雇用及水涸难行，水涨不能赶运，准报明地方官，勘明结报咨部，如无故逗留者查参，庶运员不敢稽延，铜斤得以接济。”② 也就是说，运输时限的规定从京运扩大到各省采买。此后各省纷纷奏报本省运输铜铅时限，如嘉庆《钦定大清会典》载："运官自本省领银赴滇，江苏限六月零二日，江西限两月零十七日，福建限六月零八日，浙江限四月，湖北限三月零四日，陕西限三月，广西限三月零十五日，广东应买滇铜，由滇省委员自厂运至剥隘，交广南府设店收贮，豫咨粤省委员至剥隘领运回粤。自剥隘回省，江苏限七月零十五日，江西限四月零二十一日，福建限八月零五日，浙江限七月零二十一日，湖北限五月零

① 《清高宗实录》卷 341，乾隆十四年五月乙丑，《清实录》第 13 册，第 714 页。

② 《清高宗实录》卷 757，乾隆三十一年三月庚寅，《清实录》第 18 册，第 338 页。

三日，陕西限九月零二十三日，广东限二月零二十二日，广西限三月零十五日。贵州不经剥隘，赴滇回省各县十九日。各省赴汉口买铅，运官领银赴汉及领铅回省，直隶限七月零八日，山西限九月，江苏限二月零二十日，江西限二月零十二日，福建限四月零十六日，浙江限三月零六日，陕西限八月零十四日。四川赴贵州办铅，往回限六月。”①

至乾隆三十年（1765 年）左右，滇铜黔铅京运及各省采买运输均有明确的时间限定，包括铜铅自厂至局、由局至京及沿途汉口、仪征、天津、通州等处换船，运员从省城至局以及由京返回，各省委员至滇、至楚以及运送铜铅回省等诸多方面，几乎覆盖了全国的铜铅运输体系。同时，奖惩并行，违限议处，完解引见。运输时限的规定和完善，不但有利于铜铅运输的有效运行，也保障了全国币材供给的时效性。

三、沿途奏报与动态监管

政府在保障铜铅运输的安全性和时效性方面制定了大量的政策、规定和措施，但是船只沉溺、铜铅短少、运输迟误仍屡有发生。而且，事故发生之时，中央无从知晓。虽有事后惩处和追赔，但无法避免京省各局停炉待铸的局面。因此，乾隆十四年（1749 年），针对云南运员吴兴远、周梂短少铜斤一案，上谕曰：“嗣后运铜事宜，务须加意慎重，其沿途经过各省督抚，朕已传谕，令其将委员守风、守冻及有无事故之处奏闻。至铜铅船只于云贵本省起运，何日出境，亦著该督抚随时折奏。”② 命令云贵督抚于每运铜铅起运之际，将出境日期随时奏报。

但至四川永宁，已非云贵管辖之地，运输沿途各省督抚接续兼管已成必然。皇帝给沿途各省督抚的谕令中明确了具体的兼管事项：“云贵运送铜

① 嘉庆朝《钦定大清会典》卷 14《户部 · 广西清吏司》，《近代中国史料丛刊三编》第 64 辑第 631—634 册，第 745 页。

② 《清高宗实录》卷 341，乾隆十四年五月癸酉，《清实录》第 13 册，第 724 页。

铅一事办理日久，诸弊丛生，经朕于营私亏缺之委员严加惩处，并令该部详议定例，沿途督抚自当实力遵办。但向来铜铅运京原有定限，委员往往逾违，及至抵京交部，又复挂欠累累，总由委员捏报事故所致停滞，以便作弊，而各该省督抚以事不关己，虽有催趱之例，不过以行文查报了事，遂致劣员任意蒙混，肆无忌惮，不思铜铅有资鼓铸，本属公事。凡运送船只由该省起程，于何日出境之处，已传谕云贵督抚奏报。其沿途经过各省份督抚大吏均有地方之责，云贵督抚既鞭长莫及，而各该督抚复视同膜外，殊非急公之道。嗣后铜铅船只过境、出境日期及委员到境有无事故，并守风、守冻缘由，俱应详查明确，随时具折奏闻，一面饬属督催，毋令仍蹈前辙。”[①] 也就是说，铜铅船每到一省，该省督抚均需将其入境、出境时间，守风、守水、守冻的具体原因，以及有无事故等情况，及时奏报中央。

这一政策很快得以实施。如乾隆十六年（1751 年），云南巡抚爱必达奏：“案于乾隆十四年六月十八日承准廷寄，内阁奉上谕：嗣后运铜事宜须加意慎重，其沿途经过各省督抚，朕已传谕，令其将委员守风、守冻及有无事故之处奏闻；至铜铅船只于云贵本省起运，何日出境，亦著该督抚随时折奏，钦此。遵转行，遵照在案。今据粮储道徐铎详据委驻四川永泸店转运京铜大关同知廖方莲报称，乾隆十六年头起加运京铜易门县知县黄有德、临安府经历沈良遇，于乾隆十六年闰五月初三日抵泸州……实该正耗余铜九十四万九百九十一斤六两四钱，俱经照数发足，该委员等即于六月二十日自泸扫帮起程前进。等情转详到臣，除咨明户工二部暨沿途经过各省督抚，转饬地方文武员弁拨护催趱，不许片刻停留，仍稽查有无盗卖情弊外，所有头起加运京铜官自泸开运日期，理合会同云贵总督硕色，恭折奏报。”[②] 爱必达遵照上谕，将乾隆十六年头起加运京铜的委员、铜数及

① 《清高宗实录》卷 341，乾隆十四年五月甲戌，《清实录》第 13 册，第 724 页。

② 《云南巡抚爱必达奏为钦奉上谕事》，乾隆十六年七月二十六日，《宫中档乾隆朝奏折》第 1 辑，第 271 页。

自泸州开行的时间上报。同年，江苏巡抚王师奏：“窃照各省解运铜铅锡斤入境、出境日期，及委员有无事故，并守风、守冻应遵旨奏报。兹据布政使郭一裕详称：……又云南省委员周祚锦等解部乾隆十五年头运加运京铜九十四万九百九十一斤零，带解两郊坛宇工程处正耗铜一十一万四百四十五斤，于乾隆十五年十月二十三日江宁县入境起，由仪征等州县至沛县，于乾隆十六年二月二十七日出江南境……又贵州省委员姚培叙解部壬申年上运白铅一百二十八万九百五十七斤，于乾隆十六年二月初二日上元县入境起，由仪征等州县至沛县，于四月初八日出江南境。等情前来，除将经过各州县及换船、守风等项各日期开明咨部外，所有楚滇粤黔等省铜铅锡斤船只过境缘由，臣谨会同暂管总督高斌循例奏报。”[①] 如此一来，中央即可全程掌握京运动态，将京运过程纳入政府的监管范围之内。

其后，京运沿途各省督抚奏报制度进一步规范，遇事随时奏报，无事年底汇奏。如乾隆二十六年（1761 年），广西巡抚熊学鹏奏：“邻省采办铜铅经过例不奏报，请嗣后各省督抚照运京铜铅，遇有事故奏闻外，其并无疏失事故，仍于岁底将某省采解若干斤，并委员出入境期汇奏。”[②] 熊学鹏的提议引起皇帝的关注，次年（1762 年）正月，上谕军机大臣：“据熊学鹏奏，邻省办运铜铅经过地方，请照运京铜铅之例，一体稽查，随时具奏一折。向来各省于运京铜铅经过，已降旨，令将该境内有无偷漏盗卖情弊，查明具奏。至邻省铜铅经过事同一例，历来并不奏闻，办理原未画一。嗣后凡遇邻省采办铜铅经过，饬各州县一体实力稽查，如有偷盗沉溺情弊，随时具折专奏，若查明并无事故者，只令于岁底将某省办运铜铅若干，并入境出境日期，汇齐折奏。各该督抚其留心饬查妥办，毋得视为具文，著于各督抚奏事

① 《江苏巡抚王师奏为循例奏报事》，乾隆十六年七月十三日，《宫中档乾隆朝奏折》第 1 辑，第 134—135 页。

② 《清高宗实录》卷 651，乾隆二十六年十二月甲午，《清实录》第 17 册，第 298 页。

之便，传谕知之。”[①] 各省采买铜铅与滇铜黔铅京运本属同一运输体系，经熊学鹏此奏，沿途各省督抚奏报制度从京运扩展至各省采买，即中央对铜铅运输的动态监管扩大至全国。如乾隆三十三年（1768 年），湖南巡抚方世儁年底汇奏："窃照钦奉上谕，邻省采办铜铅经过，饬各州县一体实力稽查，如有偷盗沉溺情弊，随时具折专奏，若查明并无事故者，于岁底将某省办运铜铅若干，并入出境汛日期汇齐折奏，钦此。钦遵在案。今据布政使三宝详称：查湖南省乾隆三十三年分，贵州、湖北委员宫绮岫、李华钟、程师贲各管运铜铅入境出境，暨乾隆三十二年分本省委员沙色管运京铅出境，据各县详报，中途并无盗卖沉失等情，除随时详请咨明外，汇详请奏前来。臣伏查无异，谨将乾隆三十三年分邻省铜铅过境及本省京铅出境各日期，缮具清单，会同署理湖广总督印务湖北抚臣程焘恭折汇奏。"[②]

乾隆三十四年（1769 年），上谕又令云南督抚及采买各省督抚，将采买滇铜出境日期、运回各省日期及有无逾限情形奏报，以完善沿途奏报制度。如乾隆三十八年（1773 年），云南巡抚李湖奏："乾隆三十四年十二月二十五日奉上谕，向来京局运解铜铅各员，自滇省开运及经过省份，入境出境日期皆令各督抚随时奏报，是以不敢耽延。而各省采办之员恃无稽核，往往任意滞迟，旷日玩公，实于鼓铸有碍。嗣后此等人员到滇办运开行，即著该抚具奏，其何时运回本省，有无逾限，亦令该督抚核实奏闻。至沿途出入省境期程，并照京局解员之例一体具奏，如有无故停留贻误者，即行指名参究，钦此。钦遵在案。今据署云南布政使龚士模详称：四川委员袁大正于滇省个旧厂采买癸巳年鼓铸锡五万九千三百六十斤，于乾隆三十八年八月二十六日由宣威州扫帮出境。等情前来。除飞咨四川贵州督抚臣接替催趱前进，依限交纳，并咨明户部外，所有四川委员办运锡斤扫帮出境日

---

① 《清高宗实录》卷 652，乾隆二十七年正月丙午，《清实录》第 17 册，第 305 页。

② 《湖南巡抚方世儁奏为遵旨汇奏事》，乾隆三十三年十二月二十四日，《宫中档乾隆朝奏折》第 33 辑，第 101 页。

期，谨恭折奏闻。”[①] 再如该年底，陕西巡抚毕沅奏报：“窃照各省每年委员采办铜斤，应俟运回到局之日，查明有无逾限，具折奏闻。今据西安布政使富纲、驿盐道刘宗珙详称：陕省委员试用县巫邱铭赴滇领运第四运高低正耗余铜四十五万斤，于乾隆三十一年十二月十三日同长安县县丞赵护吉自陕起程……连前实计行七十五日，案奏定自陕赴滇九十日之限，并无逾违。……自乾隆三十七年二月二十一日由剥隘开运起，至三十八年八月二十五日全数交局完竣之日止，除小建九日，共计五百六十五日，内除该委员在广西隆安县铜头滩沉溺铜斤打捞守候以及阻浅起剥……实止行三百日，照定限三百一十二日之例，并无迟误。”[②]

沿途督抚奏报制度的实施使中央能够及时掌握运输动态，便于根据京局所需、运输实况及时调整运输节奏。如乾隆四十四年（1779 年），据户部奏称，京局实存及现收铜 260 万余斤，仅敷五个月鼓铸，“至六月以后之铸务便觉棘手”，故上谕曰：“京局鼓铸最关紧要，自应按限开行，衔尾续至，方无贻误。所有乾隆四十三年头运两起京铜，照大学士公阿桂等奏展之限，应于上年十月起运，何以该督等折内称现今尚未开行，逾限已将十月，迟延殊甚。倘至明年六月以前，此项铜斤未能抵京，局中无铜鼓铸，尚复成何事体”，“著传谕李侍尧等，速将上年头运两起京铜即设法上紧趱运，务于明年五月内抵京供铸，不得仍照寻常期限，致误铸务”[③]。后据滇抚李湖复奏，“头运一起委员姚州知州黄韶音已于四十三年十二月二十日自滇起程，二起委员习峨县知县邵滋于四十四年二月初五日自滇起程”[④]。同月，据云贵总督李侍尧奏报，乾隆四十三年头运一起京铜已于五月从泸州开行，而二起开行

---

① 《云南巡抚李湖奏为遵旨具奏事》，乾隆三十八年十一月初四日，《宫中档乾隆朝奏折》第 33 辑，第 263—264 页。

② 《陕西巡抚毕沅奏为陕省第四运铜委员赴滇运铜回陕交局完竣恭折具奏事》，乾隆三十八年十二月初二日，《宫中档乾隆朝奏折》第 33 辑，第 590—591 页。

③ 《清高宗实录》卷 1087，乾隆四十四年七月壬寅，《清实录》第 22 册，第 601 页。

④ 《清高宗实录》卷 1088，乾隆四十四年八月乙丑，《清实录》第 22 册，第 621 页。

则迟至七八月。故皇帝再谕："著传谕沿途各督抚，即行豫饬各属，遇铜船到境，即遵照前旨，各派大员，统率稽查豫雇船只，以备拨运换船之用，总须上紧催趱，不得仅照寻常期限。其东省闸河以内，五月前正当粮艘重运之时，应令总漕、总河豫定章程，令铜船与粮船分起相间过闸，勿令铜船守候稽时，务使此两运铜船迅速衔尾前进，于明年五月以前全数抵通，以供鼓铸，倘有稽延，惟迟误之该督抚是问。"[①]可见，皇帝要求沿途各省督抚无须遵照常规，运河段内亦不必让漕，确保此两运京铜迅速抵京，以接续京局鼓铸。

根据沿途督抚奏报信息，还能够及时判断各运是否依限运输，如发现迟滞问题，可以及时处理。如嘉庆十一年（1806年），上谕言："据全保等奏黔省运员范光晋续借水脚银两饬催趱运一折，范光晋领运京铅系属上运，其抵楚转在下运吴名馨、王志敬二起之后，业因水脚不敷，于湖北藩库循例借支银五百两，追押催开行，又以沿途患病守风守水，资斧告罄，禀请再借银一千五百两，该督等查明该运员在川耽延一年有余，行抵汉口又停留多日，恐误鼓铸，即照禀借给，押令开帮趱运。该运员任意耽延，滥借银两，该督等既经查明，即应将该员截留查办，一面另委妥员接运。"[②]后据四川总督勒保查奏："据称该员于十年四月内埽帮发运，旋值江水泛涨，例不开运，至八月初间江水稍退，而该员患病沉重，不能起身，直至十一月初九日始痊愈开行"，皇帝因此饬令："嗣后铜铅运员到川，务令迅速开行，不得任令藉辞延误。傥有实系患病者，如为日无多，尚可俟其病愈，催令起程；若察看病难速愈，应即另行派员接运，以重局务。"[③]

当铜铅运输遇到制度性规定，无法及时抵京供铸时，沿途督抚奏制度则为中央灵活应对提供了比较全面的信息。如道光五年（1825年）六月，上谕曰："户部奏，宝泉局库贮铜斤为鼓铸要需，所有在途铜船，请饬该督

① 《清高宗实录》卷1089，乾隆四十四年八月壬申，《清实录》第22册，第627页。
② 《清仁宗实录》卷162，嘉庆十一年六月癸未，《清实录》第30册，第98页。
③ 《清仁宗实录》卷168，嘉庆十一年十月丙子，《清实录》第30册，第187页。

抚设法趱运等语。京运滇铜攸关鼓铸，现在江南一带河道淤浅，铜运船只，恐不免沿途阻滞，著琦善等即饬经过地方文武员弁，相机催趱，迅速前进，务令将抵境铜船设法运京，依限交纳，无误要需，并于运员出境之日，随时报部查核。”[①]京局需铜，而江河水浅，滇铜无法依限运送，故令沿途官员设法解决。至该年九月，两江总督琦善奏请将运京铜铅盘剥过河：“滇省癸未年加运一二起、正运四起、暨甲申年正运一二三起京铜及黔省本年下运两起京铅各船，业已行抵江境，因黄水抬高，湖水未足，难以启放御黄坝，原船不能抵通，请将铜铅全数起剥，一律盘坝换船接运。”[②]铜铅盘剥过御黄坝后，原船不能继运，故琦善又奏请以回空漕船接运。上谕言：“滇黔等省运京铜铅并湖南省办运铅斤，因御黄坝难以启放，原船不能抵通，该督现将剥运漕粮回空船只装载接运，船户未免滋累，加恩著照所请，运京铜铅各船应纳宿迁、临清、天津等关船料税银，免其完纳。”[③]可见，御黄坝盘剥、借用回空漕船接运、运京铜铅原船免纳关税，这一系列的变通措施保障了铜铅依限运京。而中央及江南督抚之所以能及时应变，沿途督抚奏报提供的准确的京运动态信息不可或缺。

由此可见，乾隆十四年（1749年）实施的沿途奏报制度最早运用于京运，由云贵两省及沿途各省督抚将各运铜铅的出入境时间、守风守水守冻缘由及沿途有无事故等情况随时奏报中央，乾隆二十六年（1761年）后，这一制度扩展至各省采买滇铜黔铅的运输，而且形成有事随时奏报、无事年底汇奏的规定。沿途奏报制度的实施为中央提供了铜铅运输的动态信息，便于根据京局需铜、运输实况及时调节运输节奏，随时发现运输过程中的违规现象并予以处理，为弹性处理各类突发事件提供了必要信息，是确保铜铅运输体系的有效运转、保障全国币材供给的制度保障。

---

① 《清宣宗实录》卷83，道光五年六月戊辰，《清实录》第34册，第344页。

② 《清宣宗实录》卷88，道光五年九月壬辰，《清实录》第34册，第410页。

③ 《清宣宗实录》卷89，道光五年九月壬寅，《清实录》第34册，第421页。

第三章　清中期西南矿业兴盛与边疆经济发展

清中期，西南地区已发展成为全国最大的矿业生产基地，随着全国币材供给格局的转变和铜铅运输体系的形成，滇铜黔铅供给京省各局，成为清中期币材安全的重要保障。对于西南边疆而言，以滇铜黔铅为代表的矿业兴盛，带动了交通运输业、商业贸易、农业等相关产业的发展，这不但使产业结构发生了重大改变，而且促使西南边疆经济整体跃升了新的台阶，成为边疆地区安全与稳定的经济基础。

第一节　云南的矿业经济

清中期，云南以滇铜为主的矿业开发规模扩大，产量大幅度提高，从业人员增加，这已成为学界的共识。但是，现有的成果主要集中于滇铜，对于其他矿种则涉及较少[①]。因此，笔者在前人研究的基础上，对清前期云南

---

① 相关研究主要有：严中平：《清代云南铜政考》，中华书局1946年版；［美］李中清：《中国西南边疆的社会经济：1250—1850》，林文勋、秦树才译，人民出版社2012年版；马琦：《国家资源：清代滇铜黔铅开发研究》，人民出版社2013年版；杨寿川：《云南矿业开发史》，社会科学文献出版社2014年版。

主要矿种的产量、产值及从业人口等方面进行系统考察，以反映这一时期云南矿业经济的发展盛况。

一、铜矿业

关于清代滇铜的产量，20 世纪 40 年代，严中平根据其整理的历年京运、本省鼓铸及各省采买量，推算出乾隆五年至嘉庆十六年的滇铜产量，绝大部分年份的产量均超过 1000 万斤，最高 1467 万余斤[①]。但是，销量与产量并非同步，以销量推算产量的方法无法反映其波动过程。80 年代，韦庆远在清宫档案中发现了云南乾隆元年至乾隆三十四年的历年办获铜斤数目清单，证明清代存在与滇铜产量相关的原始数据记录。与此同时，李中清根据清代档案、《清实录》及云南督抚奏折汇编中搜集到 63 个年份的云南办获官铜数据，并与严中平的结果进行比较，认为“新的办获铜数与原来估计的铜的消耗量之间的出入非常大”[②]。21 世纪初，杨煜达以厂民有利可图为前提，通过成本核算，将通商铜和私铜的比例扩大到 25%[③]。这一方法虽然另辟蹊径，却忽视了“厂欠”对成本核算的影响[④]，进而使产量估算的误差扩大。10 年后，杨氏再次利用清代档案中的官铜数据、滇铜制度和铜厂定额，重建了 1721—1850 年滇铜产量[⑤]。滇铜制度与实际执行并不完全相符，且铜厂定额处于变化之中，以此重建产量误差较大。值得注意的是，以清代现存官铜数据为基础的研究方法的再次回归，证明这类史料在清代滇铜产量研究中的重要性。

---

① 严中平：《清代云南铜政考》，中华书局 1946 年版。

② ［美］李中清：《中国西南边疆的社会经济：1250—1850》，林文勋、秦树才译，第 269—276 页。

③ 参见杨煜达：《清代云南铜矿开采对生态环境的影响研究》，《中国史研究》2004 年第 3 期。

④ 参见马琦：《清代滇铜“厂欠”与“放本收铜”》，《历史档案》2015 年第 2 期。

⑤ 杨煜达：《清代云南铜矿地理分布变迁及影响因素研究：兼论放本收铜政策对云南铜业的影响》，《历史地理》编辑委员会编：《历史地理》第 29 辑，上海人民出版社 2014 年版，第 203—236 页。

笔者曾广泛搜集清代档案、云南督抚奏折汇编中有关滇铜的奏销数据，分析这些数据的来源、种类、差异及可靠性，并结合清代滇铜相关制度，重建了康熙六十年（1721 年）至咸丰三年（1853 年）的滇铜产量序列。研究结果表明，滇铜总产量达 115373.7 万斤，年均 969.5 万斤，其间跌宕起伏，最高产量为乾隆五十六年（1791 年）的 1466.98 万斤，最低为康熙六十年的 70 万斤，相差几达 20 倍，其中，乾隆元年（1736 年）至道光二十年（1840 年）的一个多世纪中，滇铜总产量为 10.29 亿斤，年均 1061 万斤[①]。

按照官府核算价格，滇铜每百斤价银 9.2 两推算，滇铜矿业年均产值为白银 97.6 万两，最高为 135 万两。但是，官府核算价格并不等于市场价格。云南巡抚张允随奏报雍正十一年（1733 年）办获滇铜余息时称："又威宁店卖过贵州采买毕局鼓铸铜三十三万五千八十五斤四两，每百斤收价银九两八钱，共收过银三万二千八百三十八两三钱五分零；又东川店卖过四川采买铜一十四万八千八百斤，每百斤收价银一十一两，共收价银一万六千三百六十八两；又永宁店卖过各省采买铜一百七十万二千五百八十八斤五两，每百斤收价银一十三两"[②]；次年，百色店、剥隘店卖广东铜，每百斤价银分别为 12.4 两和 12.3 两[③]；雍正十三年（1735 年），云南"省店卖过铜一十五万九千五百三十一斤，每百斤收价银九两七钱五分，共收价银一万五千五百五十四两二钱七分二厘五毫；东川店卖过铜一百五十七万二千四百四十九斤七两七钱六分，每百斤收价银一十一两，共收价银一十七万二千九百六十九两四钱四分三厘三毫零；永宁店卖过铜一万一千一十七斤十两八钱八分，每百斤收价银一十三两，共收价

① 马琦：《清代滇铜产量研究：以奏销数据为中心》，《中国经济史研究》2017 年第 4 期。

② 《云南巡抚张允随题报雍正十一年份各铜厂办获铜斤余息银两数目事》，乾隆元年五月二十九日，中国第一历史档案馆档案，02-01-04-12866-010。

③ 《云南巡抚张允随题为奏销雍正十二年份滇省办获铜斤实息银两事》，乾隆元年十月二十八日，中国第一历史档案馆档案，02-01-04-12932-005。

银一千四百三十二两二钱九分八厘四毫”[①]。可见，雍正末年，云南省城、东川、剥隘、贵州威宁、四川永宁、广西百色等处铜店所售滇铜的价格，从每百斤价银 9.75 两至 13 两不等，均高于官府核算价格。这一时期滇铜尚未正式京运，京局仍然以外来洋铜和废铜供铸，官售价格可在一定程度上反映市场价格。至乾隆朝中期，云贵总督阿里衮、云南巡抚明德奏称：“采获铜斤交官，每百斤领价银五六两不等，私卖则得银十一二两。”[②]以市价每百斤价银 11 两计算，清中期滇铜矿业产值年均 116.7 万两，最高可达 161 万两。

传统时期的矿业是典型的劳动密集型产业，清中期云南矿业的发展与从业者的数量密不可分。如乾隆十一年（1746 年），云南总督张允随奏称：“滇南田少山多，民鲜恒产，又舟车不通，末利罕有，唯地产五金，不但本省民人多赖开矿谋生，即江西、湖广、川、陕、贵州各省民人，亦俱来滇开采……大抵滇、黔及各省居其二三，湖广、江西居其七八。现在滇省银、铜各厂聚集攻采者，通计何止数十万人，皆食力谋生，安静无事。”[③]可见，滇矿生产者人数众多，且大多来自内地省份。也就是说，矿业的发展提供了相当多的新增就业岗位。但是，张允随的描述无法反映从业者的具体数据。李中清认为，云南矿业“在其极盛期，可能不多于 20 万矿工，其中至多一半在铜矿业，另一半在其他矿业”[④]。这与笔者按人均矿产量推算的结果基本一致[⑤]。

---

① 《议政大臣协理户部事务讷亲题为遵旨察核滇省雍正十三年分各铜厂办获铜斤价值事》，乾隆五年闰六月初五日，中国第一历史档案馆档案，02-01-04-13257-014。

② 《云贵总督阿里衮云南巡抚明德奏为请定分管厂务之规以清宿弊事》，乾隆三十三年八月二十二日，转引自《清代的矿业》（上册），第 146 页。

③ 张允随：《张允随奏稿》（下册）《奏为遵奉查奏并备陈亿万厂民生计事》，乾隆十一年五月初九日，《云南史料丛刊》第 8 卷，第 683 页。

④ ［美］李中清：《中国西南边疆的社会经济：1250—1850》，林文勋、秦树才译，第 295 页。

⑤ 马琦：《国家资源：清代滇铜黔铅开发研究》，第 127—132 页。

二、银矿业

清代云南的银矿抽课颇具规模。康熙四十四年（1705 年）至四十六年云贵总督贝和诺题定，年征课银 62313 两[①]，但其后银厂产量下降，课银大多征不足额。如康熙六十年（1721 年），云贵总督张文焕、云南巡抚杨名时奏："滇南山谷素产银矿，设厂收课，国赋攸关。臣等检齐历年题报之案，唯石羊、个旧二厂为滇省大厂，自五十二年矿沙衰微，抽收不敷，前抚臣不敢遽以缺额具题，每年虽奏报全完，而实则虚悬无著。至五十六年秋季，共计不敷银十万两有零……自五十六年冬季起至五十九年秋季止，又共计不敷银七万二千七百七十四两零。"[②]雍正初年，银厂依然不见起色。如云南总督鄂尔泰奏："窃照滇省各厂，臣自到任后调剂稽查已逾一载，仰赖圣主洪福，近来各有头绪，渐次兴旺，查雍正三年各银厂缺额银共一万三千五百余两零，今核算雍正四年分各银厂应完额课银六万六千四百余两零，内据报收过课银六万一千四百余两零，止缺额银五千三十二两零，较之雍正三年分少缺额银八千四百九十余两。"[③]直到雍正末年，银厂实征课银才超过定额。如乾隆元年（1736 年），云南巡抚张允随奏销雍正十三年份云南矿课银时称："查石羊、个旧等厂节年多有缺额，除将个旧锡厂锡斤票税盈余，并各金厂余金变价银两尽数拨抵，尚有不敷，仍于盐规银内拨补足额。今雍正十三年分各银厂较前旺盛，除足额外实余课银五千五百九十七两二钱八分零。"[④]可见，清代云南银厂的实征课银大多数情况下与定额并不相等，而以缺额或溢额为常态。

---

① 雍正《云南通志》卷 11《课程 · 厂课》,《景印文渊阁四库全书》第 569 册，第 369—370 页。

②《户部左侍郎三和题为核查云南省乾隆七年分收获课金课银锡斤票税等项数目事》，乾隆八年九月二十九日，中国第一历史档案馆档案，02-01-04-13644-005。

③《云南总督鄂尔泰奏为报明厂务情形事》，雍正五年闰三月二十六日，《雍正朝汉文朱批奏折汇编》第 9 册，第 525—526 页。

④《云南巡抚张允随题报雍正十三年份滇省抽收金银铜锡各丁税课银数事》，乾隆元年六月二十八日，中国第一历史档案馆档案，02-01-04-12932-004。

雍正元年（1723 年），户部规定："云南厂课，将元年正月起至十二月止征收课项，于二年五月内造册题报，嗣后永为定例。"[①]自此以后，云南督抚每年五月之前，将上一年度全省矿课征收情况编造清册，上报户部核销，形成了云南矿课年度奏销制度。笔者搜集到自雍正二年（1724 年）至咸丰三年（1853 年）的云南矿课年度奏销档案共计 91 份。从奏销资料看，乾隆七年（1742 年）以前，云南矿课奏销中的银课统计内容包括全省定额、缺额、溢额数据。如乾隆四年（1739 年），云南巡抚张允随奏销乾隆三年份云南矿课时称："滇省石羊、个旧等银厂乾隆三年分额课银六万六千四百八十三两七钱七厘零，内石羊厂缺额银一万七千六百九十八两二钱九分零，将锡斤票税余金等项盈余银拨补银六千四百三十三两九钱四分零抵补外，仍缺额银一万一千二百六十四两三钱五分零……查石羊厂缺额，因开采年久，硐老山空，兼之雨水过多，嘈洞被淹，人力难施，以致缺额。除将锡斤余金变抵外，其余遵照原题，尽收尽解，据实奏报，已于册内逐细登明……募乃厂课银三百两。"[②]因此，根据全省年度银课定额、缺额、溢额数据，可以重新计算全省实征银课总量，并依据分项数据将锡、金课盈余银从中减除，重新统计云南全省历年银课数据。

乾隆七年以后，云南根据户部咨文："查滇省金银锡各厂所收课银，有余不足，通融拨补之处，虽于康熙六十年，经原任巡抚杨名时题准有案，但节年奏报册内，并未将某厂盈余若干、某厂缺额若干，详细开造，无凭查核。嗣后造报厂课奏销，务将有余、不足之厂，逐一于册内声明，具题查核。"[③]虽然各厂通融拨补，但年度矿课奏销中新增各银厂定额、缺额和溢额

① 雍正朝《大清会典》卷 53《课程五 · 杂赋》，《近代中国史料丛刊三编》第 77 辑第 761—776 册，第 3203 页。

② 《云南巡抚张允随题请核销乾隆三年分金银铜锡各厂抽收课银事》，乾隆四年七月二十六日，中国第一历史档案馆档案，02-01-04-13203-004。

③ 《户部左侍郎三和题为核查云南省乾隆七年分收获课金课银锡斤票税等项数目事》，乾隆八年九月二十九日，中国第一历史档案馆档案，02-01-04-13644-005。

数据，为重新计算、统计各银厂实征银课及全省实征银课数据提供了更多的原始数据。如乾隆十六年（1751 年）云南矿课奏销中称："除石羊、个旧二厂不叙额课外，该本司查得，滇省马腊底、土革喇等银厂应征额课银一万一千三百五十八两五钱五分六厘零。今据各厂报解，及各子厂课银，并锡斤票税等项，共银四万九千五百一十六两六钱二分七厘零，内除抵补额课外，尚盈余银三万八千一百五十八两七分一厘零。又石羊厂报解课银三百三十一两五钱六分七厘零，个旧厂报解课银六千六百五十四两三钱八分五厘零，又个旧厂锡价银四千两，募洒厂课银三百两，茂隆厂课银五千六百七十七两三钱七分九厘零。"[①] 根据有定额的银厂额度及溢额或缺额数据，可以计算实征银课数据，而无额银厂则尽收尽解，即实征银课。乾隆三十年（1765 年）以后，有定额的银厂仅有 9 个，其他银厂均为尽收尽解。如乾隆三十三年（1768 年），"安南等银厂应征课银七千八百三十四两三钱一分四厘，各厂报解课银三千六百五十八两二钱三分六厘，又各子厂报解课银三万一两二钱四分六厘，共银三万三千六百五十九两四钱八分二厘，内除拨补额课银外，盈余银二万五千八百二十五两一钱六分八厘"[②]，石羊、个旧、永盛、三道沟、茂隆等厂课银均尽收尽解。因此，根据云南矿课年度奏销中的银课分项数据，重新计算、统计全省历年实征银课量，并制图如下：

① 《云南巡抚爱必达题报滇省金银铜锡各厂乾隆十六年抽课银数目事》，乾隆十七年六月初十日，中国第一历史档案馆档案，02-01-04-14610-001。

② 《户部尚书官保题为遵旨察核滇省乾隆三十三年金银铜锡各厂课银数目事》，乾隆三十四年十一月十五日，中国第一历史档案馆档案，02-01-04-16118-010。

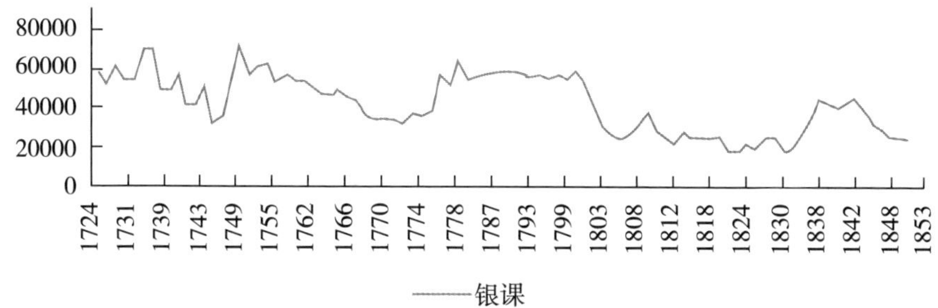

图 3-1　1724—1853 年云南银课量变化（单位：两）

上图所示，雍正十三年（1735 年），云南实征银课总额已达到历年最高值，约 7.2 万两，此后银课在波动中逐渐降低，形成了乾隆元年（1736 年）至乾隆十四年（1749 年）、乾隆十五年（1750 年）至四十三年（1778 年）、乾隆四十四年（1779 年）至道光十八年（1838 年）三次较大的波动，且周期逐渐延长，重心下移。

云南银厂课税率，不同时期差异较大。康熙末年，个旧、石羊二厂衰落导致银课征不足额，雍正时期开化府马腊底银厂崛起，促使银课从缺额向溢额转变。雍正十二年（1734 年），张允随奏称："雍正十一年份据管理各厂人员陆续报到，各银厂抽收课银较之上年多收课银二万余两。其中，开化府属马腊底旧厂之旁另开新硐，自雍正十年十一月内采获，矿砂甚属旺盛，经臣具折奏闻。今十一年抽获课银一万九千四十二两零，除额课银七百五两零外，余课银一万八千三百三十余两，抵补各老厂之缺额。"① 推算马腊底厂的税课率为 18%②。乾隆四十一年之后和道光十八年之后，云南实征银课量两次回升，与新开乐马、回龙、东升三厂有直接的关系。乐马、回龙二厂

① 《云南巡抚张允随奏为奏报银铜厂务增收课息事》，雍正十二年五月二十七日，《雍正朝汉文朱批奏折汇编》第 26 册，第 440 页。

② 雍正朝《大清会典》卷 53《课程五・杂赋》，《近代中国史料丛刊三编》第 77 辑第 761—776 册，第 3204 页。

“每银一两抽正课银一钱五分，撒散三分”[①]，课率仍为18%；东升厂“每银一两抽课银一钱三分五厘”[②]，课率为13.5%。因此，确定雍正、乾隆、嘉庆三朝云南银厂课率为18%，道光朝课率为15%。由此重建清代云南银产量序列，并制图如下：

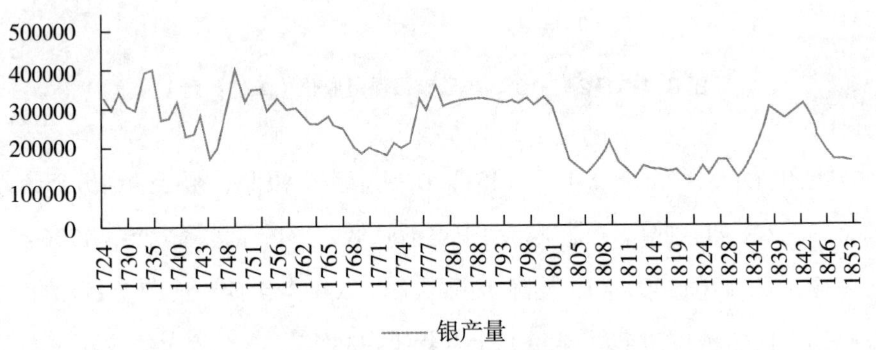

图3-2　1724—1853年云南银产量变化（单位：两）

上图所示，雍正至道光时期，清代云南银矿总产量2249万两，年均24.7万两左右，雍正十三年的云南银产量达到历年最高值，约40万两。此后，银产量在波动中逐渐降低，形成了乾隆元年至乾隆十四年、乾隆十五年至四十三年、乾隆四十四年至道光十九年三次较大的波动。白银为清代法定货币，银厂产量即为银矿业产值。

三、铅锌锡矿业

因本省铸钱的需要，清代云南的铅锌矿的开采已有一定规模。笔者曾考证过清中期云南黑白铅的产量：雍正七年（1729年）为67万余斤，此

---

① 阮元、伊里布修，王崧、李诚纂：道光《云南通志稿》卷73《食货志八之一·矿厂一》，道光十五年刻本。

② 吴其濬：《滇南矿厂图略》卷2《银厂第二·丽江府属》，顾廷龙主编《续修四库全书》第880册，上海古籍出版社1996年版，第181页。

后快速增长，乾隆二十四年（1759年）以前达282万余斤，其后逐渐下降，乾隆三十六年（1771年）为217万余斤，乾隆五十年（1785年）后降至69万余斤，嘉庆朝后期仅为55万余斤[①]。铅斤市价未见记载，然各厂所抽课铅就地变价，其价格可大致反映当时市价。乾隆八年（1743年），户部复核云南乾隆七年矿课奏销时称："卑浙、块泽二厂抽收课铅一十一万七千五百四十三斤，每百斤变价银二两，共变价银二千三百五十两八钱六分。"[②]按每百斤价银2两推算，乾隆朝前期云南铅矿业产值约银2.5万两，乾隆朝后期至嘉庆朝，产值仅为6千余两白银。

关于清中期云南锡矿的记载较少。雍正《云南通志》载："个旧银锡厂坐落蒙自县地方。康熙四十六年（1707年）总督贝和诺为题明事，每银一两抽课一钱五分，撒散三分，该课银三万三千六百一十三两七钱八分；每锡百斤抽课十斤，该课银四千两，二项共年该课银三万七千六百一十三两七钱八分，遇闰加银三十八两。"[③]可见，云南锡厂按产量的10%抽课，个旧厂课锡变价，年征银4000两，此后即为定额。此外，雍正《云南通志》载："个旧锡厂锡票税银，雍正二年（1724年）总督高其倬于《遵旨查奏铜斤利弊案》折内奏明：个旧锡厂锡税锡课外，各商贩锡出滇，九十斤为一块，二十四块为一合，每合例缴税银四两五钱，年收税银二千七八百、三千余两不等，原无定额。"[④]锡票银即个旧锡斤外销之商税。

雍正六年（1728年），云贵总督鄂尔泰臣奏称："据布政使张允随开报，每年正杂钱粮、平头羡余银八千四百余两；又个旧锡厂抽收锡斤并锡票税银等项，除报部额课七千一十五两外，每年约余银五千余两。"[⑤]可见，除锡厂

① 马琦：《国家资源：清代滇铜黔铅开发研究》，第294—295页。

② 《户部左侍郎三和题为核查云南省乾隆七年分收获课金课银锡斤票税等项数目事》，乾隆八年九月二十九日，中国第一历史档案馆档案，02-01-04-13644-005。

③ 雍正《云南通志》卷11《课程·厂课》，《景印文渊阁四库全书》第569册，第369页。

④ 雍正《云南通志》卷11《课程·厂课》，《景印文渊阁四库全书》第569册，第372页。

⑤ 《世宗宪皇帝朱批谕旨》卷125，《云贵总督鄂尔泰奏为覆奏酌均公件耗羡遵旨宽裕留给以广圣恩事》，雍正六年六月十二日，《景印文渊阁四库全书》第420册，第479页。

定额课银4000两外，锡票税银亦定额3015两，该年实征银达1.2万余两。但是，锡矿业的迅速发展超出了本地的市场需求，导致锡斤难以销售，大量堆积。如雍正九年（1731年），云南巡抚张允随奏报："臣查自升任藩司李卫（雍正二年二月）起，历任正署各官共存（个旧）厂锡五十二万二十斤，每锡二千二百二十斤为一票，共存锡二百三十四票；又臣到布政司（雍正五年十二月）任起至八年年底止，共存厂锡五十一万二千四百三十三斤，计二百三十票。新旧共存锡一百三万二千余斤，计四百六十五票。"[①]雍正二年二月至八年年底共计六年十个月，除已变价课锡外，尚存课锡103万余斤。如以10%的课税率推算，平均每年锡产量不低于172万斤。乾隆元年，云南"给过各商锡票七百零八张"[②]，则该年外销锡达157.2万斤。

至于锡在云南的价格未见明确记载。雍正四年（1726年），云南地方政府组织课锡外运销售，押运官巡检周国忠所领锡斤，"路过广西南宁府等处，见有微利，随时卖完"，而按运官建水州吏目张元灿言所领锡九十七票，除路过广西被桂林府知府王沛闻"硬将官锡留下一万二千五百七斤零抵作土税银七百三十五两零"外，其余锡斤至杭州卖获银14791两[③]。按锡每票二十四块，每块重九十斤，合计2160斤，则广西桂林锡每百斤价银5.8767两，浙江杭州价银7.5076两。按周、张二人所运销锡斤自蒙自走广南，出剥隘达百色，然后沿水路抵达桂林。据笔者研究，这段路程正是此后各省采买滇铜的必经之路[④]，兹参照铜运运费作一分析。蒙自县城至剥隘十七站，加之个旧至蒙自县城六十里，共计十八站。云南境内铜斤陆运，乾隆九年之

① 《云南巡抚张允随奏报借动脚价运销锡斤折》，雍正九年六月初四日，《宫中档雍正朝奏折》第18辑，第311页。

② 《云南巡抚张允随题为题明事》，乾隆二年七月八日，《内阁大库档》，编号：000081342。

③ 《世宗宪皇帝朱批谕旨》卷174，《浙江巡抚李卫奏为报明臣前任经手锡厂变价归清事》，雍正四年十一月二十日，《景印文渊阁四库全书》第423册，第63页。

④ 参见马琦：《清代各省采买滇铜的运输问题》，《学术探索》2010年第4期。

前为每百斤每站价银八分五厘，之后增至一钱二分九厘二毫[①]；而“自剥隘运至百色，每一百斤水脚银八分，自百色运至广西省城，每一百斤水脚银五钱九分七厘有奇，沿途杂费银九分七厘”[②]。自个旧厂至广西桂林，每铜百斤需运杂费银2.304两，运锡亦应相差无几，则推算云南个旧厂锡价为每百斤3.696两。以此计算，雍正年间，云南锡矿业年产值约为白银6.3万两。

乾隆五年京省各局改铸青钱，锡成为配铸币材，销路的扩展拉动了滇锡的生产。次年（1741年），个旧锡厂抽收锡斤、票税、盈余等项银6781.476两，还有未变价课锡银1113.614两[③]。两者合计，较之定额增加了12.54%，推算锡产量约为122万斤，产值约为4.5万两白银。乾隆朝中期以后，由于铜产量下降，各省被迫消减铸钱量，锡的销售再次面临减少，产量亦随之下降。成书于乾隆五十一年（1786年）的《蒙自县志》记载：“乾隆三十八年（1773年），抚宪李以（个旧厂）每年抽报逐渐短少，饬令照三十七年例抽报。今按年抽解银课银一千九百六十九两八钱五分二厘，每季解银四百九十二两四钱六分三厘，按季批解。”[④]乾隆三十七年个旧锡厂课银数该书不载，所谓“今”按年抽课银1969.852两，应指乾隆五十一年左右。另据该书记载：个旧厂锡“每百斤详价四两三分六厘一毫”[⑤]，推算乾隆末年云南锡产量约为48.8万斤，年产值为1.97万两白银。

四、盐矿业

滇产卤水，柴煎成盐，供应本省民食。故井盐也是清代云南重要的非

① 《云南总督张允随奏为京铜运脚不敷等事》，乾隆九年六月十六日，《明清档案》第131册，编号：A131—102。

② 嘉庆朝《钦定大清会典事例》卷175《户部·钱法·直省办铜铅锡》，《近代中国史料丛刊三编》第65辑第642—670册，第8047页。

③ 《云南巡抚张允随奏为题明事》，乾隆七年六月十九日，《明清档案》第112册，编号：A112—106。

④ 李焜纂修：乾隆《蒙自县志》卷3《厂务》，嘉庆二年刊本。

⑤ 乾隆《蒙自县志》卷3《厂务》。

金属矿产，但却往往被矿史学者所忽视。雍正《云南通志》载：雍正十年（1732年）题定，云南各井额煎盐27287436斤，每百斤售价银1.3两至2.8两不等，除按板、丽江、磨黑、猛野、乌得等井系夷民自煎外，额设灶丁1478名[①]。如按每百斤价银2两推算，则盐业年产值约银55万两。灶丁又称灶户，不但是盐业生产基本单位，而且是登记在册的户头，具有卤水分配权[②]。井盐生产是劳动密集型产业，除灶户煎盐外，汲卤、运送、挖灶、掌灶、帮灶、烧火等均需人力。因此，曾任黑井盐课提举司的沈懋价感慨："察新旧之灶户已二百八十丁矣，一丁可用六人，岂不近千人乎！"[③]而白盐井对灶丁的管理则直接以户为单位编排[④]。由此估计，雍正末年滇盐生产者接近万人。

乾隆十六年（1751年），题定云南各井煎盐定额30895217斤，每百斤加秤头盐28斤[⑤]。另据迤南道道员屠述濂《请改云南盐法议》中言："窃查滇省盐井二十八区，以供十府三厅四州民食，设立提举大使等官，分辖经管，预领薪本，督率灶户，每年煎办额盐三千七百一十万六千二十斤，按月交存井仓。"[⑥]虽然屠氏任迤南道在嘉庆初年，但此处所言滇盐额数则为乾隆朝中期。可见，乾隆朝滇盐年产量在3700万斤以上。乾隆三十六年（1771年），黑、白、安丰各大井盐斤售卖，"每百斤加至二两九钱至三两不等"，至三十九年，"两迤各小井酌增卖价三钱"，亦达一两八钱至二两一钱不

① 雍正《云南通志》卷11《盐法》，《景印文渊阁四库全书》第569册，第350—352页。

② 张柏惠：《以丁之名——再论明清云南黑、白、琅井盐课提举司的赋役征派》，《盐业史研究》2016年第3期。

③ 沈懋价纂订：康熙《黑盐井志》卷6《艺文》，参见杨成彪主编：《楚雄彝族自治州旧方志全书·禄丰卷下》，云南人民出版社2005年版，第770页。

④ 刘邦瑞纂修：雍正《白盐井志》卷5《赋役·盐课》，《中国方志丛书》第145号，台北成文出版社1968年版，第77页。

⑤ 龙云等修，周钟岳等纂，李春龙等点校：民国《新纂云南通志》卷147《盐务考一·沿革一》，第7册，云南人民出版社2007年版，第153页。

⑥ 民国《新纂云南通志》卷147《盐务考一·沿革一》，第7册，第146页。

等[①]。因黑白安琅等大井的盐产量占滇盐总量的70%以上，故此番提价之后，滇盐每百斤的平均售价应不低于2.5两，推算滇盐年产值超过90万两白银。

嘉庆四年（1799年），因盐斤滞销、课额不敷，云贵总督兼署云南巡抚富纲奏请民运民销，仍以每年额办正余平盐37106100斤为额，颁引征课[②]。嘉庆八年（1803年），更定各井额盐，共计38473946斤；至嘉庆二十五年（1820年），盐斤定额又增至39428100斤[③]。道光《云南通志稿》载，各井现行定例，共煎销额盐43312156斤，额设灶丁2222名[④]。可见，嘉道时期，滇盐产量有显著增加，按之前销售价格推算，滇盐年产值达白银108万两。

通过以上分析可知，清中期，云南铜、银、铅、锌、锡、盐等矿的年均产量超过5000万斤，年均产值约白银250万两，从业者超过20万人。加之其他矿种的采冶，云南矿业经济的规模则更为可观。尤为重要的是，这一时期云南从事矿业生产的人口大多来自外省移民，矿业的兴盛不但创造了数量众多的就业岗位，而且在一定程度上扩大了云南的人口数量，还促进了相关产业的发展。

第二节　贵州、川南地区的矿业经济

以黔铅为代表的贵州矿业开发时间长，生产规模大，销售范围广，与以滇铜为代表的云南矿业相似，同为清中期矿业兴盛的主要表现。但是，因黔铅资料相对分散，清代黔铅研究相对滞后。四川大渡河以南的宁远府、雅

① 《云南巡抚李湖奏为查勘西南两迤盐井情形酌筹拨补调剂仰祈圣鉴事》，乾隆三十九年七月十八日，《明清档案》第36册，编号：A36—111。

② 《云贵总督兼署云南巡抚富纲奏为滇盐酌归民运民销仰祈圣鉴事》，嘉庆四年六月二十九日，中国第一历史档案馆档案，04-01-35-0482-01。

③ 民国《新纂云南通志》卷147《盐务考一·沿革一》，第7册，第163页。

④ 道光《云南通志稿》卷71《食货志七之一·盐法上》、卷七十二《食货志七之二·盐法下》。

州府、嘉定府、叙州府及石柱、酉阳等长江南岸等处位于云贵高原、川西高原向四川盆地的过渡地带，也是清中期矿业发展的主要区域之一。笔者将其统称为川南地区，与贵州一起，论述这一地区的矿业经济。

一、贵州矿业经济

铅锌矿是清中期贵州矿业的代表性矿种，时人专称黔铅，包括黑铅、白铅两种。据笔者研究，雍正二年（1724年）至咸丰四年（1854年）的131年中，贵州白铅总产量7.33亿斤，年均559万斤，最大年产量为乾隆十三年（1748年）的1716万斤，最低年产量为乾隆九年（1744年）的116万斤；从雍正三年（1725年）至道光二十五年（1845年），贵州黑铅年均产量69.8万斤，最大年产量为雍正六年（1728年）的211.7万斤，最小年产量为雍正三年（1725年）的10.7万斤[①]。同时，笔者依据产量推算，雍正七年（1729年）至雍正十三年（1735年），黔铅矿区从事采冶的矿民从2.9万人增至4.6万人；乾隆十三年（1748年）矿民急剧增加，达10.7万余人；乾隆四十三年（1778年）、乾隆五十六年（1791年）、嘉庆六年（1801年）、嘉庆二十一年（1816年）、道光九年（1829年）、道光二十五年（1845年）黔铅矿业人口分别为6.3万、4.8万、5.2万、5.6万、5.7万和2.3万人，主要为内地移民，来自江西、湖南等省[②]。

黔铅产值与市价相关。雍正六年（1728年），云南总督鄂尔泰奏称：雍正初年云南设局，采买黔铅鼓铸，“滇省买价每百斤丁头山议定银一两六钱，齐家湾议定银一两五钱，马鬃岭议定银一两四钱”，其后云南不再采买黔铅，导致“每铅百斤厂价已减至八九钱一两不等”，故奏请官买余铅，转销汉口，售予京商，“约计工本、脚价、盘费每百斤共银三两五钱，而汉口之价则四

---

① 参阅马琦：《多维视野下的清代黔铅开发》，社会科学文献出版社2018年版，第101、104页。

② 参阅马琦：《多维视野下的清代黔铅开发》，第179、180、181、183、188页。

两五钱，每百斤实获息银一两”[①]。可见，官府定价远低于市场价格。根据转销获息推算，贵州白铅在厂市价约为每百斤价银2两。乾隆五年（1740年）四月至六年（1741年）三月，贵州“拨运自砂硃、莲花、月亮岩三厂共运永宁、綦江二处新旧收买课余白铅二百八万七千九百七十一斤，每百斤用脚费自八钱七分至一两不等”，又“于永宁卖过砂硃、莲花二厂运存旧余铅三十四万五百斤，每百斤卖银三两九钱”[②]。永宁黔铅主要售予四川，可视为以市价销售。除去自厂至永的运费，推算黔铅厂价约为每百斤白银3两。乾隆二十一年（1756年）四月至二十二年（1757年）三月，永宁所售黔铅仍为每百斤价银三两九钱，然“莲花厂发运永宁铅四百九十万九千九百八十斤，每百斤用脚费银一两四钱七分五厘六毫零”；“福集厂发运永宁铅四十一万五千六十一斤零，每百斤用脚费银一两五钱三分八厘九毫零”；“猓木底厂发运永宁铅一百九十八万斤，每百斤用脚费银一两五钱三分八厘九毫零”[③]。虽然福集、猓木底二厂至永的运价较高，但莲花厂运铅量最大，故将自厂至永每铅百斤的运费定为一两五钱较为合适，以此推算黔铅厂价约为每百斤价银2.4两。嘉庆年间，黔铅产量下降，不敷加运，贵州不得不采买商铅凑拨。据嘉庆二十三年贵州巡抚朱理奏称：“历任领办加办白铅，工本每百斤一两八钱，收买商铅价银二两五六钱不等，须津贴银七八钱。”[④]也就是说，黔铅市价在每百斤价银二两五六钱之间。兹以2.5两推算，黔铅年均产值约为银16万两，最高超过40万两白银。

清中期贵州亦设厂产铜。雍正十年（1732年），大定府设立格得铜

---

① 《云南总督鄂尔泰奏为奏明借动库项收铅运售获息情由仰祈圣鉴事》，雍正六年十月二十日，《雍正朝朱批汉文奏折汇编》第13册，第721页。

② 《协理户部事务讷亲题为详明筹办厂务并恳题请借帑买运余铅以便厂民以济公项事》，乾隆七年四月初四日，中国第一历史档案馆档案，02-01-04-13450-013。

③ 《署贵州巡抚周人骥题为详明筹办厂务等事》，乾隆二十四年正月二十一日，中国第一历史档案馆档案：02-01-04-15200-002。

④ 《贵州巡抚朱理奏请免抽课铅以便收买商铅凑运加办铅斤事》，嘉庆二十三年十月十三日，中国第一历史档案馆档案，02-01-04-19861-010。

厂，以八地为子厂，每百斤抽课十斤[①]。次年，该厂抽收课铜九千余斤[②]，其后产量有所下降。据贵州总督张广泗奏报："格得、八地二厂自乾隆五年（1740年）二月十六日起至乾隆六年（1741年）二月十五日止，共烧出铜四万九千六百三十斤，共抽课铜四千九百六十三斤，共卖获课价银三百九十七两四分。"[③]故推算该厂年产铜约为7万斤。同年，户部议复署贵州总督云南巡抚张允随奏称："黔省威宁州属致化里产有铜矿，砂引颇旺，现开槽硐七十二口，内有十四口已获百余万斤，招厂民二千余名，设炉二十座，采试有效，应准其开采，课税照例二八抽收，余铜归官收买，每百斤给价银七两。"[④]此即铜川河厂，试采期间产量颇大。乾隆十六年（1751年），又于威宁州设立勺录铜厂，"一九收课，余铜每百斤给价银八两，官为收买"[⑤]。

但此后铜川河、勺录二厂所抽课铜却大幅下降。乾隆十九年（1754年），贵州巡抚定长奏报："铜川、勺录两厂自乾隆十八年正月起至十九年七月底，其止抽收课余铜八万五千五百余斤"，然贵阳府却查获大量持有威宁州税票的客铜，"自乾隆十八年正月起至十九年九月二十日，铜川勺录两厂过税铜共四十三万九百斤"[⑥]。贵州铜厂向不通商，此项显示威宁州管厂官员抽多报少、私相售卖所致。次年（1755年），定长派员赴厂查察，"计本年二月十五日起至四月底止共两个月十五日，除准给一成之外，共抽课

---

① 乾隆朝《钦定大清会典则例》卷49《户部·杂赋上》，《景印文渊阁四库全书》第621册，第543页。

② 《贵州巡抚元展成奏为格得等铜厂抽课支销事》，雍正十二年八月二十八日，《明清档案》第60册，编号：A060—037。

③ 《贵州总督兼管巡抚事张广泗题报格得八地二厂所抽课铜变价不敷支销银两容俟下年抽获课铜变价支销银内再为弥补事》，乾隆六年八月三日，《内阁大库档》，编号：NO000088904。

④ 《清高宗实录》卷150，乾隆六年九月己巳，《清实录》第10册，第1154页。

⑤ 乾隆朝《钦定大清会典则例》卷49《户部·杂赋上》，《景印文渊阁四库全书》第621册，第548页。

⑥ 《贵州巡抚定长奏报开采铜厂事》，乾隆十九年十月初四日，《宫中档乾隆朝奏折》第9辑，第696—697页。

一万四千一百四十斤，收买余铜一十一万三千一百二十斤，若以后照此抽买，岁可获铜六十余万斤”[①]。可见，铜川河、勺录二厂实际年产量应不低于60万斤。然此案之后，抽课后只准一成通商，余铜全部官买，而官定又远低于市价，商民无利可图，产量大幅下降。如乾隆二十四年（1759年），勺录及其子厂哈喇河共抽获课铜29415斤；二十八年（1763年）哈喇河厂抽课铜27003斤[②]。推算年产量不足30万斤，且逐年下降。

乾隆二十五年（1760年）至三十六年（1771年），勺录、铜川河、哈喇河铜厂先后封闭，并新开陈家沟铜厂[③]。乾隆四十一年（1776年），贵州巡抚裴宗锡奏称：贵州“赋所出饶比江南一大县，全资铜铅矿厂，裕课利民。向来铅为最，铜次之。近年通厂止存陈家沟一处，本省鼓铸所需，唯滇是赖”[④]。陈家沟厂产量并不高，乾隆五十八年（1793年）仅抽课铜七千斤，嘉庆十五年（1810年）产铜2万斤[⑤]。道光《大定府志》亦称：“陈家沟厂每采百斤，官抽课十斤，余铜官悉购之，以供大定钱局之用，每百斤予直银八两……旧时每年额供铜七万斤，嘉庆三年知州程某言硐老山空，每岁所出不足七万斤，于是减为二万斤，至今仍见大定档册。”[⑥]也就是说，陈家沟铜厂年产量，乾隆朝后期为7万斤，嘉庆朝降至2万斤。

---

① 《贵州巡抚定长奏报查议办铜事宜》，乾隆二十年五月二十九日，《宫中档乾隆朝奏折》第11辑，第539—541页。

② 《贵州巡抚周人骥题为详请题明开采等事》，乾隆二十五年六月十六日，《内阁大库档》，编号：NO000115814；《贵州巡抚图尔炳阿题为详请题明开采等事》，乾隆二十九年六月二十四日，《内阁大库档》，编号：NO000119885。

③ 嘉庆朝《钦定大清会典事例》卷194《户部·杂赋·矿课》，《近代中国史料丛刊三编》第65辑第642—670册，第8993—8999页。

④ 《户部议复贵州巡抚裴宗锡奏贵州普安县等处铜铅矿应准试采事》，乾隆四十一年十月十六日，《明清档案》第228册，编号：A228—044。

⑤ 《贵州巡抚冯光熊题为铜厂衰竭详请另行开采以资鼓铸事》，乾隆六十年闰二月二十九日，《内阁大库档》，编号：NO000152867；《贵州巡抚颜检题为铜厂衰竭详请另行开采以资鼓铸事》，嘉庆十六年十月二十七日，《内阁大库档》，编号：NO000169682。

⑥ 黄宅中修，邹汉勋纂：道光《大定府志》卷42《经政志第四·食货志四下·厂矿》，道光二十九年刻本。

综合以上考证，清中期贵州铜产量年均约11万斤，最高达60万斤。按乾隆十九年（1754年），贵州巡抚定长奏报："据该（私铜）商汤如有供，这铜五百斤是威宁官矿上向炉户张锦买的，每百斤价银十六两八钱，是加二秤，给了票子，又到厂里上税，每百斤税银一钱四分，就换了印票，才运到这税口盘获的。"[①] 除每百斤加秤头二斤外，铜斤厂地市价约为每百斤价银16.47两。以此推算，清中期贵州铜矿业年均产值约为1.8万两，最高可达9.8万两。

此外，贵州水银矿值得一提。雍正二年，贵州巡抚毛文铨奏："奴才查安顺府属之普安县土名滥木桥，原向产水银，然衰微年久，至（康熙）六十年（1721年）忽然大旺，该年所出不下万担。"[②] 该厂"自康熙六十一年起至雍正五年闰三月终止，历任布政使收过税银共有三万七千余两"[③]。该厂二成抽课、市价32.5两计算[④]，年均产值约银6.3万两。雍正末年，滥木桥厂封闭后，又开回龙湾厂。乾隆二十五年（1760年），普安县回龙湾、修文县红白岩二厂抽课变价银共1337.96两[⑤]。当时水银市价，据乾隆三十七年（1772年）上谕："黔省水银，自乾隆三十一年以前每百斤价银五十余两至四十八两不等，行之几达二十年之久，迨三十一年减至三十九两。"[⑥] 按回龙湾厂一成抽课、红白岩厂三成抽课推算[⑦]，当时二厂年产值约银1.8万两。

---

① 《贵州巡抚定长奏报开采铜厂事》，乾隆十九年十月初四日，《宫中档乾隆朝奏折》第9辑，第696—697页。

② 《贵州巡抚毛文铨奏为据实奏闻仰祈圣鉴事》，雍正二年五月十四日，《雍正朝汉文朱批奏折汇编》第3册，第53—56页。

③ 《贵州布政使祖秉圭奏报收到普安县水银厂税银数目暨照支养廉折》，雍正五年八月初四日，《雍正朝汉文朱批奏折汇编》第10册，第315页。

④ 《贵州巡抚元展成奏为水银厂开采有效详请题报以裕国课以益民生事》，雍正十二年八月二十八日，《明清档案》第60册，编号：A60—33。

⑤ 《贵州巡抚周人骥题为天地有自然之利等事》，乾隆二十六年七月初三日，《内阁大库档》，编号：NO000116731。

⑥ 《清高宗实录》卷919，乾隆三十七年十月甲申，《清实录》第20册，第322页。

⑦ 嘉庆朝《钦定大清会典事例》卷194《户部·杂赋·矿课》，《近代中国史料丛刊三编》第65辑第642—670册，第8962页。

乾隆五十五年（1790年），贵州巡抚额勒春奏："黔省八寨厅属羊伍加河水银厂……自乾隆五十四年正月起至十二月底，连闰计一十三个月，各炉户共烧出水银二千五百三十六斤一两。"[①]然此时水银市价已大不如前。乾隆三十七年（1772年），湖北巡抚奏："访查汉口价值，乾隆三十三年以前俱在五十五两以上，自三十四年起忽减至四十两，本年正月起又减至三十二两"；苏州巡抚称："苏州水银价值，本年四五月以前每百斤卖银三十八九两及四十余两不等，七八月以后减至三十一两，询据客商及行户等称，贵州近来出产水银甚旺，贩卖来苏者多，销售有限，遂至壅滞价减。"[②]如以每斤28两计算，乾隆五十四年羊伍加河水银厂产值约银7.1万两。

按贵州水银各厂，普安县滥水桥、修文县红白岩厂开于康熙年间，雍正十三年开回龙湾厂，乾隆二十二年开安化县打厥沟厂和婺川县岩峰脚厂，乾隆三十六年又开八寨厅羊伍加河厂，除了雍正十二年滥水桥厂、乾隆四十四年岩峰脚厂封闭外，其他各厂直到嘉庆初年仍存[③]。据此估算，雍正朝至乾隆朝前期，贵州水银矿年产值约银6万两，乾隆朝中期至嘉庆朝，年产值应约银9万两。

综上所论，铅、铜、水银三项合计，清中期贵州矿业年均产值约银26万两，最高可达60万两，矿业人口年均约8万人，最高时超过12万。如果加上金、银、铁、磺等矿的开采，贵州矿业经济的规模应当更大。

二、川南的矿业经济

清中期，川南的矿业开发规模仅次于云贵地区，以铜铅矿为主。雍正八年（1730年），四川建昌府属迤北、兴隆、紫古哵、沙基、九龙、公母、

① 《贵州巡抚额勒春题为恳恩赏准开采等事》，乾隆五十五年七月二十四日，《内阁大库档》，编号：NO000145966。

② 《清高宗实录》卷919，乾隆三十七年十月甲申，《清实录》第20册，第323页。

③ 嘉庆朝《钦定大清会典事例》卷194《户部·杂赋·矿课》，《近代中国史料丛刊三编》第65辑第642—670册，第8993—8999页。

沙沟领等处铜铅矿设厂开采，乾隆七年（1742年）又开云阳、奉节、长宁等处铜铅矿。但这些矿厂大多旋开旋闭，仅有迤北、沙基、紫古哵铜厂和沙鸡黑铅厂持续开采。其后，又设乐山县老硐沟、荣经县吕家沟、盐源县篾丝箩、屏山县龙门溪细沙溪等铜厂①。

乾隆九年（1744年），据四川巡抚硕色奏称："据迤北、紫古哵等厂众商纷纷禀称，商等自上年秋间充商开采以来，矿砂渐觉旺盛，省局鼓铸一年应需之铜不过三十万斤，各厂商人如果齐力开采，约计一年所获红铜，竟可足供省局一年之用"，然据官府确查，"迤北等厂，自年前秋间开采，八九两月所获红铜尚属有限，自冬月以至本年四五月，所获红铜，不下十五六万斤，尽可足供川省鼓铸半年之用"②。可知，此时川南铜年产量约15万斤。次年，乐山县老硐沟铜厂开采。乾隆十六年（1751年），上谕引尹继善奏称："川省乐山县老硐沟铜厂，自清厘之后，每年可获铜六七十万斤。"③乾隆二十二年（1757年），四川总督开泰又称："乾隆二十一年份，老硐沟厂旧管新收共铜二百三十九万八千二百五十五斤零，除解局及协拨陕铜、楚铜共一百八十一万八千五百一斤零，实存厂铜五十七万九千七百五十四斤零。"④老硐沟厂产量巨大，不但供给本省鼓铸，还外销陕西、湖北。乾隆二十五年（1760年），四川布政使吴士端言："窃照川省设局鼓铸钱文，岁需铜一百三十五万斤，协拨陕楚两省铜五十五万斤。向来此项铜斤，取资于乐山县老硐沟厂者十之六七，建昌属之各厂者十之三四。近来采挖日久，老硐沟厂坑深质薄，出铜减少。通盘会计，乐建两厂一岁所获，尚不敷一岁之

① 乾隆朝《钦定大清会典则例》卷49《户部·杂赋上》，《景印文渊阁四库全书》第621册，第545页。

② 《四川巡抚硕色奏为恭请开采白铜矿厂以济商力以裕鼓铸事》，乾隆八年六月初九日，引自《清代的矿业》（上册），第212页。

③ 《清高宗实录》卷389，乾隆十六年五月癸丑，《清实录》第14册，第100页。

④ 《四川总督开泰题为敬陈开采铜铅等事》，乾隆二十二年十月二十五日，《内阁大库档》，编号：NO000113919。

需。”[①] 由此推知，乾隆二十年前后是川铜产量的高峰，年均超过 200 万斤。

乾隆二十五年之后，随着老硐沟厂产量下降，川铜总产量锐减。乾隆三十五年（1770 年），老硐沟厂“共收课耗余铜六十七万五千二百八十五斤八两一钱六分”[②]。按该厂二成抽课，每百斤收耗铜四斤八两，余铜半归官买[③]，推算年产量约为 108 万斤。“新收迤北、沙沟、紫古哵三厂乾隆三十七年正月初一日起至年底，共收课耗余铜，除通商外，实共铜十万八百七十六斤十一两九钱六分”[④]，推算产量约 16.1 万斤。虽然吕家沟、篾丝箩、龙门溪等厂此时的产量尚可维持，但据署四川总督文绶奏称：“今委员查明宁、雅、叙三府属铜厂，自乾隆三十三年起截至三十七年十二月止共报获铜三百三十万五千三百九十六斤零”[⑤]，年均 66.1 万斤。加之嘉定府乐山县老硐沟厂，则乾隆三十年至四十年间，川铜年产量约在 170 万斤。

乾隆四十年后，各厂铜产量进一步下降。如乾隆四十九年（1784 年），四川总督李世杰奏言：“窃照宝川局鼓铸铜斤，取给宁远府各厂者十居六七，全赖该府按数查催，源源起运方足以资接济……今计自庚子年（乾隆四十五年）起至上年癸卯（乾隆四十八年）止四年内，各厂共报获铜一百万零二百六十八斤”[⑥]，年均仅 25 万斤。老硐沟铜厂，乾隆五十一年仅收课耗余铜 330465 斤，推算年产量 52.8 万余斤。也就是说，川铜总产量已

---

① 《四川布政使吴士端奏为开采铜铅矿厂请通融拨补厂费以收实效事》，乾隆二十五年十月初二日，引自《清代的矿业》(上册)，第 219 页。

② 《四川总督阿尔泰题为敬陈开采铜铅等事》，乾隆三十六年七月二十日，《明清档案》第 212 册，编号：A212—49。

③ 傅恒等修：乾隆朝《钦定户部鼓铸则例》卷 5《老硐沟厂抽收课铜》，故宫博物院编：《故宫珍本丛刊》第 287 册，海南出版社 2000 年版，第 116 页。

④ 《署四川总督文绶题为敬陈开采铜铅等事》，乾隆三十八年八月十六日，《明清档案》第 219 册，编号：A219—35。

⑤ 《四川总督文绶奏报宁远雅州叙州三府铜厂无亏短事》，乾隆三十九年二月二十八日，《宫中档乾隆朝奏折》第 34 辑，第 688 页。

⑥ 《四川总督李世杰奏报将冗阘无能之宁远知府毛宣徽革职事》，乾隆四十九年三月廿三日，《宫中档乾隆朝奏折》第 59 辑，第 566 页。

降至每年 70 万—80 万斤之间。如乾隆五十年（1785 年），四川总督李世杰奏报："上年春间，臣往建昌阅兵之便，亲赴各厂查勘，将无铜可采之沙沟厂、紫古哵厂、篾丝箩厂封闭，另立现已得塘之金马厂、得矿之金牛厂、金狮厂名目，以归实在。……查各铜厂，自上年正月起至年底止，各厂获报铜共一百四十二万六百二十九斤零，较四十八年获铜七十五万八千八百四十斤零，增获铜六十六万一千七百八十八斤零；较四十七年获铜七十四万一千一百五十斤零，增获铜六十七万九千四百七十九斤零，较四十六年获铜八十七万九千三百九斤零，增获铜五十四万一千三百十九斤零。"[①] 至于乾隆四十九年川铜产量剧增至 142 万余斤，诚如李世杰所言，实乃新开铜厂所致。

但是，新开各厂表现不一。金马铜厂的产量持续下降，如乾隆五十一年（1786 年）抽收课耗余铜 19 万斤，三年后仅为 8.5 万余斤[②]，年产量从 30.4 万斤降至 13.6 万斤。金狮厂的产量逐渐增加，如乾隆六十年（1795 年）产铜 8.7 万斤，嘉庆二年（1797 年）抽收课耗余铜 124189 斤[③]，推算铜产量增至 20 万。其他如龙门溪、细沙溪二厂乾隆五十四年（1789 年）产铜 18 万余斤，铜大、分水岭二厂乾隆五十八年（1793 年）抽收课耗余铜 5.8 万斤，而金牛厂嘉庆元年仅获铜 8 千余斤[④]。而原有老厂均已衰落，如老硐沟

---

① 《四川总督李世杰奏为甲辰年川省各厂报获铜斤较前起色事》，乾隆五十年五月二十六日，引自《清代的矿业》(上册)，第 223 页。

② 《四川总督李世杰奏为遵旨议奏事》，乾隆五十三年八月二十四日，《内阁大库档》，编号：NO000140986；《署四川总督孙士毅题为遵旨议奏事》，乾隆五十七年二月二十日，《明清档案》第 261 册，编号：A261—115。

③ 《大学士管户部和珅题为遵旨议奏事》，嘉庆三年三月十六日，《明清档案》第 283 册，编号：A283—57；《署四川总督魁伦题为遵旨议奏事》，嘉庆四年十月九日，《明清档案》第 292 册，编号：A292—77。

④ 《大学士管理户部事务和珅题为详请题报开采铜厂以裕鼓铸事》，乾隆五十六年十一月二十日，《明清档案》第 261 册，编号：A261—11；《四川总督孙士毅题报开采以裕鼓铸事》，乾隆五十九年十月十七日，《内阁大库档》，编号：NO000152601；《总理户部事务永瑆题为遵旨议奏事》，嘉庆四年五月一日，《明清档案》第 290 册，编号：A290—8。

厂，乾隆五十五年（1790 年）抽收课耗余铜 5 万余斤，嘉庆三年（1798 年）仅有 1 万余斤[①]，甲子夸、吕家沟二厂年产量均不足 2 万斤[②]。推算乾隆末年至嘉庆初年，川铜年产量约 50 万斤。

嘉庆末年，西昌县乌坡铜厂突然大旺。嘉庆二十三年（1818 年），云贵总督伯麟奏称："无如本省出铜既不敷额，商铜为数无多，广为收买亦不足以资腠凑，复饬各厂员留心采访，如与滇省交界之川黔广西等省有商铜可买，亦令其广为采办。适闻知与滇省临近之四川西昌县地方新开子厂近日忽形丰旺，川省局铸需铜无多，又无京运，其本省局铜办足外，向来悉听厂民自备工本开采售卖，此项厂铜与其令厂民卖赴他处，莫若归滇省收买，可以全归公用，有裨京运……随经署东川府福宁理陆续买办铜二百万，现已大半运至泸店，搭运及已交坪店不等；署永北同知温之诚亦陆续办获铜二百万，将次运齐坪店。"[③]此西昌县新开子厂即乌坡铜厂。另据道光十四年（1834 年），上谕言："四川乌坡铜厂，自奏定开采后不过七年，产铜骤增，几及百万。自此每年递减，现在月报不过一万余斤。又该厂八分官买铜斤，系奏定供滇省采买，协济京运之项。八年以前，余存官铜三百三十余万斤。近年滇省并未据报委员采办，节次行查，该督始以买供本省鼓铸咨覆。历查该省销册，并无声明买过乌坡厂铜之语。著四川总督严饬该管各官，迅将乌坡厂道光五年以后采获铜斤递实查办，不得仍听该厂员以多报少，致有透漏营私，并将八年以前未归滇省采买铜三百三十二万六千余斤，查明著落何所，并九年至十二年该厂应存八分官买铜九十七万余斤，一体分晰确查，迅速报

① 《署四川总督孙士毅题为敬陈开采铜铅等事》，乾隆五十七年二月二十日，《明清档案》第 261 册，编号：A261—116；《署四川总督魁伦题为敬陈开采铜铅等事》，嘉庆四年十月九日，《明清档案》第 292 册，编号：A292—78。

② 《代办四川总督英善题为详请一保开采以裕鼓铸事》，嘉庆元年九月二十二日，《明清档案》第 274 册，编号：A274—5；《四川总督勒保题为详请开采等事》，嘉庆五十年十二月十一日，《明清档案》第 302 册，编号：A302—44。

③ 《云贵总督伯麟奏报会议滇省采买商铜章程事》，嘉庆二十三年十月十九日，中国第一历史档案馆档案，04-01-35-1359-010。

部核办。”[①] 道光十九年（1839 年），上谕又言：“户部奏，四川铜厂办铜向无定额，该省乌坡厂产铜素旺，从前每年报获一百八九十万斤，现在每年仅获数万斤。”[②] 按上谕所言，乌坡厂最高年产量高达一百八九十万斤，此后逐年递减，道光十四年降至 12 万斤，自该年清查后，年产量又恢复至 30 万斤左右。由此观之，嘉庆末年至道光初年，川铜年产量超过 200 万斤，道光朝中期仅为 30 万斤左右。

川铜市价并无明文记载。乾隆十六年（1751 年），迤北厂官买余铜价银每百斤 9 两，老硐沟厂余价银 10 两[③]，均较滇黔二省为高，川铜市价肯定不低于此。前文论述滇黔二省铜斤市价，每百斤分别按银 11 两和 16 两计算，如暂定川铜市价为每百斤值银 13 两，推算清中期，川铜矿业年均产量 75 万斤左右，产值约银 10 万两，最高年产量 200 万斤，最高产值约银 26 万两。

川南地区亦产黑白铅。雍正年间设会川沙沟领铜铅厂、冕宁沙鸡黑铅厂，乾隆朝前期又开酉阳州旺盖白铅厂和荣经县盘龙山黑铅厂[④]。其中，白铅产量较为可观。乾隆二十四年（1759 年），四川总督开泰奏报，自乾隆十九年四月至乾隆二十三年年底，旺盖白铅厂“新收课耗余铅一百三十三万七千六十二斤七两零”[⑤]。按二成抽课，每百斤收耗钱四斤八两，余铅半归官买，推算年产铅约 45 万斤。至乾隆三十一年（1766 年），旺盖厂仍收课耗余铅 258777 斤[⑥]，年产量维持在 41 万斤以上。但其后该厂产量下降，乾隆三十八年（1773 年）仅抽收课耗余铅 18.3 万余斤，年产量

① 《清宣宗实录》卷 251，道光十四年四月丙辰，《清实录》第 36 册，第 800 页。

② 《清宣宗实录》卷 325，道光十九年八月丁亥，《清实录》第 37 册，第 1110 页。

③ 《四川总督策楞题为请增鼓铸以便兵民事》，乾隆十六年八月二十六日，《明清档案》第 174 册，编号：A174—84。

④ 乾隆朝《钦定大清会典则例》卷 49《户部 · 杂赋上》，《景印文渊阁四库全书》第 621 册，第 544—546 页。

⑤ 《四川总督开泰题为请开铅厂等事》，乾隆二十四年九月十八日，《内阁大库档》，编号：NO000115232。

⑥ 《四川总督阿尔泰题为请开铅厂等事》，乾隆三十二年六月三十日，《明清档案》第 206 册，编号：A206—88。

不足30万斤，乾隆五十一年（1786年）进一步降至5.7万斤[①]，次年封闭。其实，当旺盖厂产量下降之后，乾隆三十五年（1770年）又于石柱厅开白沙岭白铅厂[②]。乾隆朝后期至嘉庆朝前期，白沙岭厂年产量维持在20万斤左右。如乾隆四十九年（1784年）抽收课耗余铅119015斤，计算产量19万余斤；嘉庆二年（1797年）产铅203509斤，嘉庆九年（1804年）煎获铅189646斤[③]。由此估计，乾隆朝中期川南白铅年产量在40万斤以上，乾隆朝后期至嘉庆朝前期则降至30万斤左右。

黑铅产量虽不如白铅，但兼产银。沙鸡黑铅厂开采持续乾嘉两朝，乾隆四十九年（1784年）产铅高达7万余斤，产银651两，其余年产量在3万斤以上[④]。乾隆二十四年（1759年）设立的荣经县盘龙山黑铅厂，其产量与沙鸡厂相似。如乾隆五十二年（1787年），该厂抽收课耗余铅37528斤，推算产量6万余斤，嘉庆十三年（1808年）抽收课耗余铅16826斤，推算产量约2.7万斤[⑤]。乾隆六十年（1795年），又设立的雷波厅龙头山黑铅厂，嘉庆四年（1799年）产铅52691斤[⑥]。各厂合计，乾隆朝前期，川南黑铅年

① 《署四川总督文绶题为请开铅厂等事》，乾隆三十九年七月十四日，《明清档案》第221册，编号：A221—106；《四川总督保宁题为请开铅厂等事》，乾隆五十二年十二月十五日，《明清档案》第251册，编号：A251—36。

② 嘉庆朝《钦定大清会典事例》卷194《户部·杂赋·矿课》，《近代中国史料丛刊三编》第65辑第642—670册，第8998页。

③ 《四川总督李世杰题为请开铅厂以资鼓铸事》，乾隆五十年八月十二日，《明清档案》第244册，编号：A244—10；《总理户部事务永理题为请开铅厂等事》，嘉庆四年四月十一日，《明清档案》第289册，编号：A289—110；《大学士管理户部宗室禄康题为请开铅厂等事》，嘉庆十一年三月十五日，《明清档案》第318册，编号：A318—112。

④ 《兼管户部尚书事务和珅题为试采铅矿事》，乾隆五十年十一月二十三日，《明清档案》第244册，编号：A244—129；《总理户部事务永理题为请开铅厂等事》，嘉庆四年四月十五日，《明清档案》第289册，编号：A289—127。

⑤ 《四川总督李世杰题为详请开采黑铅矿厂以资鼓铸事》，乾隆五十三年九月二十八日，《明清档案》第254册，编号：A254—27；《署四川总督特清额题为详请开采黑铅矿厂以资鼓铸事》，嘉庆十四年十二月五日，《明清档案》第340册，编号：A340—11。

⑥ 《四川总督勒保题为详请开采黑铅矿厂等事》，嘉庆五年十二月十一日，《明清档案》第302册，编号：A302—43。

产量7万斤，乾隆朝后期增至9万斤，嘉庆朝前期则达11万斤。四川黑白铅市场价未见记载，然本省产铅不足鼓铸，常赴黔采买，按四川在永宁采买黔铅价格白铅每百斤价银3.9两、黑铅每百斤3.4999两推算，清中期川南铅矿业年均产值约银1.5万两，最高可达2万两。

此外，值得一提的是，川南也是白铜产地。雍正八年（1730年），黎溪白铜厂就已设立。乾隆五十一年（1786年），该厂煎获白铜59658斤，每百斤课铜变价银36两，推算年产值约银2.1万两；至嘉庆六年（1801年），产量仍维持在6万斤上下[①]。由此可见，清中期川南地区铜铅年均产量110余万斤，最高达250万斤；矿业年均产值约银13万两，最高达30万两。

综上所论，清中期西南边疆的矿业经济规模巨大，铜、银、铅、锌、锡、盐、水银、白铜等矿种均有开发，其产量以铜、铅、盐为最多，年均产值约银290万两，最高达340万两，直接从业人口超过30万人，成为当时西南经济中仅次于农业的第二大产业。

第三节　矿业带动下的西南经济发展

矿业是一个关联性很强的产业，其发展需要消耗大量的粮食、油盐和工具，而这些物资又必须通过运输进入矿区，矿产品亦需运出销售。因此，本节将以云南为主，分析清中期西南矿业兴盛带动下的农业、手工业、交通运输业、商业贸易及城镇的发展，探讨西南经济的整体发展水平。

① 《四川总督保宁题为详请开采白铜矿厂等事》，乾隆五十二年十二月十五日，《明清档案》第251册，编号：A251—37；《四川总督勒保题为详请开采白铜矿厂等事》，嘉庆七年十一月六日，《明清档案》第312册，编号：A312—68。

一、人口增长与农业垦殖

清中期缺乏系统的户口统计数据，故学界大多依据其他资料进行人口数量推算或估算。李中清根据保甲登记和民数谷数奏报资料，估计到1700年，西南的人口已经恢复到了16世纪的水平，即400万到500万；1775年，又增加了一倍多，达到1100万以上；到1850年，人口又增加了一倍，接近2100万①。曹树基以嘉庆二十五年至道光十年云南各府册载人口为基础，考察人口年均增长率，再借用新中国成立后云南省人口中少数民族人口比例，反推出乾隆四十一年（1776年）云南人口788.4万、贵州567.2万、川南315.1万，嘉庆二十五年（1820年）云南1029.9万、贵州747.8万、川南417万②。虽然两者的结果存在一定差异，但均表明清中期的云南人口出现大幅度的增加。

除了人口自然增长和统计口径及范围的扩大，移民是导致清中期西南人口扩大的重要因素。李中清认为，到19世纪中期，西南的总移民人口至少是300万到400万人，占1850年西南人口数的六分之一到五分之一；而在1700年至1850年间，数十万矿工在西南地区的金、银、铜、锡、锌、铅、铁矿工作，他们几乎都是移民③。曹树基的研究表明，嘉道之际，迁入云南山地的农业移民有130万，还有100万的矿山工人及其家属④。可见，清中期进入西南的移民主要从事农业和矿业。

大量矿业人口的存在意味着粮食需求的增加，在一定程度上提高了矿厂及周边地区的粮价。李中清研究认为，在18世纪的上半叶，云贵两省的

① ［美］李中清：《中国西南边疆的社会经济：1250—1850》，林文勋、秦树才译，第140—151页。

② 葛剑雄主编，曹树基著：《中国人口史》第5卷，复旦大学出版社2005年版，第243、264、324、325页。

③ ［美］李中清：《中国西南边疆的社会经济：1250—1850》，林文勋、秦树才译，第98、115页。

④ 葛剑雄主编，曹树基著：《中国移民史》第6卷《清、民国时期》，福建人民出版社1997年版，第170页。

米价均呈稳步上升之势，并在中期（1743年、1768—1772年）上涨两倍，达到峰值，尤其是在矿区，移民是改变米价最基本的要素，其后，总体上继续保持平稳，到19世纪初又有所上升[①]。受利益驱动，商户从各地贩运米粮，在一定程度上平抑了矿区的粮价。乾隆八年（1743年），云南巡抚张允随奏称："自（金沙江）上游开修以来，去冬今春，川省商船贩运米盐货物至金沙厂以上发卖者，较往年多至十数倍，即如二月间，金沙等厂米价，每仓石卖银四两二三钱，商船一到，即减价一两有余，村寨夷民皆欢欣交易"；次年又报："惟查东川境内汤丹等厂，每年产铜八九百万斤，运供京局鼓铸，各省民人聚集甚众，并运铜脚户往来接踵，需米浩繁，米价常贵，以致数站及十余站之云南、曲靖、武定三府附近厂地有米之家，贪得高价，将米运厂发卖，本地人户反不能获买。"[②]

贵州的解决之法与云南相似。乾隆十年（1745年），贵州总督张广泗奏请开凿赤水河道："查有大定府毕节县属之赤水河，下接遵义府仁怀县属之猿猱地方，若将此河开凿通舟，即可顺流直达四川、重庆水次……再黔省食盐例销川引，若开修赤水河，盐船亦可通行，盐价立见平减。大定威宁等处即偶遇丰歉不齐，川米可以运济，实为黔省无穷之利。"[③]虽然赤水河道为运输黔铅所开，但水运畅通之后，川盐、川米均可源源入境，平抑黔西北矿区的粮价。此外，以政府仓储平粜亦是贵州的应对之法。乾隆八年春夏之交，贵州总督张广泗奏："黔省各属平粜买补出入数目，各据详报：米价稍平之思南、黎平、石阡、思州四府，定番、平远、黔西、普安、正安五州，修文、仁怀、桐梓、瓮安、施秉、天柱、清平、婺川、开泰、龙泉、铜仁十一县，并永丰州分驻之册亨州同，平粜米谷，已全数买补过米

① ［美］李中清：《中国西南边疆的社会经济：1250—1850》，林文勋、秦树才译，第240、244页。

② 张允随：《张允随奏稿》（下册）《奏为钦奉上谕事》《奏为奏明事》，乾隆八年十二月二十日、乾隆九年三月初五日，见《云南史料丛刊》第8卷，第655、658页。

③ 《清高宗实录》卷239，乾隆十年四月庚申，《清实录》第12册，第73页。

三万四千三百余石、谷五千一百余石；又南笼、平越二府，开州、威宁、永丰三州，龙里、安南、毕节、普安、平越、余庆、清溪七县，平粜过米三万五千二百三十余石、谷二千三百八十余石、莜麦二千二百二十余石，买补过米一万八千七百一十余石、谷一千一百九十余石、莜麦一千一百一十余石；其贵阳、安顺、大定、铜仁四府，广顺、黄平二州，贵筑、贵定、清镇、普定、安平、遵义、镇远、安化、印江、玉屏十县，平粜过米七万四百四十余石、谷四千六百九十余石，各该处秋成时米价昂贵，难以买补，请俟本年秋收后再为买贮。"[①]利用仓谷平粜只是政府平抑粮价的措施之一，对于无力买粮之人，政府救急在所必须。据该年六月上谕引张广泗奏称："黔省自交夏以来米价昂贵，已通饬各属察查地方情形，将仓谷减价平粜。至于无钱赴籴之人，正自不乏，其中年力未衰者尚可佣工度日，惟有鳏寡孤独以及夫男远出、只存妻子在家者，除前经收入普济堂足资存养外，尚有不愿收入普济堂者，嗷嗷待哺，急宜抚恤。臣与司道酌议，通饬各属逐一确查，按照普济堂之例，大口日给米八合，小口减半，以两月为期，可以接至秋成。"[②]

不论是通过改善交通吸引外省及周边的米粮输入以增加供给，还是政府平粜、社会救济以解决燃眉之急，均无法从根本上解决粮食供给不足的难题。事实上，从清初开始，西南地方政府一直鼓励垦荒种田，努力扩大耕地和粮食生产。三藩之乱后，云贵总督蔡毓荣就提出复丁田、广树畜、裕积储的建议，把招徕人口、发展农商作为恢复社会经济的重要措施[③]，同时，减免田赋，鼓励垦荒以发展农业[④]。雍正五年（1727 年），云贵总督鄂尔泰就

① 《清高宗实录》卷 189，乾隆八年四月癸丑，《清实录》第 11 册，第 441—442 页。

② 《清高宗实录》卷 195，乾隆八年六月辛未，《清实录》第 11 册，第 504 页。

③ 康熙《云南通志》卷 29《艺文志三》，蔡毓荣《筹滇十疏》，《中国地方志集成·省志辑·云南》，第 171 页。

④ 参见王继文《筹请屯荒减则贴垦疏》，康熙《云南通志》卷 29《艺文志三》，《中国地方志集成·省志辑·云南》，第 200 页。

贵州开矿可能产生的影响已有深刻的认识："查黔省地瘠民贫……而开采矿厂，动聚万人，油米等项，少不接济，则商无多息，民累贵食。一旦封闭，而众无所归，则结伙为盗，不可不慎。臣以为不如开垦田亩，多积稻粮，使油米价贱，则开采不难，今犹未敢轻议也。"[①] 因此，鄂尔泰建议优先发展农业，为矿业开发提供条件。雍正五年，云贵总督鄂尔泰奏言，云南"自首、隐射、新报垦荒以及丈出田地，每岁约计数十万亩"[②]。每年都可以清出几十万亩耕地，应该是以新报垦荒田为主。乾隆五年（1740 年），贵州总督张广泗、布政使陈德荣提出了广辟山土、增种杂粮的建议，大学士九卿会议酬议："查黔省山土既多未辟，收获惟恃稻田，应如所议。凡有可垦山土，俱报官勘验，或令业主自垦，或招佃共垦，按其勤惰分别劝惩。其无业主之官山一概招人认垦，官为立界，给照管业。至劝民随时播种卒粮之处，应令地方官酌借谷种。"[③] 次年九月，署贵州总督云南巡抚张允随亦奏："黔省地鲜平畴，凡山头地角畸零地土，及山石搀杂工多获少。或依山傍岭，虽成丘段而土浅力薄，须间年休息者，悉听夷民垦种，永免升科。至有水可引，力能垦田一亩以上，照水田例六年升科，不及一亩者亦免升科。无水可引，地稍平衍，或垦为土，或垦为干田，二亩以上照旱田例十年升科，不及二亩者亦免升科。"[④]

此外，政府积极兴修水利，为农业发展创造条件。如雍正七年（1729 年），云贵总督鄂尔泰奏称："窃照地方水利攸系民生，而在滇尤属急务。臣自受事以后，即檄行各属，凡有河道俱查明详报，以凭次第疏浚。"[⑤] 乾隆五年（1740 年），贵州总督张广泗、署贵州布政使陈德荣上奏在贵州劝修渠

① 《清世宗实录》卷 52，雍正五年正月壬子，《清实录》第 7 册，第 791 页。

② 《世宗宪皇帝朱批谕旨》卷 125，《云贵总督鄂尔泰奏为钦奉圣谕先行陈覆事》，雍正六年七月二十一日，《景印文渊阁四库全书》第 420 册，第 483 页。

③ 《清高宗实录》卷 130，乾隆五年十一月癸酉，《清实录》第 10 册，第 900 页。

④ 《清高宗实录》卷 150，乾隆六年九月壬申，《清实录》第 10 册，第 1155 页。

⑤ 《世宗宪皇帝朱批谕旨》卷 125，《云贵广西总督鄂尔泰奏为奏明事》，雍正七年二月二十四日，《景印文渊阁四库全书》第 420 册，第 580 页。

堰，大力兴办水利灌溉工程。大学士九卿会议酬议禀奏："查黔地多山，泉源皆由引注，必善为经理，斯沃壤不至坐弃。应如所议：凡贫民不能修渠筑堰，及有渠堰而久废者，令各业主通力合作，计灌田之多寡分别奖赏。如渠堰甚大，准借司库银修筑。其水源稍远，必由邻人及邻邑地内开渠者，官为断价置买，无许索勒。"①获得批准。次年三月，便开始在贵筑县的乾堰塘、麦穰寨、宋家坝三处试点，引水开渠，灌溉水田数千亩②。六月，张广泗的奏疏中称："黔中山稠岭复，绝少平原，凡有水道，亦皆涧泉山溪，并无广川巨浸可以灌溉。故各属田亩，导泉引水，备极人劳。其未开之田，多因泉源远隔，无力疏引之故。自官为督劝后，各属请借工本开修水田者，如贵筑、施秉、余庆、仁怀、丹江厅等处，或现在开修，或已经工竣。凡有宜用龙骨车，工匠多能制造，毋庸赴江楚雇募。"③

在政府鼓励和粮价高昂的双重作用下，清中期进入西南的新移民，除了从事矿业生产之外，大多投入山区的农业开发。因此，云南册载耕地数和额征米粮数，从康熙二十四年（1685年）的64817顷、203360石增至道光七年（1827年）的92888顷、250231石④。贵州册载耕地数量和额征米粮数亦有明显的增加，康熙朝中期贵州册载田地12133顷、应征本色米粮114393石，乾隆四年（1739年）25960顷、120654石，嘉庆十七年（1812年）27657顷、135288石⑤。虽然农业开发的速度远不及人口增加的速度，导致人均耕地减少、粮价长期处于增长趋势，但矿业带动下的农业的整体发展却是不争的事实。

① 《清高宗实录》卷130，乾隆五年十一月癸酉，《清实录》第10册，第900页。

② 《清高宗实录》卷139，乾隆六年三月甲午，《清实录》第10册，第1016页。

③ 《清高宗实录》卷147，乾隆六年七月丁亥，《清实录》第10册，第1119页。

④ 道光《云南通志稿》卷五十八《食货志二之二·田赋二》。

⑤ 卫既齐修，薛载德纂：康熙《贵州通志》卷11《田赋》，清康熙三十六年（1697年）刻本；鄂尔泰、张广泗修，靖道谟、杜诠纂：乾隆《贵州通志》卷12《田赋》，清乾隆六年（1741年）刻本；嘉庆朝《钦定大清会典》卷11《户部·尚书侍郎执掌二》，《近代中国史料丛刊三编》第64辑第631—634册，第569页。

二、交通建设与运输业发展

由于西南矿产主要销于内地，产销分离使运输成为矿业发展关键环节。但是，西南僻处边陲，境内自然环境复杂，高山大川遍布，与内地交通尤为不便。乾隆初年滇铜京运和各省采买实施后，破解交通障碍成为云南地方政府的当务之急。早在乾隆三年（1738 年），云南巡抚张允随在筹划滇铜京运时即言："查挽运京局俱系汤丹厂铜，必先运至东川府存贮店内，然后另雇马脚再运威宁……今查由厂至威宁另有车路可通，臣等现在委员查勘，俟查明复到另议核定"；"经臣等委员查勘，东川由鲁甸、昭通至大关之盐井渡下船，可由水路直达川江，若此路可通，则两路分运可免壅滞，应俟委员查明复到另议核题"[①]，提出新辟道路、分流运输的构想。

乾隆五年（1740 年），云南总督庆复、云南巡抚张允随奏请开凿金沙江，次年十一月至八年三月，上游（东川府小江口至昭通府永善县金沙厂）修浚；八年十一月至十年四月，下游（昭通府永善县金沙厂至大关厅新开滩）马三拦等六十一滩先后修浚[②]。金沙江水运分段开通后，川楚滇之间商贸往来与日俱增。如乾隆九年（1744 年），云南巡抚张允随奏称："查金江从古未通舟楫，今自乾隆七年上游开通，川楚商船赴金沙厂以上地方贸易者渐多"；次年又言："本年川省商船载运米、盐、货物赴金沙厂发卖者，约有三百余号，内有五瓜船百余号，大于船一倍，且上滩、下滩较舦船为稳，乃从来未到金江者。由新开滩至河口，上水六百四十里，重载月余即到，已

① 张允随：《张允随奏稿》（上册）《奏为奏明办解京铜事宜以速鼓铸事》，乾隆三年五月二十日，见《云南史料丛刊》第 8 卷，第 574—578 页。

② 《云南巡抚张允随奏为敬筹开浚金江下游工程事宜仰祈圣训事》，乾隆八年八月初四日，引自《乾隆年间疏浚金沙江史料（上）》，《历史档案》2001 年第 1 期；《张允随奏稿》（下册）《奏为恭报金江下游工程完竣仰祈睿鉴事》，乾隆十年五月二十七日，见《云南史料丛刊》第 8 卷，第 671—672 页；《云南总督庆复奏为奏闻事》，乾隆五年十一月初十日，引自《乾隆年间疏浚金沙江史料（上）》，《历史档案》2001 年第 1 期。

减前次水程之半。”①

金沙江工程兴修的同时，其他运铜道路亦相继开工。乾隆六年（1741年）开修盐井渡道，至次年四月，已将昭通府至大关县盐井渡陆路“俱开凿宽平，驮马往来，业已坦行无阻”，“每日商旅驮运川货赴昭通府城贸易者络绎不绝”，“其水路，自盐井渡至叙州府之岸边汛二百五十里”已开凿八滩，“川省商民闻河路已开，油盐布帛等货咸闻风贩运，即其回空船只，将东川店运到铜十五万斤陆续装运，悉皆平稳，全抵泸州交长运之员运解京局”②。乾隆九年（1744年），张允随又奏请开修罗星渡道：“查得四川叙州府珙县所属地方，有罗星渡河一道，直通叙州府之南广洞，计水程五站，与镇雄州接壤……若将滩石加工修凿，自威宁至水次，可省陆路三站，请查勘开修……俾船只装铜而下，即可载物而上，马匹不致空回，脚户往来迅速，雇募自必较易，不特铜运得济，且于地方亦有裨益。”③可见，各道顺流而下运送滇铜，返程空船及驮马运载川楚商货入滇。

至乾隆十年（1745年），新开金沙江、盐井渡、罗星渡道皆已完工，京铜多道分运，缓解了滇东北山区的运输瓶颈。据张允随奏报：金沙江道“乾隆十年，运抵泸州铜七十万斤，十一年运抵泸州铜一百二十八万六千七百七十斤零”；“盐井渡通金沙江水路，自乾隆九年至十一年，共运抵泸州铜三百一十三万二千七百五十斤零”；“罗星渡通川河道，自乾隆十年七月至十一年五月十个月内，运抵泸州铜一百三十八万四千一百六十斤”④。三路每年运铜三百余万斤，推测返程川楚

① 张允随：《张允随奏稿》（下册）《奏为遵旨具奏事》《奏为恭报金江下游工程完竣事》，乾隆九年九月二十八日、乾隆十年五月二十七日，见《云南史料丛刊》第8卷，第662、670页。

② 张允随：《张允随奏稿》（上册）《奏为奏明试修大关河道京铜运行无阻请借项兴修以利新疆事》，乾隆七年十一月十七日，见《云南史料丛刊》第8卷，第642—643页。

③ 张允随：《张允随奏稿》（下册）《奏为请开修川省接壤滇境河道分运威宁铜斤事》，乾隆九年十一月十六日，见《云南史料丛刊》第8卷，第664页。

④ 张允随：《张允随奏稿》（下册）《奏为奏报滇省新开通川各河道水运京铜数目事》，乾隆十一年六月二十九日，见《云南史料丛刊》第8卷，第691页。

货物的运量亦与此相当。

与京运不同的是，各省采买滇铜则被分流至广南道。乾隆五年（1740年），福建、江苏请买滇铜，云南巡抚张允随奏言："查滇省每年办运京铜共七百三十余万斤，黔省每年办运京铅一百八十三万斤，同路运送，驮脚每苦不敷，今江、闽两省又共请买铜七十万斤，实难运济。查广南府与粤西接界，由粤西水路至粤东，可以直达福建，闽省所需铜，应于附近广西之开化府者囊厂铜内拨给，交广西收贮税所，俟办员到日领运回闽。"[①]《铜政便览》记载："凡九省（江苏、浙江、广西、广东、江西、陕西、福建、湖南、湖北）委员领运上游各厂铜斤由省城转运剥隘，计二十四站，自省城至竹园村计八站，马运由竹园村至剥隘计十六站半。"[②]竹园村属弥勒州，在今弥勒县竹园镇；剥隘属土富州，在今富宁县剥隘镇。可见，各省采买滇铜，从云南省城昆明陆运，经弥勒、阿迷至广南府富宁县的剥隘，然后沿珠江分运各省。

广南道在运铜之前已大规模兴修。雍正七年（1729年），云贵总督鄂尔泰在《奏为新开水道并兴修陆路事》中言："兹于（雍正七年）五月二十三日，据云南广南府贾秉臣等覆称，职等奉委开河，随同各委员沿江查勘，源发于澄江，流达于粤闽，内有巨石间阻，叠滩陡险，相传汉唐迄今未曾开凿，职等详看形势，初甚以为难，乃不数月而工已告竣，自阿迷州以下一千五百里至剥隘之水道已通，八达河而土黄一百六十里之旱路亦修整平坦，可行车马，是不特东西两粤片帆可至，将来通商并可达吴楚。"[③]雍正十一年（1733年），中央命令云南代京铸钱[④]。次年（1734年），云南巡抚张

① 《清高宗实录》卷119，乾隆五年六月戊戌，《清实录》第10册，第752页。

② 《铜政便览》卷七《采买》；嘉庆朝《钦定大清会典事例》卷175《户部·钱法》，《近代中国史料丛刊三编》第65辑第642—670册，第8044页。

③ 《世宗宪皇帝朱批谕旨》卷125，鄂尔泰《奏为新开水道并兴修陆路事》，雍正七年六月十八日，《景印文渊阁四库全书》第420册，第607页。

④ 《清世宗实录》卷137，雍正十一年十一月癸巳，《清实录》第8册，第749页。

允随以广西府作为代京铸钱地，源于广西府“至西隆州属之土黄，水旱程途共计五百八十里，内自府城旱路一日至师宗州之飞塘，由飞塘下船，顺水二日可达八达，由八达旱路三日可至土黄，由土黄下船直达两粤，通行吴楚”，钱文外运便捷[①]。但八达—土黄线的运输条件并不理想，而广西府经剥隘至百色一线，早在鄂尔泰任云贵总督时，为贩运广西米入滇，“曾委开广西剥隘地方至云南属广西府河道”[②]。其后办运京钱，改由广南剥隘至百色下水。各省采买滇铜年均 260 万斤[③]，则陆运剥隘的牛马，回程所载货物亦与此大抵相当。

除了滇铜外运，云南省内由厂至店的运输亦所必须。铜厂遍布全省，滇东北各厂之铜集中于东川店，滇西铜集中于下关滇，然后转运寻甸，滇中各厂铜分别集中于省城和蒙自店。乾隆四十八年（1783 年），云南布政使王太岳曾论滇铜运输时称：“夫滇僻壤也，著籍之户才四十万，其畜马牛者十一二耳。此四十万户分隶七十八郡邑，其在通途而转运所必由者，十二三耳。由此言之，滇之牛马不过六七万，而运铜之牛马不过二三万，盖其大较矣。滇既有岁运京铜六百三十万，又益诸路之采买与滇之鼓铸，岁运铜千二百万计，马牛之所任，牛可载八十斤，马力倍之，一千余万之铜，盖非十万匹头不办矣。然民间牛马只供田作，不能多畜以待应官，岁一受雇，可运铜三四百万，其余八九百万斤者，尚须马牛七八万，而滇固已穷矣。”[④]按王太岳的分析，云南的运力根本满足不了铜运的需求。但事实上，除了乾隆朝征缅之役前后之外，其他时段的滇铜运输任务基本都能完成。其实，王太岳在文中已有说明，“然昭通、东川至马牛非尽出所治，黔蜀之马与旁近郡县之牛，盖尝居大半”。除了吸引邻省牛马参与滇铜运输之外，则以人力

---

① 张允随：《张允随奏稿》（上册）《云南巡抚张允随奏为奏明事》，雍正十二年十一月二十九日，见《云南史料丛刊》第 8 卷，第 540 页。

② 《清高宗实录》卷 40，乾隆二年四月癸亥，《清实录》第 9 册，第 712 页。

③ 参见马琦：《清代各省采买滇铜的运输问题》，《学术探索》2010 年第 4 期。

④ 王太岳：《论铜政利弊状》，载吴其濬《滇南矿厂图略》，顾廷龙主编：《续修四库全书》第 880 册，第 79—101 页。

来填补牛马运力的不足。如镇雄州知州屠述濂称："查威店寄设威宁州城，接运宣威州运交各厂拨发一半，年额三百一十五万数千余斤，复有带解铜五六十万斤不等，陆运十站至罗星渡，由船转运八站交兑泸店，转发京运。因威宁自军兴以后，马匹稀少，乾隆三十六年改为派雇镇雄里民背运，赴罗交卸。每铜一驮重一百六十八斤，例销脚价银二两，健者二夫，弱者三夫，道远途难，民情苦累。……然背负既重，日行不过半站，兼之镇雄城南三十里即威宁州所管地方，各里民夫离城远者七八站，近者三四站，自镇雄至威又复五站，裹粮远涉领运一次，往返动辄月余，以及四十日不等。"[①] 以屠述濂所言推算，此路铜斤就需三四千人常年运送。

贵州面临的情况与云南相似。黔铅主产地所在的黔西北地区，地处云贵高原东部，与川滇黔三省交界地区的乌蒙山相邻，高山谷深，交通不便，道路通行能力有限。黔铅、滇铜京运实施之后，威宁道运力难以满足需求，在云南新开运道的同时，户部令贵州在川江水次附近探勘矿厂，就近分道运铅。乾隆五年（1740 年），遵义府绥阳县设月亮岩铅厂，所产铅斤"即由月亮岩分路解运"[②]。至次年（1741 年）三月，贵州"拨运自砂硃、莲花、月亮岩三厂共运永宁、綦江二处新旧收买课余白铅二百八万七千九百七十一斤"[③]。綦江地处四川重庆府南部，与贵州遵义府接壤，月亮岩厂白铅陆运綦江，然后装船下水，直达重庆，这就是綦江道。乾隆十四年即因月亮岩厂封闭[④]，綦江道不再运铅，但该路作为川黔重要交通道路仍然发挥着商贸运输的作用。

乾隆十年（1745 年），贵州总督张广泗又奏请开凿赤水河道，并称："在黔省食盐例销川引，若开修赤水河，盐船亦可通行，盐价立见平减。大

---

① 屠述濂纂修：乾隆《镇雄州志》卷 6《艺文·铜运改站禀稿》，抄本。

② 《清高宗实录》卷 114，乾隆五年四月己卯，《清实录》第 10 册，第 674 页。

③ 《协理户部事务讷亲题为会查黔省莲花等厂收存课余铅斤数目及存剩工本等银数目事》，乾隆七年四月初四日，中国第一历史档案馆档案，02-01-04-13450-013。

④ 《清高宗实录》卷 339，乾隆十四年四月己亥，《清实录》第 13 册，第 683 页。

定威宁等处，即偶遇丰歉不齐，川米可以运济，实为黔省无穷之利。”[①]可见，此举不仅是为了运铅，以分流威宁道压力，而且在于改善川黔交通，促进商贸发展。次年（1746年），上谕言：“今（赤水）河工已竣，用过银三万八千余两”[②]，并于该年开始由赤水河运铅，每年150万斤。乾隆二十五年（1760年）以后，因运费节省不多，赤水河道已不见运铅的记载[③]。然赤水河道经过此次修凿，在一定程度上改善了航运条件，促进了川黔之间的商业运输。如道光《仁怀直隶厅志》载：“厅为水陆交会之地，与蜀密尔，拥资权子母者多托足焉，醛商自四川之富顺、荣县由合江水运至黔，大约咸阳贾客居多，竹木则由本境贸易，茶笋之利次之，铁及靛又次之，以通舟楫故也，衣食其中者踵相接矣。”[④]

乾隆二十四年（1759年），因黔铅积压过多，贵州巡抚周人骥奏请修凿湘黔道运铅，其路线由省城贵阳沿南明河水运至瓮城河口，陆运至黄平旧州，再水运经镇远至湖南沅江[⑤]。虽然乾隆二十六年（1761年），政府认为“黔省新开南明河，徒劳无益”[⑥]，遂停止湘黔道运铅，但湘黔间道路状况的改善有利于商业运输的发展。道光年间，吴其濬过杨老驿（清平县西三十五里），作诗曰：“锡铜负载走先先，驿路羊肠剧苦辛，坠马石前频怅望，转移犹幸列间民。”并注：“昔人悯役夫辛苦，夜中骑马经此而坠，后人立石志之，今驿修治，肩挑鱼贯，贫民籍以糊口，其不能负贩者赤身行乞，殆不知几许也。”[⑦]

① 《清高宗实录》卷239，乾隆十年四月庚申，《清实录》第12册，第73页。

② 《清高宗实录》卷265，乾隆十一年四月壬午，《清实录》第12册，第430页。

③ 《贵州巡抚乔光烈题为黔省莲花等铅厂乾隆二十六年收铅工本及运存销售支用等银两事》，乾隆二十七年十二月二十日，中国第一历史档案馆档案，02-01-04-15507-003。

④ 道光《仁怀直隶厅志》卷14《风俗志》。

⑤ 《工部奏为黔省开修运铅河道事》，乾隆二十四年十月二十九日，《内阁大库档》，档号：NO000034271。

⑥ 《清高宗实录》卷648，乾隆二十六年十一月丙午，《清实录》第17册，第255页。

⑦ 吴其濬：《滇行纪程集》卷2《临湘县至镇宁州》，清刻本。

这一时期西南运输业的发展并不仅仅只是运送铜铅，各矿区所需的米、盐、油、炭同样需要由周边各地运送。需要强调的是，矿产品外运和矿区生产、生活物资的输入均为单向运输，其回程携带的商货量同样可观，如川盐、川米、楚布、粤盐亦源源不断输入西南地区。由此观之，清中期西南矿业的兴盛极大地促进了交通运输的发展。

三、商业贸易与城镇发展

前文已论，金沙江、盐井渡、罗星渡、赤水河、湘黔等运送铜铅道路开通后，川楚商贩闻风而至，川米、川盐、楚布、粤盐源源不断输入滇黔。广南道上，滇粤铜盐互易亦于乾隆十九年（1754 年）开启，每年运滇铜十万斤和粤盐一百六十六万斤在云南广南府剥隘和广西百色两地交换，由滇粤两省轮流办运，运毕清价归款，嘉庆二十五年（1820 年）后，粤盐则由商人代办[①]。黔北的正安州，“向无蚕丝，乾隆十三年州吏徐偕平自浙携蚕种来教民饲养，因桑树稀少，先以青冈叶饲之，后亦渐植桑，食青冈者为山丝，质粗色劣，食桑叶者为家丝，质精色美，商通各省，贩运甚多”。[②]黔西的普定县，“民于力田之外，皆自食其力，其能畜牛马贩蜀盐者为驼盐户，其止供客雇及为人负赁者为脚户，黔、滇、楚、蜀之货日接于道，故商贾多聚焉”。[③]黔东的镇远府，“水陆冲衢，商贾辐辏，民多负贩经营”[④]。

西南地区的交通节点亦因矿产运输而商贾云集。如广南道要冲弥勒竹园村，乾隆十七年（1752 年），云南巡抚爱必达奏言：“伏查竹园村住店汉夷千有余户，为两粤入滇往来大道，商贾辐辏，且各省采买铜斤必由该村雇

① 参见黄国信：《清代滇粤“铜盐互易”略论》，《盐业史研究》1996 年第 3 期；李和：《清代粤西路上的滇粤“铜盐互易”》，《甘肃农业》2006 年第 9 期；曹晋：《清代滇粤“铜盐互易”研究》，硕士学位论文，北京大学历史系 2007 年。

② 爱必达纂修：乾隆《黔南识略》卷 30《遵义府 · 正安州》，清光绪三十三年（1907 年）刻本。

③ 乾隆《黔南识略》卷 4《安顺府 · 普定县》。

④ 乾隆《贵州通志》卷 7《风俗 · 镇远府》。

脚转运，距州郡杳远，实难兼顾，而村南六十里之朋普寨烟火数百，奸徒匪类往来窜伏，其间居民串窃攫利，近村朋此行私，更所时有，似此紧要之区，若非专员驻扎，断难使商民攸利，而铜运有益。”[①]弥勒州竹园村地处滇粤交通孔道，各省采买滇铜运输频繁，商业发达，故爱必达奏请设立巡检。再如东川府城，乾隆二十六年（1761 年），云南巡抚刘藻作《东川府志》序言：“郡产铜，滇省所产之半……民夷商贾，四方辐辏，食货浩穰，屹然一都会。”[②]东川府因铜矿的采冶、运输及鼓铸开发吸引了大量外省的商民，附郭会泽县至今仍存留 20 座移民会馆和 9 处行业会馆。乾隆三十六年（1771 年），王昶途经威宁、毕节、永宁、泸州至成都，沿途所见，“毕节为黔滇两省铜运总汇处，市集甚盛”，而泸州“阛阓富庶，市集繁华，盖云南之铜皆于此运江行，故然”。[③]毕节因铜铅运输而人口聚集，商贸繁盛，政府治理难度增加。乾隆四十年（1775 年），贵州布政使郑大进称，毕节“其地人烟稠集，商旅辐辏，威宁、水城运铅必经其境，且有本县代运之铅，料理不易，非明干之员不能胜任，当定为冲繁难相兼要缺”。[④]道光年间，诗人贝青乔途经黔西北，所见“自毕节以西五六百里间，男妇以驮负为业，背盐入黔，背铅入蜀，一路往来如织也，戏赠以诗：岩户由来健步多，相君之背贵如何，入时原不宜强项，俯偻都成郭橐驼。一笑群姓结队来，弓鞋飞步乱山隈，倘逢桴鼓梁红玉，娘子军应领背嵬”。[⑤]可见，因滇铜黔铅外运新开道路，改善了滇黔与外省的交通状况，促进了西南省际贸易的发展。

商税额的增加也反映出清中期西南商业贸易的发展。如雍正二年（1724 年），云南额征“商税、酒税等项课程银一万四千六百八十七两三钱

① 《云南巡抚爱必达奏为添设弥勒州竹园村巡检事》，乾隆十七年八月初十日，《宫中档乾隆朝奏折》第 3 辑，第 572—573 页。

② 方桂修，胡蔚纂：乾隆《东川府志》卷首，刘藻《东川府志序》，乾隆二十六年刻本。

③ 王昶：《蜀徼纪闻》，光绪十七年铅印本。

④ 道光《大定府志》卷 29《惠人志八 · 职官传第二之六》。

⑤ 贝青乔：《半行庵诗存稿》卷 4《毕节县》，见《清代诗文集汇编》第 635 册，上海古籍出版社 2010 年版，第 557 页。

六分二厘零”，至嘉庆十七年（1812年），仅商税银一项即达56772两[①]。再如贵州，乾隆四年（1739年）额征落地牛、马、猪、羊等项杂税银12533两[②]，至嘉庆年间，增至13616两[③]。

同时，商贸的发展促进了矿区城镇的兴起。乾隆九年（1744年），张泓任路南州知州，该州境内报开象羊铜厂，“远近来者数千人，得矿者十之八九，不数月而荒颠成市”[④]。乾隆五十年（1785年）左右，云南布政使王昶为编《铜政全书》，向各厂征集矿厂管理情况，管理香树坡铜厂厂员南安州锣嘉州判赵煜宗禀称：“汤丹宁台等厂人烟辐辏，买卖街场各分肆市，今香树坡厂人民较少，往往互相资办，如油米锅头亦尝伙同贸易煎铜，炉客又或附本开槽……贸迁油米多有南安、易门人，统计往来停留及街场槽硐落业居家各项，约一千余人，五方杂处。”[⑤]虽然香树坡厂产铜较少，乾隆四十八年定额仅为七千二百斤，但该厂集聚人口多达千人，且立有街场。由此推之，汤丹、宁台等年产铜数百万的大厂，“买卖街场各分肆市”，其规模更大。

贵州莲花、柞子、砂硃等厂所在的威宁州妈姑地区，乾隆十六年（1751年），贵州巡抚开泰奏：“再查妈姑厂出铅旺盛，异籍谋食之人聚集最多。”[⑥]道光《大定府志》载：“银厂沟旁有银铅厂，曰天桥厂，初名莲花厂。……乾隆中，普安张万高复开此厂，亦梦大士投以开采之诀。嘉庆中，

① 嘉庆朝《钦定大清会典事例》卷195《户部·杂赋》，《近代中国史料丛刊三编》第65辑第642—670册，第9042页。

② 乾隆《贵州通志》卷14《课程·税课》。

③ 嘉庆朝《钦定大清会典事例》卷195《户部·杂赋》，《近代中国史料丛刊三编》第65辑第642—670册，第9042页。

④ 张泓：《滇南新语》，方国瑜主编：《云南史料丛刊》第11卷，云南大学出版社2001年版，第388页。

⑤ 王昶：《铜政全书·咨询各厂对》，见吴其濬《滇南矿厂工器图略》卷1，顾廷龙主编：《续修四库全书》第880册，第155页。

⑥ 朱批奏折：《贵州巡抚开泰奏为奏闻事》，乾隆十六年闰五月十九日，转引自《清代的矿业》，第334页。

威宁道伊汤安莅任时，出银极盛，每日以万马载砂。”[①]随着铅矿业的发展，妈姑四方商贾云集。“道光年间，有十家大商在妈姑老厂下街开设商号，投资办厂，统购铅锌，整修石街路，迄今还有‘十家号’的街名。”[②]妈姑已经成为威宁州东部的经济中心。其他一般黔铅矿厂所在地，因人口聚集，也形成了大小不等的乡村集市。据笔者统计，道光年间，大定府亲辖地已存在白蜡场、矿厂、煤洞厂、铜厂坡、马鬃岭等与矿厂有关的集贸市场，水城厅也有以福集、茨冲、万福等铅厂命名的农村市镇[③]。福集厂所在的水城厅，基层市镇亦因矿而兴。道光年间大定府知府黄宅中作《仁育里鸡场诗》曰：“万岭盘旋上，场开野市平，鸡鸣山店晓，马放草坡晴。古路修苗寨，通衢入水城，吾邦盐铁货，负贩此经行。”并注：“(福集)铅厂自水城运毕节、州盐自毕节贩水城，路必经此。”[④]水城厅的场坝因外省移民贩运铜铅而兴盛。光绪《水城厅采访册》载：“场坝，离城半里许，铜、盐、铅、布，来往喧嚣，厅治箐华萃于此焉”，而且建有万寿宫、协天宫、禹王庙、广平宫、黄州会馆等多处会馆[⑤]。

对于市镇因矿而兴的过程，王崧在《矿厂采炼篇》中有形象的描绘：“厂既丰盛，构屋庐以居处，削木板为瓦，编篾片为墙。厂之所需自米、粟、薪、炭、油、盐而外，凡身之所被服、口之所饮啖、室宇之所陈设、攻采煎炼之器具、祭祀宴飨之仪品、引重致远之畜产毕具，商贾负贩，百工众技不远数千里，蜂屯蚁聚，以备厂民之用，而优伶戏剧、奇衰淫巧莫不风闻景附，觊觎沾溉，探丸胠箧之徒亦伺隙而乘之。……凡厂人获利谓之发财，发财之道有出槽硐者，有由炉火者，有由贸易者，有由材艺者，有由工力者，

① 道光《大定府志》卷十六《疆域志六》。

② 王明登、龙宪良：《赫章县集市贸易中心——妈姑》，中国人民政治协商会议贵州省赫章县委员会文史资料研究委员会编《赫章文史资料选辑》第2辑，1986年版。

③ 道光《大定府志》卷13《疆域志三》。

④ 道光《大定府志》卷59《文征九 · 诗第十九下》。

⑤ 光绪《水城厅采访册》卷3《营建 · 场寨》。

且有由赌博者，其繁华亚于都会之区，其侈荡过于簪缨之第，羸縢履屩而来，车牛任辇而去。”[①]王崧的描述使我们对清中期西南因矿而兴的城镇有了更为直观的认识，汤丹、宁台、莲花等矿区当属此类。

综上所论，清中期西南地区矿业的兴盛吸引了内地大量的资金和人力，带动了当地农业、手工业的发展，而为矿产外运新辟和修缮的道路，改善了西南与周边地区的交通条件，促进了商业贸易的发展和商税的增长，因矿而兴的城镇大量兴起，使西南整体经济跃上了新的台阶。

① 王崧：《矿厂采炼篇》，见吴其濬《滇南矿厂工器图略》卷1，顾廷龙主编：《续修四库全书》第880册，上海古籍出版社1996年版，第150页。

第四章　清中期云贵矿务管理与西南边疆社会治理

清中期西南地区矿业生产规模巨大，涉及人员众多、地域面广，且持续时间较长，对边疆社会的影响不可避免。在关注其经济带动作用的同时，考察矿业对边疆安全、社会稳定的影响以及政府的应对之策，能够更为全面地认识矿业与社会的关系。本章即从地方财政、公共事业发展和边疆治理三个层面，考察清中期西南矿务管理与边疆社会治理的关系。

第一节　矿业收益与地方财政

矿税是衡量矿业发展程度的重要指标之一，因此成为矿业史研究的重要内容。就清代全国而言，矿课被列入杂赋之内，在财政收入中占比很小。但对清中期的西南地区而言，矿业收益则举足轻重，直接决定地方财政的收入状况，以及对内地协济的依赖程度。况且，除了定额与实征相结合的矿课之外，政府主导的矿产转销亦获利匪浅。因此，全面考察清中期西南地方政府的矿业收益，有助于理解地方财政变化，进而阐释西南边疆社会治理的财力基础。

一、云南的矿业收益与财政改善

以往学者多以定额矿课为基础材料探讨清代云南矿税问题，但定额不等于实征。故笔者在分析定额、实征与奏销关系的基础上，以奏销数据为基础，论证清代云南矿税银的数量、变化及其原因。研究认为，清代云南矿税银处于不断变化之中，经历了从快速增加到缓慢下降的过程，从康熙二十四年（1685 年）至乾隆十四年（1749 年），全省矿税银在波动中快速增加，从 8 万余两增至 18 万余两，这种变化与滇铜产量快速增加密不可分；乾隆十五年（1750 年）至咸丰三年（1853 年），全省矿税银在波动中缓慢下降，从 18 万余两下降至 2 万余两，这主要是银、铜矿业相继衰落所导致。虽然清代云南矿税制度纷繁复杂，定额与实征相互交织，且战争、矿业政策、征课制度亦对矿税有不同程度的影响，但是，矿产量的波动才是矿税变化的决定性因素[①]。

清代云南矿税银最高仅为 18 万两，这远低于学界的普遍认识。这是因为，清代云南矿税奏销的统计范围并不包含政府所有的矿业收益。笔者发现，清代云南矿税奏销仅包括金、银、铜、铅、锡、白铜、铅厂底母及其他共生矿的矿课变价银，且铜课每年从铜息中定额提取，与铜产量变化没有关系，而锡课中又包含锡斤销售的商税银。至于政府转销滇铜所得铜息及剩余铜课银、铸息银、盐课银等均单独奏销，并未包含在矿税之内。

因此，笔者又专门考察清代云南盐税，认为清代云南实征盐税银基本在 30 万—40 万两之间上下波动，均值为 33.9 万两。具体而言，雍正六年（1728 年）至十三年（1735 年），盐税银快速增长，达到 40 万余两，这是由于雍正初年盐政变革之后，余盐归入正额，新开盐井，沙卤盐产量扩大，导致盈余及额外盈余银数量快速增加，从而推升了盐税总额。乾隆元年（1736 年）后，盐税又逐渐降低，这与乾隆元年降低盐斤销售价格有关。此后，盐

---

① 马琦：《实征、定额与奏销：清代云南矿税研究》，《清史研究》2018 年第 3 期。

税总额一直在40万两以下徘徊，正是盐税征不足额、历年皆有拖欠的表现[①]。

至于清代云南铜息，严中平《清代云南铜政考》一书中已有提及，但并未厘清铜课、铜息、铸息三者之间的关系[②]。彭泽益有专文探讨清代铸息和铜息问题，并对云南收铜价格、卖铜价格和铜息在办铜成本中所占比例进行分析，使学界对清代云南铜息的认知进一步深入。但是，因其所引铜息奏销数据仅有5组，而且没有对数据进行辨析，无法重建铜息量的年际序列[③]。与此同时，李中清论述清代云南政府所得铜业收入时认为，铜息与铸息"对云南省级财政至关重要"，但又称"准确估算出省级财政中来自铜矿业的收入是非常困难的"，故未对清代云南铜息进行深入的研究[④]。王德泰以10个年份云南省办获铜斤余息奏销数据为基础，认为每年云南所获铜息银10余万两[⑤]。除了分析样本较彭泽益增加之外，其研究结果并无本质的差别。

既然铜息对清代云南财政至关重要，因此研究清代滇铜矿业的影响时必然无法回避铜息问题。现存清代档案中大量的云南省题销年度办获铜斤余息银两奏折和户部核销题本，为我们考察清代云南铜息问题提供了丰富的资料。因奏销铜课银每年从铜息银中定额计提，课铜变价银与铜息银无法截然分离，故考察清代滇铜课息的来源和数量变化，必须先从铜息的来源入手。

雍正元年（1723年），云贵总督高其倬、云南巡抚杨名时遵旨查奏云南铜矿，称："查得云南铜斤一案，自康熙四十四年以前，通省银铜各厂俱系督抚各官私开，原未奏报，亦无抽收款项按册可稽。因事久显露，经前督臣贝和诺折奏，始委员分管广西、元江、曲靖、永北四府，抽课充饷，每炼铜

① 马琦：《清前中期云南盐税的定额、实征与奏销》，《盐业史研究》2018年第2期。

② 严中平：《清代云南铜政考》。

③ 彭泽益：《清代采铜铸钱工业的铸息和铜息问题考察》，《中国古代史论丛》第1辑，福建人民出版社1982年版，第35—60页。

④ ［美］李中清：《中国西南边疆的社会经济：1250—1850》，林文勋、秦树才译，第276—277页。

⑤ 王德泰：《清代云南铜矿垄断经营利润的考察》，《清史研究》2012年第3期。

百斤，抽课二十斤，外又给管厂头人名为厂委监费，另收小铜九斤，其中不无私自旺收肥己等弊。硐民即将所得之铜抵还官本，各厂铜色高低不同，价亦不一，自三两八九钱至四两一二钱不等，名为出山毛铜，其课名为铜息。自四十四年前督臣贝和诺报出之后，递年加增，尚无一定之额，至四十九年，征获息银九千六百二十余两，此后即为定额，而铜厂俱系给官本开采……云南铜厂自定额以来，即系借给工本官开官收，又拨脚价运至省会及通衢，盖房收贮，拨人看守，招商销售，完课归本，故有官铜店之名也。民间止知算还官本之铜价四两上下，不知铜价之外所费尚多，每年定额铜息九千六百二十余两，皆出于铜内，此课额之项也。"①可见，自康熙二十三年（1684 年）以后，云南铜矿大多为官员私开，处于官府监管之外，铜课税银无从稽考。康熙四十四年（1705 年），云贵总督贝和诺奏请实施放本收铜和官铜购销制度，至四十九年（1710 年）实行课银定额制，每年额征银 9625.7 两。

令人费解的是，高其倬既称"其课名为铜息"，又言"每年定额铜息九千六百二十余两，皆出于铜内，此课额之项也"。名称的混乱源于铜课与铜息之间的密切关联。官府根据铜厂实际产量的一定比例征收的实物矿课，变价之后即为铜课银。同时，自康熙四十四年之后，官府又以低价收购余铜，矿民抵还所领工本银两，官府再将余铜以市价售卖，或以高于收购价格核销折价，所得利润称为铜息银两。因为余铜与课铜一起售卖或折价，所以铜息中包含了课铜变价银，故定额课银从铜息中计提。事实上，因为矿产量的波动，定额课银大多数情况下并不等于课铜变价银。当课铜变价银大于定额课银时，计提定额课银后的铜斤余息中还包含部分铜课变价盈余银；而当铜课变价银小于定额课银时，计提的定额课银中又包含部分余铜购销利润。如雍正二年（1724 年），原任云南布政司、现任工部左侍郎金世扬就其云南任内办获铜斤数目问题回奏称："是年（康熙五十六年）即获铜六十余万，

① 《云贵总督高其倬云南巡抚杨名时奏为遵查奏铜斤利弊情事》，雍正元年十二月二十日，《雍正朝汉文朱批奏折汇编》第 2 册，第 432—437 页。

陆续分售官商，每百斤卖十一二三两不等，除归课息外，余息一万五千余两，俱补历年悬课。”[①] 康熙五十六年之前的悬课应指所得铜息不足以计提定额课银，意味着已经计提的定额课银中含有余铜转销利润；而金世扬任内，计提定额课银之后仍有剩余，即所谓余息银两，而这部分余息银中又包含部分课铜变价盈余银。可见，此时的铜息由课银和办铜余息两部分构成，但两者无法截然分离，即使计从铜息中计提定额课银之后的办铜余息，亦与课铜变价银有密切的关联。

但是，雍正《云南通志》却载：“各铜厂于额例抽收外，豫发工本收买余铜，各厂每斤三四分以至五六分不等，雇脚发运省城，卖给官商，及加耗运供鼓铸，照定价每百斤九两二钱核算，除归还铜本、运脚、厂费等项外，所获余息尽数归公”；又言“至（康熙）四十九年收获课息银九千六百二十五两七钱九厘三毫五丝，后为每年定额，每铜一百斤抽收课铜二十斤，外收小铜九斤……汤丹、普毛等铜厂坐落东川府地方，雍正四年总督鄂尔泰《为钦奉上谕事》题明，新归云南东川地方铜厂，年该课息银一千二百两，每铜一百斤抽收十斤”。[②] 显然，引文中的铜斤余息仅指官府购销余铜所得利润，而这种情况只有当课铜变价银与定额课银相等时才会出现。至于定额课银的扩大，是由于新开铜厂所致，但仍不等于课铜变价银。另据《铜政便览》载：“凡拨卖各款铜斤，除按照实发例价及各厂运至各店运脚、篓筐、领本驮银马脚、厂员书巡薪食、厂费、督抚藩司管厂道府书巡工食、省局炒铜工费外，剩余银两同省城白铜店，定远、元谋、会泽三县抽收白铜税银，金钗厂小课，一并计价划除，余银名为铜息。”[③] 除了没有计提定额课银和厂欠银之外，该书所载铜息计算模式与奏销铜息银两奏折中的基

① 《工部左侍郎臣金世扬奏为遵旨查奏铜斤利弊事》，雍正二年闰四月初一日，《雍正朝汉文朱批奏折汇编》第 2 册，第 886—887 页。

② 雍正《云南通志》卷 11《课程・厂课》，《景印文渊阁四库全书》第 569 册，第 372 页。

③ 《铜政便览》卷 8《杂款・铜息银两》，顾廷龙主编：《续修四库全书》第 880 册，第 356 页。

本一致，只是将划入错记为划除。

雍正六年（1728年），云南总督鄂尔泰奏："今雍正五年分铜厂课息例应于雍正六年五月内奏销，臣查该年分各厂办获铜四百一万三千余斤，除铜课额银一万八百余两，再扣还原本厂费并供铸耗铜外，实应获息银一十四万七千三百余两。又此项铜斤系按奏销定例，每百斤价银九两二钱合算，今运吴楚铜斤卖银十三两，内除正价九两二钱并脚价银三两外，每百斤仍有节省银八钱，又应获息银二万余两，是五年分所办之铜课额余息约共可获银十八万两。"① 此时的铜息与铜课一并奏报，定额课银从铜息中计提，剩余部分被称为余息。同时，从雍正五年开始，云南将本省鼓铸之外的剩余官铜运至汉口、镇江等地，售卖给京商及湖广、江浙等采办京铜省份，售价远高于滇省核销价格，除去工本、运费之外仍有剩余，这部分利润被称为卖铜余息。因此，铜息中出现了除课银和办铜余息之外的第三类，即卖铜余息。如雍正十年（1732年），云南巡抚张允随奏："今自雍正十年正月起至十月止，各厂报到已解获铜二百六十三万五千斤零，约至年底尚可办获铜五六十万斤，总计一年约可办铜三百二十余万斤，获课息银八万一二千两；又永宁、威宁二店卖过客商及各省采买铜斤，获余银三万五千两零，约计一年共获课息银一十二万余两矣。俟臣于奏销时造具细册题报外，合先附折奏闻。"② 此年铜息虽是张允随估算，其中包含定额课银、办铜余息和卖铜余息三类。

但是，乾隆十年（1745年）以后，滇铜课息构成中不再包含卖铜余息部分③。笔者认为，卖铜余息项目的取消与各省采买滇铜价格及运输方式变

---

① 《云南总督鄂尔泰奏为报明五年分办获铜息事》，雍正六年五月二十一日，《雍正朝汉文朱批奏折汇编》第12册，第516—517页。

② 《云南巡抚张允随奏为奏明办获铜斤余息事》，雍正十年十一月二十三日，《雍正朝汉文朱批奏折汇编》第23册，第647页。

③ 《协办大学士兼管户部尚书事务刘于义题为遵旨察核滇省乾隆九年分各厂办获铜斤余息数目事》，乾隆十年九月二十九日，中国第一历史档案馆档案，02-01-04-13933-002；《云南巡抚图尔炳阿题报滇省乾隆十一年各铜厂办获铜斤余息数目事》，乾隆十二年八月初六日，中国第一历史档案馆档案，02-01-04-14123-007。

化有密切相关。不论是雍正五年后滇省运铜至永宁、汉口、镇江等地售卖各省，还是雍正末年至乾隆初年各省赴永宁、威宁、东川各店采买滇铜，滇省核算价格与售卖价格存在一定的差异，而且云南省也承担了一部分滇铜转销的成本，因此铜息奏销中有卖铜余息部分。但是，乾隆六年（1741 年），户部规定："云南各铜厂每一百斤定价银十一两，金钗厂铜质色低黑，每一百斤加耗二十三斤，定价银九两，咨行各省赴滇采买配铸。"[①] 采买高低铜的价格确定，各省又自行承担运回费用，云南省几乎不承担转销成本，卖铜余息极为清晰，故可能将其并入办铜余息之中，不再单独开列，而奏销制度迟至乾隆十年才进行调整。

由此可见，清代云南铜课虽然始于清初，但铜厂多为官员私开，并未纳入政府监管之中，税课无从稽考。铜息始于康熙四十四年，与放本收铜、官铜购销制度有直接的关联。早期的铜息包含课铜变价银和余铜购销利润两部分，铜息与铜课并无明显差别，并称课息。康熙四十九年，云南省实行铜课银定额制，因课铜与官购余铜一起转销或折价，所得利润称为铜息，从中计提定额课银之后的部分被称为办铜余息。但是，铜息中的课银与余息无法截然厘清。随着办铜量的波动，课铜变价银往往不等于定额课银，当其小于定额课银时，部分余铜购销利润被纳入课银之中，而当大于定额课银时，课铜变价银的盈余部分又被纳入办铜余息之中。

此外，自雍正五年开始，云南将本省鼓铸之外的官铜折价之后，再转售外省，所得利润称为卖铜余息，成为铜息中除课银、办铜余息之外的第三类，但乾隆十年之后不再单独开列。至于铜息银的奏销，前文所引雍正元年云贵总督高其倬清查康熙朝云南铜斤的奏折中，对李世德管理云南铜厂的记载较为详细，兹摘录如下：

---

① 嘉庆朝《钦定大清会典事例》卷 175《户部・钱法・直省办铜铅锡》,《近代中国史料丛刊三编》第 65 辑第 642—670 册，第 8063 页。

伊自康熙六十年四月管起，至雍正元年二月终止，连闰共二十四个月，作为二年，共办获铜一百六十一万八千五百三十余斤，以此合算各厂工本，多少不等，牵配合计，每百斤该工本三两九钱四分，共工本银六万三千七百七十两有零，共课息银一万九千二百五十两有零，共脚价银一万六千五十七两有零，共工食杂用银一万四千八百五十两有零，李世德管理两年共厂欠一万二千一百五十二两有零，又将毛铜炼成蟹壳，折耗不一，牵多配少，合算每百斤折铜十三斤，共应折铜二十万八千余斤，按费以九两以百斤算，该值银一万八千七百二十两有零，又炭火人工银每百斤用银三钱，共获银四千四十两有零，实该每百斤值银九两二钱，故以九两二钱估，奏不敢浮冒铜。因李世德病故，随委知府张允随管理，更换人役，逐一清查，于七、八、九月陆续查出各厂漏隐毛铜共四十八万八千余斤。查此项铜斤无一切用费，止除工本、脚价应除银一万九千五百二十两零。再除金钗坡等厂不收小铜外，又获各厂小铜八万三千五百一十余斤，除去脚价，归余银六千五百余两，二共二万六千有零，俟卖出之时，一并交归藩库充饷。①

据上文所言，官府计算滇铜课息以办铜量为基础，除耗铜之外的净铜以每百斤价银 9.2 两折价，再从折价银中扣除收购余铜工本、定额课银、运费、厂费、厂欠、炒炼低铜火工等项之后，所得即为办铜余息。但是，扣除项中除了收买余铜工本、运费、工食杂费三项是办获铜息过程中实际产生的成本之外，厂欠是矿民交纳的余铜不足以抵还预借工本银两的部分，属于从民到官的亏损转移，与铜息并无直接关系，而炒炼低铜工费是铸钱的前期工序，其费用应属于铸钱工本，不应该从折价银中扣除。显然，这样的铜息计算模式并不符合实际，奏销课息银肯定低于实际获得的课息银。同时，从铜息中计提

① 《云贵总督高其倬云南巡抚杨名时奏为遵查奏铜斤利弊情事》，雍正元年十二月二十日，《雍正朝汉文朱批奏折汇编》第 2 册，第 432—437 页。

的定额课银并不能使铜课与办铜余息完全分离。既然如此，如果不计提定额铜课银的话，铜息实际上是铜课与办铜余息之和，即前文所言的课息。

此后云南督抚的奏销折中还记载了不少年份的办获铜息银两数据。如雍正五年（1727年），云南总督鄂尔泰奏："窃照滇省铜厂二八抽课，余铜归官采买，以供鼓铸，奉有成例。查每岁额课银止九千六百二十五两零，每岁所获余息银约一万七八千两不等，计所办铜斤除供鼓铸一百余万斤外，多不过二三十万斤。从前收铜工本俱用铸局买铜银两，办铜既无多，故买铜工本足用。臣自去岁抵任后，督率清查，细心调剂，厂务渐有头绪，雍正四年分办获铜斤余息银已四万七千两零，业经奏明在案"；[①] 再如次年，鄂尔泰奏"今雍正五年分铜厂课息例应于雍正六年五月内奏销。臣查该年分各厂办获铜四百一万三千余斤，除铜课额银一万八百余两，再扣还原本、厂费并供铸耗铜外，实应获息银一十四万七千三百余两。又此项铜斤系按奏销定例，每百斤价银九两二钱合算，今运吴楚铜斤卖银十三两，内除正价九两二钱并脚价银三两外，每百斤仍有节省银八钱，又应获息银二万余两，是五年分所办之铜课额余息约共可获银十八万两"。[②] 这类奏销办获铜息银两数据仅是最终结果，其计算模式应与前文所引李世德的大同小异，即从净铜折价银中扣除收购余铜工本银、官铜运费银、厂费银、厂欠银、炒炼工银及计提定额课银后的结果，所以并非实际所得课息银数据。同时，这类资料缺乏详细的分项数据，也无法像李世德那样重新计算实际所得课息银，仅可以确定实际所得课息银肯定高于奏销铜息银数据。

笔者搜集到自雍正十年（1732年）至咸丰二年（1852年）的大量云南省办获铜斤余息银两年度奏报及户部核销题本，这为清代滇铜课息研究提

---

① 《云南总督鄂尔泰奏报铜矿大旺工本不敷恳恩通那以资调剂折》，雍正五年五月初十日，《雍正朝汉文朱批奏折汇编》第9册，第767页。

② 《云南总督鄂尔泰奏为报明五年分办获铜息事》，雍正六年五月二十一日，《雍正朝汉文朱批奏折汇编》第12册，第516—517页。

供了丰富的资料。但是，奏报中仍然沿用李世德管理铜厂时的课息计算模式，将一些与课息无关的项目作为成本扣除，而且扣除的项目越来越多，又新增与课息无关的其他项目作为收入，导致奏销铜息银数据与实际所获课息银的差距进一步扩大。如雍正十一年（1733 年）所获净铜变价后，“内除铜价、脚价、厂费、厂欠外，约获息银一万九千六百八十二两九钱三分零。又除全年额课九千六百二十五两七钱九厘零，又除供正额铜斤炒炼人工炭火等项银二千七百七十六两三分零，实约余息银七千二百八十一两一钱八分零。又抽获妈泰、茂密、寨子等厂课白铜，并颜色青碌，约变获银三千四百八十两二钱九分零，连前办获铜斤，共实约获余息银一万七百六十一两四钱八分零”[①]。除了扣除厂欠、炒炼火工费外，计算铜息银两时又加入与课息无关的白铜厂课铜变价银及铜厂共生矿抽课变价银。再如道光四年（1824 年）铜息银两奏销中，从应获课息银中扣除了汤丹等厂应交底本铜价银 24745.9 两、拨归司库汤丹等厂归公铜价银 5655.9 两、养廉铜价银 1885.3 两[②]。净铜变价中扣除的项目越来越多，底本银、归公银、养廉银等应属于课息银两的用途，而不是课息产生的成本，但是却从课息中扣除。可见，奏销数据中的铜息银已经不能反映实际所获的课息银数，必须予以修正。

幸运的是，笔者搜集铜息奏销档案中，有 30 个年份的分项记载较为完整，包含办铜量、净铜量、折价银两、收购余铜工本银、官铜运费银、厂费银和卖铜余息银的详细数据。办铜量中扣除耗铜后即为净铜量，净铜量乘以核销价格等于折价银两数，折价银两数中扣除余铜工本、运费、厂费等必要成本后，即为课息银两数。兹将主要分项数据及相互之间的比率关系列表如下：

---

① 《云贵总督庆复奏为题明事》，乾隆三年十二月二十日，《明清档案》第 87 册，编号：A87—45。

② 《云南巡抚韩克均题销道光四年滇省各厂办铜获息事》，道光五年十一月初七日，中国第一历史档案馆档案，02-01-04-20229-023。

表 4-1　清代云南办获铜息奏销档案中的分项数据及其相关比率

公元纪年	办铜量	净铜量	净铜比	折价银	均价	余铜工本银	余铜工本比	运费银	运费比	厂费银	厂费比	成本合计	成本比	课息银	课息比
1722	809265	705265	87.15	64885	0.092	31885	49.14	8029	12.37	7425	11.44	47339	72.96	17546	27.04
1732	3431645	3312144	96.52	304717	0.092	177812	58.35	15781	5.18	10693	3.51	204286	67.04	140415	46.08
1734	1024657	901549	87.99	81942	0.091	45122	55.07	7807	9.53	5975	7.29	58904	71.88	31539	38.49
1735	6496491	6092311	93.78	560493	0.092	341135	60.86	43456	7.75	14460	2.58	399051	71.20	188767	33.68
1736	7598947	7439479	97.90	684432	0.092	401153	58.61	17879	2.61	13164	1.92	432196	63.15	280815	41.03
1738	10457929	9419134	90.07	866008	0.092	555163	64.11	45448	5.25	13278	1.53	613889	70.89	293383	33.88
1739	9420511	8474660	89.96	779669	0.092	497758	63.84	55825	7.16	13138	1.69	566721	72.69	217609	27.91
1740	8434654	7580806	89.88	697434	0.092	449157	64.40	52706	7.56	12945	1.86	514808	73.81	194885	27.94
1741	7545525	6766855	89.68	622551	0.092	399560	64.18	41776	6.71	11247	1.81	452583	72.70	181762	29.20
1742	8757844	7862827	89.78	723108	0.092	466693	64.54	46763	6.47	11277	1.56	524733	72.57	210833	29.16
1743	9258417	8314415	89.80	764517	0.092	495077	64.76	37720	4.93	11661	1.53	544458	71.22	220553	28.85
1744	9249298	8282873	89.55	762024	0.092	490425	64.36	31293	4.11	10698	1.40	532416	69.87	235980	30.97
1746	8421171	7719267	91.67	722141	0.094	445475	61.69	50987	7.06	14039	1.94	510501	70.69	211640	29.31
1747	8542743			718136		454542	63.29	41695	5.81	13335	1.86	509572	70.96	208564	29.04
1748	10344870	9398823	90.85	877817	0.093	551053	62.78	51189	5.83	14992	1.71	617234	70.31	260583	29.69
1749	11920419	10842704	90.96	1017438	0.094	636549	62.56	45485	4.47	14171	1.39	696205	68.43	321233	31.57
1751		10702014		923820	0.086	570975	61.81	51177	5.54	14750	1.60	636902	68.94	286918	31.06
1752	8151871	7492081	91.91	713758	0.095	432997	60.66	46245	6.48	13915	1.95	493157	69.09	220601	30.91
1753	7510174	6869933	91.48	629518	0.092	397862	63.20	58777	9.34	13796	2.19	470435	74.73	159083	25.27
1756	6262433	5547204	88.58	584517	0.105	356560	61.00	33378	5.71	16228	2.78	406166	69.49	178351	30.51
1757	9824952	8877760	90.36	816009	0.092	518781	63.58	46307	5.67	15457	1.89	580545	71.14	235464	28.86
1758	10173155	9158189	90.02	847339	0.093	554881	65.49	41015	4.84	15758	1.86	611654	72.19	235685	27.81
1760	12128836	11227363	92.57	1043245	0.093	634408	60.81	47116	4.52	17330	1.66	698854	66.99	344391	33.01
1761	11712546	10592158	90.43	974479	0.092	610286	62.63	46671	4.79	17833	1.83	674790	69.25	299689	30.75

续表

公元纪年	办铜量	净铜量	净铜比	折价银	均价	余铜工本银	余铜工本比	运费银	运费比	厂费银	厂费比	成本合计	成本比	课息银	课息比
1762	12262600	11050978	90.12	1016690	0.092			51443	5.06	19252	1.89	70695			
1764	13781033	12327541	89.45	1146013	0.093			53922	4.71	18984	1.66	72906			
1765		11875947		1092857	0.092	750621	68.68	52016	4.76	20510	1.88	823147	75.32	269710	24.68
1768		7881110		685798	0.087	529204	77.17	35622	5.19	15329	2.24	580155	84.60	105643	15.40
1769	9759740			821748		676528	82.33	41285	5.02	16632	2.02	734445	89.38	87303	10.62
1773	8639896			709047		547168	77.17	55895	7.88	18498	2.61	621561	87.66	87486	12.34
1778		1167713		95100	0.081	71951	75.66	2221	2.34	2706	2.85	76878	80.84	18222	19.16
1795	13035624			1007791		754648	74.88	38020	3.77	22540	2.24	815208	80.89	192583	19.11
1824	8852875			707271		503766	71.23	75417	10.66	19979	2.82	599162	84.71	108109	15.29
1852	7974132			674977		460880	68.28	68610	10.16	17003	2.52	546493	80.96	128484	19.04

注：该表中的铜息奏销数据均来自中国第一历史档案馆藏清代云南督抚题销办铜余息银两折及户部核销题本。

上表所示，办铜量中净铜所占的比重在 87.15%—97.90% 之间，平均为 90.7%；每百斤净铜折价银，除了乾隆二十一年之外（作为异常数据排除），其他都在 8.1—9.5 之间，平均为 9.2 两。可见，净铜比和折价价格基本稳定，如果有官办铜斤量，即可推算变价银总数。变化最大的是课息银占净铜折价银的比重：康熙六十一年（1722 年）至乾隆三年（1738 年）在 27.04—46.08 之间波动，平均为 36.7%；乾隆四年（1739 年）至乾隆三十年（1765 年）在 24.68%—33.01% 之间徘徊，平均为 29.29%；乾隆三十一年（1766 年）至咸丰二年（1852 年）在 10.62%—19.16% 之间波动，平均为 15.85%。可见，课息比呈阶段性下降趋势。

根据以上分析，笔者修正奏销课息量应以办铜量为基础，按照办铜量的 90.7% 计算净铜量，然后以每斤价银 0.092 两折价，再扣除余铜工本、官铜运费、厂费三项实际发生的成本，剩余部分视为课银和铜息之和。同时，根据课息比的阶段性变化，将课息修正分为三个时段：康熙末年至乾隆三年、乾隆四年至乾隆三十年，乾隆三十一年至咸丰初年，分别对应 36.70%、29.29%、15.85% 三个课息比，求得课息修正公式如下：课息银数 = 办铜量 ×90.7%×0.092× 课息比。兹以笔者曾经考证的清代官铜量序列为准[①]，推算出清代滇铜历年实际获得课息银，并制图如下：

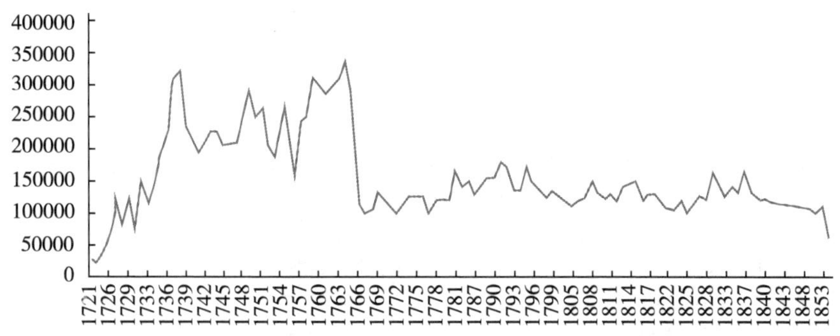

图 4-1　1721—1853 年滇铜课息银变化（单位：两）

① 马琦：《清代滇铜产量研究：以奏销数据为中心》，《中国经济史研究》2017 年第 3 期。

上图所示，清代滇铜课息银变化显著，呈现出三个不同的阶段：康熙六十年至乾隆三年（1721—1738年）的快速上涨，滇铜年获课息银从1万两左右增至32万两，22年中增加了30余倍；乾隆四年至乾隆三十年（1739—1765年），年获课息银快速增长势头停止，在15.3万—33.7万两之间剧烈波动，年均24.4万两；乾隆三十一年至咸丰三年（1766—1853年），年获课息银急剧下降，在9.7万—17.3万两之间小幅波动。总体而言，清代滇铜课息银年均15.4万两，最高达33.7万两。

根据以上所论，矿课、盐课、铜息合计，雍正至乾隆朝前期，云南地方政府的矿业收益年均白银70万两上下，最高超过90万两；乾隆朝后期至嘉道年间，降至每年50万两左右。此外，云南铸钱所获余息银，据王德泰清中期云南铸息银年均约8.9万两[①]。也就是说，清中期云南地方政府每年从矿业中所得收益，约银70万两，最高接近100万两。

矿业收益对云南财政而言举足轻重，云南督抚均有清楚的认识。如雍正七年（1729年），云贵广西总督鄂尔泰称："窃照滇省正赋为数无多，所有盐政厂务最关紧要。"[②]据雍正《云南通志》统计，雍正十年，云南全省条丁、折色、商税、矿课、铸息额共征银77万余两，粮227626石；兵饷、官俸、役食、驿站、办公等银共额支银999586两[③]。如再加上铜息、盐课收入，将从根本上扭转财政入不敷出的局面。到乾隆朝中期，矿业收益在云南财政收入中的比例进一步增加。如乾隆四十二年（1777年），云南实征米麦207541石、地丁银212614两、商税银87305两、矿税银74522两、盐税银321181两、铜息银85752两、公件耗羡及杂项银139115两，共征银

① 据王德泰研究清中期云南各局平均年获铸息银合计而来，参见《清代云南铜矿垄断经营利润的考察》，《清史研究》2012年第3期。

② 《世宗宪皇帝朱批谕旨》卷125，《云贵广西总督臣鄂尔泰奏为报明七年分盐铜课息事》，雍正七年十一月初七日，《景印文渊阁四库全书》第420册，第659页。

③ 雍正《云南通志》卷9《户口》、卷10《田赋》、卷11《课程》、卷12《经费》，《景印文渊阁四库全书》第569册，第258、277、340—375页。

920489 两；该年，云南财政支出包括文职官役俸工、养廉、工食、公费等银 276626 两，官兵俸饷马乾草料银 808340 两、兵米 150520 石[①]，合计约银 123 万两。如再加上铸息银，矿业收益已占云南财政的半壁江山。在财政开支急剧扩大的情况下，依然能够保证财政收支基本平衡，矿业收益功不可没。

嘉庆时期，师范论云南财政称："滇之所入，惟条丁银二十万九千有奇，公件银六万有奇，盐课银三十二万有奇，厂课银十万百有奇，税课银十万有奇，钱局余息二万一千有奇，秋粮二十万石，兵米所余，尚存米七万余石，该折银八万四千有奇，年约进银八十七万三千百有奇；出则文职廉俸、祀典、廪饩、工食、驿站堡夫该银二十八万有奇，武职养廉兵饷该银八十二万两有奇，不足者部拨邻省协济，岁二十万或三十万不等。"[②]当然，师范所言云南财政收入并未包含铜息银。如嘉庆十八年（1813 年），云南实获铜息银 93953 两[③]。也就是说，在嘉庆年间全国财政恶化的情况下，云南财政收支缺口仅为 10 余万两，实属难得。道光二十九年（1849 年），云南实征地丁银 211177 两、粮 209011 石、公件商税银 216844 两、盐税银 344069 两、矿税银 56809 两、铜息银 6 万余两，合计收入银约 110 万两；

① 《署云贵总督云南巡抚裴宗锡奏为查明额征钱粮全完循例奏闻事》，乾隆四十三年六月二十七日，《宫中档乾隆朝奏折》第 43 辑，第 576 页；《署云贵总督云南巡抚裴宗锡奏为核实耗羡公件循例奏闻事》，乾隆四十三年六月二十七日，《宫中档乾隆朝奏折》第 43 辑，第 578 页；《云南巡抚裴宗锡奏为查明盐课银两完欠实数循例奏闻事》，乾隆四十三年七月十六日，《宫中档乾隆朝奏折》第 44 辑，第 260 页；《大学士管理户部事务于敏中题为察核滇省乾隆四十一年分安南等厂抽课银数目事》，乾隆四十二年十月二十五日，中国第一历史档案馆档案，02-01-04-16890-009；《云南巡抚裴宗锡题报乾隆四十二年分滇省各厂办铜余息银两事》，乾隆四十三年六月二十日，中国第一历史档案馆档案，02-01-04-17023-012；《云南巡抚裴宗锡题报乾隆四十二年万宝等厂办铜余息银两事》，乾隆四十三年闰六月初五日，中国第一历史档案馆档案，02-01-04-17023-020；《江西巡抚海成题报委解协滇戊戌年春季兵饷数目日期事》，乾隆四十二年十月二十一日，中国第一历史档案馆档案，02-01-04-16885-008。

② 师范：《滇系》二之一《职官》，光绪十三年重刊本。

③ 《云南巡抚孙玉庭题报滇省嘉庆十八年各厂办铜获息事》，嘉庆十九年七月初四日，中国第一历史档案馆档案，02-01-04-19513-030。

该年开支兵饷银774454两、兵米155072石，再加官役俸工、役食、驿站、办公银约28万两，合计开支银约121万两，收支相抵，不敷银11万两[①]，如再计入铸息，则收支缺口尚低于嘉庆时期。由此可见，清中期云南矿业收益，以及矿业兴盛带动下经济的整体发展，使云南财政状况大为改善。虽然仍然需要内地协济，但其依赖程度已大幅度降低。

二、贵州的矿业收益与财政变化

贵州矿业以黑白铅为主，其产量和抽课前文已有论述。按二成抽课、课铅变价银每百斤1.5—1.8两推算，白铅课税银年均约1.8万两，最高达5.6万两；黑铅课税银年均0.26万两，最高达0.69万两，合计年均矿税银约2万两，最高6万余两。但是，这并不是黔铅收益的全部。因官定课铅变价银远低于市价，部分收益以铸息的形式另行核算，后文将单独讨论。最为重要的是，绝大部分黔铅由政府转销外省，从而获得大量余息银，成为清代黔铅收益的重要组成部分。

雍正六年（1728年），因黔铅销售不畅，大量积压，铅价下跌，云贵总督鄂尔泰建议官购余铅，转销汉口，“约计工本脚价盘费每百斤共银三两五钱，而汉口之价则四两五钱，每百斤实获息银一两”[②]。然鄂尔泰低估了转销余铅的获利水平。雍正八年（1730年），贵州巡抚张广泗奏称：“各厂所费工本多寡不一，其收买价值议定每百斤一两四、五钱不等，另加驮脚盘费，运往永宁、汉口等处销售，现在时价三两七、八钱及四、五两不等，除归

① 《云南巡抚张日晸奏为滇省道光二十九年年分额征钱粮盐课照数全完事》，道光三十年七月初二日，中国第一历史档案馆档案，03-3100-035；《云贵总督程橘采题请核销滇省道光二十九年金银铜锡各厂课银数目事》，道光三十年十二月二十一日，中国第一历史档案馆档案，02-01-04-21457-039；《广东巡抚叶名琛题报委员管解奉拨协解云南省道光二十九年绿旗官兵俸饷银两事》，道光二十九年闰四月二十八日，中国第一历史档案馆档案，02-01-04-21437-002。

② 《云南总督鄂尔泰奏为奏明借动库项收铅运售获息情由事》，雍正六年十月二十日，《雍正朝汉文朱批奏折汇编》第13册，第721页。

还买本脚价，每百斤可获余息银一两四、五钱不等。”[①] 另据雍正十年（1732年），贵州布政使常安奏报：“查运售余铅，抚臣折奏虽称自八年四月起，其实起自七年之五月，运售迄今将三年矣，至于余息每百斤原议息银有一两四五钱，又有平头银、水秤头、零星节省，每百斤四五钱不等。”[②] 也就是说，贵州转销黔铅，自雍正七年五月就已开始，每百斤获银高达2两。至于贵州转销白铅所获息银数量，据雍正十年常安查奏：“计自雍正八年四月接准部文起至雍正九年三月底止，一年限满，已据开报买售过余铅银两数目，除原借库银六万两仍留充工本外，已解过司库余息银八万余两，又自雍正九年四月至本年二月得获余息银约有十一万余两，尚有零星节省余息，俟三月底一年已满，方可扣算确数开报，则是原借工本六万两办理，通计两年所获余息已有二十余万两矣，又此外尚有已实存厂未运并已运往永宁、汉口等处水次尚未销售之铅共约有二三百万斤，俟运售完日亦约有余息银三四万两。”[③] 雍正十二年（1734年），常安又奏报：“再黔省倭铅一项大有裨益。自奴奉旨清查以来，雍正十年获余息银一十六万三千五十余两，十一年又获余息因一十六万九千九百余两。”[④] 按雍正七年五月至十一年，贵州转销白铅所获息银，年均应不低于10万两。

虽然雍正十三年黔铅京运开启，但贵州产量巨大，除满足京运之外，余铅于乾隆初年开始，继续转销外省。如乾隆六年（1741年）户部复核贵州莲花白铅厂奏销时称：“该厂自乾隆四年六月初一日起至乾隆五年五月底止，共抽获课铅二十三万五千四百三十三斤……查该省收存铅斤，前经臣

① 《贵州巡抚张广泗奏为奏明事》，雍正八年三月二十七日，《雍正朝汉文朱批奏折汇编》第18册，第324—328页。

② 《贵州布政使常安奏为遵旨回奏事》，雍正十年六月十二日，《雍正朝汉文朱批奏折汇编》第30册，第521—534页。

③ 《贵州布政使常安奏为遵旨回奏事》，雍正十年六月十二日，《雍正朝汉文朱批奏折汇编》第30册，第521—534页。

④ 《江西巡抚常安奏为奏闻事》，雍正十二年二月初一日，《雍正朝汉文朱批奏折汇编》第25册，第823页。

部议，令于每年配解京局之外，余存铅斤设法疏通，归还原款。嗣据该督咨覆，莲花砂硃二厂扣至乾隆六年三月底，约共存铅六百五十九万五千余斤，酌留三百一十万斤以备川黔二省鼓铸并配运京局之外，其余铅三百四十余万斤，请就近厂地及发运重庆销售。等因在案。所有前项抽存课铅，应令该督张广泗速作变价，报部查核可也。”[①]该年度，贵州“于永宁卖过砂硃、莲花二厂运存旧余铅三十四万五百斤，每百斤卖银三两九钱，共卖获银一万三千二百七十九两五钱，除本计息，应归还原用工本脚费银七千五百四十七两四钱七分外，实获余息银五千七百三十二两三分”[②]。永宁所售黔铅乃四川采买，每百斤实获息银 1.68 两。

乾隆五年后，各省纷纷开局，赴汉口采买铅斤配铸，导致楚铅价格飙升。如乾隆十年（1745 年），乾隆十年户部尚书刘于义奏：“至于配铸之黑白铅锡，俱买于湖北之汉口，连年各省一齐开铸，以致汉口铅价日贵一日。”[③]因此，乾隆十一年（1746 年）贵州总督张广泗奏请：贵州每年余铅“尚有百万余斤，动藩库公项银，尽数收买，运至四川之永宁下船，抵赴汉口发卖，以供江浙等省钱局采办之用”[④]。这就是黔铅楚运，每年运销一百万斤。此后，黔铅产量进一步扩大，乾隆十四年（1749 年），经爱必达奏请，楚运每年增至 200 万斤[⑤]。另据乾隆三十一年（1766 年），贵州巡抚方世儁奏：“窃照黔省出产白铅，于乾隆十四年经前抚臣爱必达奏准，每年酌拨二百万斤运湖北汉口售供各省鼓铸之用。嗣于二十年前抚臣定长议请正额之

① 《议政大臣协理户部事务讷亲题为遵旨核查贵州省威宁州属莲花厂乾隆四年六月至五年五月抽课事》，乾隆六年十月二十九日，中国第一历史档案馆档案，02-01-04-13402-005。

② 《协理户部事务讷亲题为会查黔省莲花等厂收存课余铅斤数目及存剩工本等银数目事》，乾隆七年四月初四日，中国第一历史档案馆档案，02-01-04-13450-013。

③ 《吏部尚书兼管户部尚书事务刘于义奏为遵旨议奏江西采买滇铜黔铅鼓铸事》，乾隆十年六月二日，《明清档案》第 138 册，编号：A138—26。

④ 《皇朝文献通考》卷 17《钱币考五》，《景印文渊阁四库全书》第 632 册，第 353 页。

⑤ 《户部题复贵州巡抚爱必达将黔省各省厂余铅酌定官商分买备贮运销及请拨工本等项事》，乾隆十四年六月，《内阁大库档案》，编号：000102915。又载《清高宗实录》卷 342，乾隆十四年六月上乙酉条，《清实录》第 13 册，第 735 页。

外，加运一百八十万斤，经部复准办理。至二十三年因楚局递年分运壅滞难销，前抚臣周琬查明奏请停运一年，并于加运铅内酌减四十万斤，每年共运铅三百四十万斤。迨后二十五年，又因汉局存积铅斤约敷两年销售，复经前抚臣周人骥奏明，停运一年，并请将加运一百四十万斤停止办理，每年止照原议拨正额铅二百万斤运楚销售各在案。兹据布政使良乡粮驿道永泰会详称，查明楚局原积铅斤自渐运以来，按年销售，所余无几，请自乾隆丙戌年起，每年加运铅一百万斤，存贮楚局，以备售供。"[①] 按方世儁所称，乾隆二十年起，楚运正额之外，每年加运铅 180 万斤，乾隆二十五年（1760 年）因楚铅销售不畅，将加运取消，仍照原额，至此又恢复至每年 300 万斤的运销额。

乾隆三十六年（1771 年），贵州巡抚李湖奏："自乾隆三十年间刘标亏空工本侵挪运费，铅额既亏，铅运屡误，已渐成积重之弊，前抚方世儁复奏，请加运楚铅一百万斤，于办理掣肘之时倍增捉襟之困，以致该厅州节年所办那后补前，辗转停压。现据楚运委员李华钟、王石润等月报册开：戊子年上加运铅八十一万余斤，已丑年仅收正额铅一百六十余万，是徒有加拨之名，反启压运之累，转不如循照旧额，年运年清之较为核实也。"[②] 也就是说，乾隆三十三年仅加运 81 万斤，而次年已无加运，正额尚且短缺 40 万斤。乾隆三十七年（1772 年），贵州巡抚觉罗图思德奏："其运楚销售额铅三百万斤，先经李湖条奏，请裁减加运一百万斤。臣查各省采买，除减炉停铸加卯等，尚需铅二百一十八万斤，今正额二百万斤，加运五十万斤，以三十五年为始，每年办运二百五十万斤。"[③] 可见，李湖裁减加运 100 万斤后，图思德又奏请加运 50 万斤，即自乾隆三十五年起，每年楚运白铅正加

---

① 《户部奏为加运楚局铅斤事》，乾隆三十一年三月，《内阁大库档》，编号：000049046。

② 《贵州巡抚李湖奏为清厘运铅积弊事》，乾隆三十六年七月初十日，中国第一历史档案馆档案，04-01-30-0481-021。

③ 《贵州巡抚图思德奏为遵旨查明楚铅迟误及催运在途积铅情形事》，乾隆三十七年十一月二十二日，《军机处档折件》，编号：018826。

250万斤。

关于这一时期黔铅外销所获余息，据乾隆二十四年（1759年）贵州巡抚周人骥奏报：乾隆二十一年四月起至二十二年三月底，“永宁等处销售余铅一百二万九十五斤，每百斤价银三两九钱，共银三万九千七百八十三两七钱三分二厘零，内除归还原用工本银二万九千九百一十两七钱二分一厘零，获余息银九千八百七十三两一分六毫零”；“汉口销售余铅二百六十一万四千二百一十八斤零，收回工本脚费银八万四千九百八十三两一钱九分六厘零，其所需官役养廉工食等项，应于汉口委员造册报部核销”[①]。两处共售黔铅3633413斤，永宁售铅获息银9873两，平均每铅百斤获息银0.97两。运汉黔铅261万余斤，每铅百斤成本、运费银共计约3.25两。汉口铅价，据乾隆五十三年（1788年）江西巡抚何裕城奏称：“惟查湖北汉口镇现积有商贩黑铅，但向赴楚南买运，每百斤共银四两四钱五分有奇，今汉镇商铅时价实需五两七钱零。”[②]虽然此就黑铅而言，白铅价值应不及于此。相比永宁售铅所获息水平，汉口售铅所获余息，每铅百斤应不低于白银1两。据此推算，贵州楚运售铅每年所获息银约2.5万两。

此外，据乾隆十五年（1750年）户部引贵州巡抚爱必达奏称：“核计除汉口销售铅斤已奏销准照实需之数售卖外，其运铅节省及卖钱获息，按年约有银六万两，止需三年即可足敷抵用。”[③]此处所言“卖钱获息”是指将宝黔局所铸制钱运往重庆兑换白银，因重庆银钱比价高于毕节，所得差价即为卖钱余息。乾隆十九年（1754年），贵州巡抚定长奏：“窃查黔省大定府属毕节县属黔局鼓铸项下，向有秤头余铜，又局内应给官役养廉工食钱文，均于该局带铸，发运折给。缘从前毕邑每钱一串易银不及一两，炉役等不愿领

① 《署贵州巡抚周人骥题为详明筹办厂务等事》，乾隆二十四年正月二十一日，中国第一历史档案馆档案，02-01-04-15200-002。

② 《清高宗实录》卷1299，乾隆五十三年二月乙卯，《清实录》第25册，第464页。

③ 《户部尚书蒋溥奏为预筹减拨之未议以重帑项事》，乾隆十五年二月二十六日，《明清档案》第162册，编号：A162—89。

钱，遂将折给之养廉工食钱文，同秤头带铸钱一并，运至四川重庆府变价，获有余息，留充地方公用。于乾隆十一年前督臣张广泗奏明，经军机大臣等议复，奉旨俞允，钦遵办理在案……今则易银一两零五分，钱价日渐昂贵，有妨毕民日用，且运京铅斤俱运赴重庆，装载北上，一遇马匹稀少，铅钱并运，每致周章，自应停运川钱，就地变价，庶于民用铅运两有利便。”[①]当然，贵州宝黔局铸钱还获有铸息银约2万两[②]。

以上课铅变价、余铅转销、鼓铸获息、卖钱获息及运铅节省，合计贵州地方政府的黔铅收益年均超过白银10万两。黔铅之外，根据第三章所论贵州铜、水银二矿的产量与产值，推算其矿课变价银亦应有2万两。也就是说，清中期贵州地方政府年均所获矿业收益可达白银12万两左右。

每年增收10余万两白银，对于内地赋税大省也许不值一提，但就清代贵州而言，无异于雪中送炭。如乾隆十八年（1753年），贵州全省“额征银一十二万五百六十两零，本色米豆一十二万九百一十九石零”[③]。至嘉庆二十五年（1820年），贵州册载成熟田地2767032亩，年征米粮162181石、地丁正杂银93821两[④]。可见，每年矿业收益超过地丁银，成为贵州财政收入的最大来源。对此，贵州地方官员早有清楚的认知。如雍正八年（1730年），贵州巡抚张广泗奏：“但黔省每年地丁税课仅止一十一万有零，不及腹省一大州县，并无别项羡余可以筹酌之处，惟有矿厂一项，乃天地自然之利，应为画议调剂者。”[⑤]乾隆四十一年（1776年），贵州巡抚裴宗锡亦言：

---

① 《贵州巡抚定长奏为停止川运钱文以利民用以疏铅运事》，乾隆十九年五月初八日，《宫中档乾隆朝奏折》第8辑，第452—453页。

② 据王德泰研究清中期宝黔局平均年获铸息银合计而来，参见《清代云南铜矿垄断经营利润的考察》，《清史研究》2012年第3期。

③ 《贵州巡抚定长奏陈黔省乾隆十八年征收地丁钱粮事》，乾隆十九年五月初八日，《宫中档乾隆朝奏折》第5辑，第453页。

④ 穆彰阿、潘锡恩等纂修：嘉庆《重修大清一统志》卷499《贵州统部》，四部丛刊本。

⑤ 《贵州巡抚张广泗奏为奏明事》，雍正八年三月二十七日，《雍正朝汉文朱批奏折汇编》第18册，第324—328页。

“窃照黔处荒裔，连山丛莽，绝少平旷，野无百谷之繁殖，市罕估客之鲜华，数十万井田之赋所出绳比江南一大县，全资铜铅矿产裕课利民。向来铅为最，铜次之。”[①]

三、川南的矿业收益

根据第三章推算，清中期川南铜产量年均75万斤，最高时超过200万斤。按川铜二成抽课，每铜百斤加收耗铜四斤八两，官收余铜每百斤价银10两推算，四川每年所获铜课变价银1.8万两，最高可达4.9万两；乾隆朝前中期，川南黑白铅年产量在47万斤左右，乾隆后期至嘉庆朝，则降至40万斤上下，按每百斤价银2两推算，四川每年所获课铅变价银两三千两。此外，川南年产白铜6万斤左右，抽课变价银约两千两。

此外，四川抽收课耗余铜铅及采买滇铜、黔铅运供宝川局鼓铸。如乾隆十一年（1746年）六月至次年五月，宝川局鼓铸用铜铅锡共计60万斤，除采买黔铅27.5万斤及滇锡外，其余全用本省所产，获余息银24253两[②]。乾隆二十年（1755年），川南铜铅产量大增，宝川局“增炉十座，共四十座，每年加铸十八卯，每年需铜一百四十万斤”[③]，乾隆二十五年（1760年），四川布政使吴士端亦言：“窃照川省设局鼓铸钱文，岁需铜一百三十五万斤，协拨陕楚两省铜五十五万斤，向来此项铜斤，取资于乐山县老硐沟厂者十之六七，建昌属之各厂者十之三四。”[④]除了每年采买黔铅102万及滇锡外，其余所需全产自川南。如乾隆二十一年（1756年）四月至二十二年三月，

---

① 裴宗锡：《滇黔奏稿录要》（不分卷）《奏为筹请广采山矿以裕民生事仰祈圣训事》，乾隆四十一年八月十二日，第271—274页。

② 《四川总督策楞题为请增鼓铸以便兵民事》，乾隆十六年八月二十六日，《明清档案》第174册，编号：A174—84。

③ 常明等修，杨芳燦、谭光祜等纂：嘉庆《四川通志》卷70《食货·钱法》，嘉庆二十一年刻本。

④ 《四川布政使吴士端奏为开采铜铅矿厂请通融拨补厂费以收实效事》，乾隆二十五年十月初二日，转引自《清代的矿业》（上册），第219页。

“永宁等处销售余铅一百二万九十五斤，每百斤价银三两九钱……获余息银九千八百七十三两一分六毫零”[①]。如之前获息率推算，年获铸息银高达 12 万余两。其后，川铜产量下降，宝川局亦随之减卯鼓铸。如乾隆三十七年（1772 年）十二月起至次年十二月，宝川局鼓铸用铜铅锡共 120 万斤，除采买黔铅 49.8 万斤、滇锡 22440 斤，获息银 53311 两[②]。

虽然宝川局铸钱所获余息，部分来自黔铅滇锡，但川铜曾大量外销陕西、湖北、云南，川铜余息银亦当不少。因无法截然分离，故牵混计算，四川年获铸息银应不低于 5 万两。加之全文所论矿课变价银，清中期川南矿业收益每年约银 7 万两。

以上所论，清中期，来自云贵川南的矿业收益年均约银 90 万两，最高超过 120 万两。尤其是云贵两省，矿业收益占其财政收入的半壁江山，极大地改善了当地财政入不敷出的困难局面，不但降低了对内地协饷的依赖程度，而且为公共建设和地方治理提供了必要的财政基础。

第二节 矿税用途与边疆社会发展

边疆地区经济发展相对滞后，财政收入有限，严重制约了军队、城防等安全建设和水利、救济等社会公共事业建设的投入，甚至地方官员待遇、行政办公经费亦被迫压缩。虽然清代中央政府很早就赋予边疆省份财政存留本地公用的特殊政策，且大规模从内地协济以添补边疆军饷缺额，但是，本地微薄的财政收入也从根本上限制了对社会建设和发展的投入。清中期西南

① 《署贵州巡抚周人骥题为详明筹办厂务等事》，乾隆二十四年正月二十一日，中国第一历史档案馆档案，02-01-04-15200-002。

② 《署四川总督文绶题为请增鼓铸以便兵民事》，乾隆四十年一月二十五日，《明清档案》第 223 册，编号：A223—14。

边疆矿业兴盛所产生的大量收益，为边疆地区社会发展提供了必要的财政支持。

一、云南矿利的用途

划拨兵饷是清中期云南矿利的主要用途。雍正十二年（1734 年），云南巡抚张允随称："窃照滇省银课兵饷攸关，而各厂铜斤尤备鼓铸之所急需，兼以滇处极边，山多田少，民夷商贾率籍厂地资生，须矿砂旺盛则国计民生两有裨益。"[①] 不仅银课有关兵饷，盐课银亦大量划拨兵饷。如雍正十三年（1735 年）云南实征盐税银支出中，"一奉文拨充乾隆元年春季兵饷，动支雍正十三年分盐课银五万两；一放奉文拨充乾隆元年兵饷，动支本省秋拨案内留备兵饷下剩节年盐课银一十一万三千六十七两八钱五分七厘零，俟于奏销乾隆元年兵马钱粮案内造册报销；一放奉文拨充乾隆丁巳年春季兵饷，动支雍正十三年分盐课银一十四万六千五百一十六两七钱六分二厘零，俟于奏销乾隆丁巳年兵马钱粮案内造册报销；又准盐驿道移支乾隆元年薪本役食，动支雍正十二十三两年盐课银六万两……通共放过银三十六万九千五百八十四两六钱二分零"[②]。拨发兵饷共计银 309585 两，占该年盐税开支的 83.76%。再如乾隆五十三年（1788 年）云南盐课奏销，"放乾隆五十四年兵饷，奉拨本省冬拨案内请留银内，动支节年盐课银二十一万五千三百九十五两六钱六分四厘"，占该年盐税银支出的 74.19%[③]。嘉庆年间依然如此，只是军费在盐税支出中的比例有所下降。如嘉庆九年（1804 年）云南盐税银，"又放维西军需项下，借动节年盐课银一十万

---

① 张允随：《张允随奏稿》（上册）《奏为奏报银铜厂务增收课息事》，雍正十二年五月二十七日，见《云南史料丛刊》第 8 卷，第 527—775 页。

② 《云南巡抚张允随题为奏销滇省各井雍正十三年份盐课盐税银两事》，乾隆元年六月二十八日，中国第一历史档案馆档案，02-01-04-12854-011。

③ 《云南巡抚谭尚忠题报滇省乾隆五十三年份黑盐等井征收盐课银两管收除在数目考成各官事》，乾隆五十四年十月二十九日，中国第一历史档案馆档案，02-01-04-17540-004。

两，又放各标镇协营领支出师川省阵伤亡故官兵应需恤赏，动支节年盐课银八万六千八百六十八两，又放各标镇协营出师川省阵伤亡故官兵应需恤赏，动支嘉庆八年分存剩盐课银一万两”[①]。

铜息银主要用于支放官员养廉、边防建设、社会救济及应急储备。如乾隆元年（1736年）云南获铜息银27万余两，次年云南巡抚张允随奏销时言：“查滇省各铜厂办获铜斤余息银两，每年除支放黔省各官养廉、云南学政养廉及盐余案内应拨公件银两，并普济堂老人食米等项公用外，其余请照盐余归公事例，留为地方应办修理军装、建造城署营房等项，并一切紧要公事之用。”[②]从张允随所言可知，铜息银的开支仿照盐余归公事例，即盐课盈余银亦有边防建设和应急储备的用途，不仅仅是划拨兵饷。

关于云南应急储备银的来源和组成，据乾隆十七年（1752年）户部议复云南巡抚爱必达奏称：“该臣等会查得，云南巡抚爱必达奏称，滇省岁需官兵俸饷银九十万二百余两，除本省地丁商税盐课等项支给外，每年尚须于腹地省分拨协兵饷银二三十万不等，而酌留封贮银两存司库者仅四十八万五千三百四十二两零，存各府库者仅一万八千两，统计不过五十万三千二百四十余两。设有紧要之需，邻省如广西、贵州、四川同属边远之区，均资他省接济，无可拨协，若于别省拨协，是必缓不济事”，故爱必达建议，“请于附近各厂之东川，除旧设炉二十座专搭兵饷外，添设炉五十座，每年共需工本银十万六千八百两零……每年共可获息银四万三千余两，以充备贮之项。开设十年，可得息银四十三万余，连原有之数几及百万，足称有备无患”，户部亦认为，“是该省铜铅充裕，增铸钱文可以通融

① 《云南巡抚永保题请核销嘉庆九年份各井盐课银两动存各数事》，嘉庆十年五月初八日，中国第一历史档案馆档案，02-01-04-18563-029。

② 《云南巡抚张允随题报滇省乾隆元年分办获铜斤余息银数事》，乾隆二年七月初八日，中国第一历史档案馆档案，02-01-04-12996-008。

搭放，易银备贮，事属有益，应如所奏”[①]。此项银两的正式称谓应为“酌留贮存银”，每省均有预留。然云南地处边地，爱必达认为50万两不足应急，故借滇铜大旺之际，奏请于东川设立新局，鼓铸获息，以此扩大酌留贮存银的规模。

除一般公用和应急储备之外，铜息银还用于划拨兵饷。如乾隆二十年（1755年），云南巡抚爱必达奏：“兹查滇省司库收存节年铜息银两，截至乾隆二十年八月底止，实存银一百四万九千九十六两零。此项银两原系留充本省公事之用，现在公事无多，每年收获铜息银两除动支外俱有余存，所有司库现存铜息银内，应请酌留银三十四万九千九十六两零以备公用，其余银七十万两，即以拨充乾隆二十一年并丁丑年兵饷。嗣后司库收存铜息银两积有成数，即奏明酌拨充饷。庶库项皆归实用，亦可免邻省协解之繁。”但皇帝并不完全认同爱必达的建议：“滇省地处边徼，备公银两务宜宽裕。著将此项铜息银内以五十万两拨充兵饷，其余俱留充该省公用，余依议。”[②]可见，皇帝虽同意将50万两铜息银划拨兵饷，但并未将铜息划拨兵饷制度化，仍以边疆公事为重。

此外，云南还以铸息银支持官购余铜价格的提升，缓解矿民工本不敷的困境。如乾隆二十五年（1760年），云贵总督爱必达奏：“滇省汤丹、大碌等铜厂采办工本不敷，前经奏准，将东川钱局每炉每旬加铸半卯，以所获息银为该厂加价之用。今计老厂及各子厂年办铜斤不下一千一百余万，东局加铸之息尚不敷添价之用，可否将省城、临安二局亦照东局，每炉每旬加铸半卯，其铸本即于铜本项下借支”，皇帝朱批：“如所议行。”[③]官铜提价改善了矿民的经营状况，从而刺激了铜矿生产。如乾隆二十八年（1763年），云

① 《大学士管户部事务傅恒奏为遵旨速议具奏事》，乾隆十七年五月四日，《明清档案》第180册，编号：A180—115。

② 《大学士管理户部事务傅恒奏为遵旨议奏事》，乾隆二十年十一月四日，《明清档案》第87册，编号：A191—95。

③ 《清高宗实录》卷611，乾隆二十五年四月庚子，《清实录》第16册，第868页。

贵总督吴达善又奏："滇省汤丹、碌碌厂采铜，上年奏准每百斤加银四钱，该二厂每年办铜六七百万，约需加价银二万六七十两，于本年加卯铸息内支给外，即将前年存积余银四万两逐渐添补。查自乾隆二十七年十月奉文加价起，至本年八月止未满一年，共办获铜七百二十余万斤，是将来加卯年息及前年存积余录心不敷加价之需，请于东川新旧二局炉内，本年冬季每旬每炉加铸半卯，仍于铜本内借支铸本，铸出钱文照例以一千二百文作银一两，扣解道库，除归还借款及支销经费外，计一季可获息银一万一千九百余两，以备来年加价之需。"[①]以扩大铸钱所得铸息支持官铜提价，从而促进铜矿业发展，实为支持矿业发展的举措。此项铸息用途虽与社会发展没有直接关系，但矿业持续发展从根本上扩大了云南政府的矿业收益，带来更多的就业和收入，对于社会发展不无好处。

二、贵州矿利的使用

前文已论，从雍正七年开始，贵州即转运黔铅于汉口等地销售，获利丰厚。次年（1730年），贵州巡抚张广泗奏："仰恳圣恩，将此项余息银两赏给黔省，以便补足石礼哈原议归功项内缺少之二万余两，并将各官养廉量为酌增，以及新设苗疆道厅等官，暨通省经教杂职应与养廉之处，酌议分给，又共需银二万八千二百余两外，其多余之数俱按年造册报部，存贮藩库，以备地方要务支用。"朱批："料理甚属妥协，照所请行。钦此。"[②]张广泗请将黔铅余息银归公，以此弥补黔省官员养廉银的不足，其余作为贵州地方政府公用经费使用。可见，弥补官员养廉和开支地方公用是黔铅余息的主要用途。

但是，雍正十一年中央决定黔铅京运后，贵州即无法大规模转销余

① 《清高宗实录》卷697，乾隆二十八年十月癸丑，《清实录》第17册，第813页。

② 《贵州巡抚张广泗奏为奏明事》，雍正八年三月二十七日，《雍正朝汉文朱批奏折汇编》第18册，第324—328页。

铅以获取余息，本省官员养廉及地方公用所需资金缺口成为贵州巡抚必须解决的问题。因此，雍正十三年（1735 年）云贵总督尹继善奏："因倭铅奉文解运京局供铸，贵州已无此项余息可补，是以奏请每解京铅一百斤，除铅价、厂费、旱脚二两四钱七分外，再赏息银一两零三分，共息银三万七千六百九十余两，以为前项之用。"[①] 但是，这一奏请并未获批。乾隆四年（1739 年），户部复核贵州总督张广泗奏称："（黔省养廉）总共一十万四千九百九十六两九千二分，除将通省岁收钱粮、耗羡耗米变价等银六万七千三百六两九钱零支给外，尚不敷银三万七千六百九十两，向在铅斤余息内拨补。嗣因铅斤运交京局鼓铸，并无余息，无项动支，于雍正十三年经升任督臣尹继善具奏准，部咨令于滇省铜息银两每年拨补银三万七千六百九十两协济在案，经令数年，官员又有添设，地方公务日益繁多。如臣抵任后，蒙圣恩加给总督养廉，并学臣养廉不敷，酌议加赠，并新疆添设员弁俱应议给养廉，兼应行酌办事宜，共又新增银二万三千四百一十八两四钱三分零，连前原定续奏内应行册改各项外，实总共养廉公费银一十二万七千三百八十九两三钱五分零。查养廉公费按年递增，而岁收各项止有此数……除支给各项外，共不敷银三万八千三百三两六钱五分零，今无项可给。臣行司道酌议，惟有运铅水脚节省银内可以动支帮补，似属以公济公。"户部批文："以上养廉公费除核减之外，其应增银两，应如该督张广泗所请，于运铅水脚节省银内动支。"[②] 也就是说，户部以云南铜息银协济贵州，代替尹继善的赏息之请。此后，随着贵州养廉银总体规模的扩大，经张广泗的奏请，户部又以水运铅斤节省银予以添补。

以上所论，主要是就贵州文官养廉而言。乾隆四十七年（1782 年），贵

---

① 《云贵广西总督尹继善奏为遵旨议奏事》，雍正十三年二月初四日，《雍正朝汉文朱批奏折汇编》第 30 册，第 839—840 页。

② 《协理户部三库事务讷亲奏为请旨事》，乾隆四年五月二十八日，《明清档案》第 89 册，编号：A89—17。

州巡抚李本奏："臣查黔省每年额征耗羡，动支文职养廉尚有不敷，年需兵饷例系题拨别省解黔协济，今武职养廉每年需银八万四千八百四十余两。查有办运铅斤历年节省项下，截至四十六年岁底，现存银三十万二千八百余两，系奏明充公，并帮补文职养廉、工费、修理城垣之用，所有武职养廉应请即于此项银内按年动支报销。"朱批："该部知道。"[①] 综合三次奏请，贵州矿税每年弥补贵州文武官员养廉、办公经费银达 14.5 万两。

帮办军饷、修理城垣、疏浚河道等军需建设和地方公共建设也是贵州矿利的开支范围。雍正十二年（1734 年），原贵州布政使常安奏：转售黔铅银两，除工本运费外，"余存银两皆作台拱军需犒赏、安站马匹、官员公费，以及通省养廉不敷之用"[②]。同年，贵州巡抚元展成引用常安前奏称："至倭铅银两，自雍正七年至雍正十一年十二月止，共收过银二十五万余两，内除历年支给过养廉公费及军务等项银二十一万余两，实存库银四万六千余两……所有古州、清江两处改建石城最为紧要，若得现存司库之捐纳铅余银两动支，改建已足敷用。"[③] 乾隆十五年（1750 年），户部议复贵州巡抚爱必达奏称："臣伏查黔省铅斤上下两运，并六斤八斤节省及秤头铜斤，铸钱运川变卖获息，并汉口销售铅斤息银，奏准为城工、河道暨各官养廉不敷之用。……（黔铅余息）三项共存库银一十四万一千三百一十九两五钱，内留接济各官养廉银二万两，尚存银一十二万一千三百一十九两五钱。臣窃思黔省河道尽可从缓，其应修平越、思州、水城、黔西、天柱等府厅州县，并续修之铜仁等处城工，共酌需工料银一十八万六千九百三十七两零，核计除汉口销售铅斤已奏销准照实需之数售卖外，其运铅节省及卖钱获息，按年约有

① 《贵州巡抚李本奏为拨支武职养廉兵丁赏恤银款事》，乾隆四十七年三月十三日，《宫中档乾隆朝奏折》第 51 辑，第 201 页。

② 《江西巡抚常安奏为奏闻事》，雍正十二年二月初一日，《雍正朝汉文朱批奏折汇编》第 25 册，第 823 页。

③ 《贵州巡抚元展成奏为遵旨覆奏事》，雍正十二年二月初四日，《雍正朝汉文朱批奏折汇编》第 25 册，第 845 页。

银六万两，止需三年即可足敷抵用。”①

通过以上分析可知，清中期西南边疆的矿业收益主要有三大用途，一是支持军事边防建设，如军饷划拨和军需供给、城池修筑的开支。在降低对内地协济依赖的情况下，大量矿业收益的使用保障了西南边疆地区的安全与稳定。二是弥补官员养廉和扩大办公经费，改善边疆官员的工作和生活条件，对于稳定边疆治理人才队伍具有重要作用。三是扩大边疆应急储备金和进行公共事业建设，不但直接支持边疆社会经济发展，而且提高了边疆地区应对危机的财力基础。

第三节　矿政管理与边疆治理

清中期，以滇铜黔铅为代表的西南边疆矿业发展事关全国币材供给和货币铸造，故云贵铜铅矿务成为“朝廷重务”，西南地方政府亦极为重视。但是，当时并没有专门的矿政管理机构，而是借助地方官吏兼管矿务。因此，当矿务管理与边疆治理发生冲突时，在优先保障京运的前提下，地方行政体系势必进行必要的调整，这将不可避免地对边疆治理产生重要的影响。

一、政区调整与区域协调

乾隆三十五年（1770年），调整云南政区，将武定、镇沅、元江、广西四府改为直隶州，改广南、永北、蒙化、景东四府为直隶厅，裁撤姚安、鹤庆二府。这些府之所以调整，或因“无首邑”，或因辖境过小。然同样辖境过小的东川府却被保留，乃因“东川为矿厂最胜之区”②。东川因滇铜开发而

① 《户部尚书蒋溥奏为预筹减拨之未议以重帑项事》，乾隆十五年二月二十六日，《明清档案》第162册，编号：A162—89。

② 《清高宗实录》卷852，乾隆三十五年二月庚戌，《清实录》第19册，第407页。

保留了府级政区的设置。广南府改为直隶厅后，同年十月，曾任过广南府知府的直隶按察使王显绪认为不妥：广南“沙侬杂处，易滋事端，又为江西各省采办滇铜经行站路，稽察难周，旧设土同知一员，藉有知府管理约束，若将知府裁改同知，与土同知官阶相等，易生亵玩，应仍留知府，方合弹压机宜”。皇帝因此令云贵总督确查，据彰宝复奏：“将原议裁汰之广南府知府照旧存留，及宝宁县知县典史二员亦应照旧复设。”①广南从府改厅，再复旧规，实因地处各省采买滇铜要道，兼有铜务职责，这是广南府失而复得的主要原因之一。次年，又将广南府经历从府城移驻“运铜必经之所”的土富州普厅塘地方，目的在于“催趱铜运，稽查村寨”②。

因运铜需要，除了调整佐贰杂职驻地，汛塘设置亦因而调整。如乾隆四十九年（1784年），兵部议复云贵总督富纲奏称：“滇省户稠地辟，昔之险僻处今成大道，居民行旅，贪趋捷路，旧有官道汛塘反成虚设。请于宣威、恩安、永善、寻甸，并贵州威宁等厅、州、县扼要处，增添改拨塘汛卡房，共设汛二、塘十二、卡二十二，汛拨千把外委一员，带兵二十名，塘卡各置兵五名，每月于交界处会哨二次。其会泽、宣威闲弃塘汛裁去。至镇雄、平彝山径丛杂，酌令弁兵分别巡哨。均应如所奏办理。”③虽然富纲并未言明道路变化的原因，但上列寻甸、宣威、威宁、永善、恩安、镇雄等州县正好处于滇铜外运的通道之上，官府为运铜而修缮道路，改善了交通环境，从而吸引民间商贸运输弃旧改新。

贵州亦存在不少因矿务需求而进行的政区调整。如雍正十年（1732年），兵部据云贵广西总督鄂尔泰奏请，同意将大定府通判移驻水城④。但

① 《吏部移会稽察房署云贵总督彰宝奏请将原议裁汰之广南府知府照旧存留及宝宁县知县典史二员亦应照旧复设其知县员缺另请调补事》，乾隆三十六年二月十一日，《内阁大库档》，编号：NO000128517。

② 《清高宗实录》卷893，乾隆三十六年九月庚申，《清实录》第19册，第893页。

③ 《清高宗实录》卷1219，乾隆四十九年十一月庚辰，《清实录》第24册，第357页。

④ 《清世宗实录》卷116，雍正十年三月戊寅，《清实录》第8册，第546页。

新设水城厅幅员狭小，“东至平远州比歹界五十里，西至威宁州木东河界六十五里，南至平远州把郎界四十五里，北至大定府者猓箐界七十里”[①]，仅有常平、永顺二里，人户稀少。乾隆十年（1745年），水城厅设福集白铅厂，是贵州仅次于莲花厂的第二大白铅厂，最高年产量达450万斤。据乾隆十四年（1749年）贵州巡抚爱必达奏称：“至总理厂务仍委该通判兼管，毋庸加给养廉，惟该厂座厂抽收稽查偷漏仍应照例委佐杂官一员，以资弹压……今水城新开猓木底、福集两厂铅斤旺发，每月发运三四十万余斤。”[②]大量黔铅从厂至永宁铅局，需要水城通判负责征调民夫驮马、组织外运。

但是，水城厅地狭民稀，运力不敷。乾隆四十一年（1776年），贵州巡抚裴宗锡奏请：“窃照黔省岁运京外铅斤最关紧要，连年办运屡致稽迟。臣到任后细加体察，非铅斤短少之故，实由挽运艰难。随与司道等悉心商酌，设法调剂。查有大定府属之水城通判管理福集厂铅斤办运事务，该厅所辖仅府属之常平、永顺二里地，烟户无多，从前办运已形竭蹶。今每年额运铅二百二十余万斤，本处夫马不敷应用，须临近之平远州协济办理，隔属呼应不灵，每虞掣肘，不得已令平远州兼署水城通判，俾得通融调拨，然终非长策。查平远州所辖境壤广阔，内有时丰、岁稔、崇信三里即在水城厅外，而距州甚远，士民完粮、考试俱以跋涉为苦。若以此三里地方就近拨归水城通判管辖，既于士民称便，而该厅岁办铅斤所需夫马雇觅较易，实于运务有益……臣与司道等会同商酌，该厅运务必得如此调剂方能迅速，兼亦有便于民，访查舆情并称允洽，理合恭折陈奏。”[③]出于运铅的考虑，裴宗锡建议将相邻平远州的三里划归水城厅管辖。同年六月，吏部议复贵州巡抚裴宗锡疏称：“大定府属水城通判管理福集厂铅运，每年额解二百二十余万斤，该

① 乾隆《贵州通志》卷4《地理·疆域》。

② 《贵州巡抚爱必达题为详请题报开采白铅矿场以济鼓铸事》，乾隆十四年九月二十四日，中国第一历史档案馆档案，02-01-04-14331-005。

③ 裴宗锡：《滇黔奏稿录要》不分卷《奏为筹请拨增厅辖地方以济铅运仰祈圣鉴事》，乾隆四十一年三月十三日，第177—180页。

厅管辖地方仅常平、永顺二里，本处夫马不敷。查水城厅外有隶平远州之时丰、岁稔、崇信三里，距州甚远，请就近拨归水城通判，夫马雇觅较易，实于运务有益，该三里额征秋粮一千九百余石，应改令赴厅完纳，该州旧辖九里，额定进学十五名，今既以三里归厅，亦应裁州额三名，拨添该厅，附入府学。从之。"①

划入时丰、岁稔、崇信三里之后，水城厅的幅员和民户大幅度增加，政务繁多，而水城通判又因运铅，无法常驻，往往顾此失彼。故乾隆四十三年（1778 年），贵州巡抚觉罗图思德奏言："窃照设官分职，各有专司，必宜实在相需，官制始得其当。兹查黔省大定府分驻水城通判，原系苗疆要缺，经前抚臣裴宗锡奏明，将接壤平远州所隶之时丰、岁稔、崇信三里地方拨增管辖，幅员加广，讼狱较繁。该通判有查催京楚铅务之责，时常公出，同城别无文员，一切仓库监狱关系綦重，且间遇斗殴、赌博、盗窃等事，无员弹压查拿，未免顾此失彼，似非慎重苗疆之道。应给照磨一员，以资佐理，庶于地方有益。臣查平越府属之平越县向有杨老驿丞，专司站务，自从改归县管之后，所设驿丞留管巡检事务，未经议裁。查平越一县四境窄隘，户口无多，既有县令、典吏，尽足办理裕如，其巡检似属冗设，莫若将兼管巡检之杨老驿丞移驻水城，改为通判照磨，专管缉捕禁狱，协防仓库钱粮，较为有裨。臣与两司筹酌，并札商督臣，意见相同，应请将杨老驿丞改为通判照磨，移驻水城，以重职守。"② 鉴于水城政务繁重，而通判又需兼顾铅运，巡抚图思德建议将杨老驿驿丞改设水城厅照磨予以分担，从而使水城兼顾政务和铅务。这一建议很快得以批准，乾隆四十二年（1777 年），吏部议奏："大定府分驻水城通判系苗疆要缺，地广事繁，遇公出，同城别无文员，请裁平越县兼管巡检之杨老驿丞，移改通判照磨，专管捕狱，协防仓库，定

---

① 《清高宗实录》卷 1010，乾隆四十一年六月辛丑，《清实录》第 21 册，第 558 页。

② 《贵州巡抚觉罗图思德奏为请设照磨裁汰驿丞以收实效事》，乾隆四十三年十一月初一日，《宫中档乾隆朝奏折》第 45 辑，第 356—358 页。

为苗疆要缺，由外遴补，其现任杨老驿丞留本省，以相当缺补用照磨衔署，即将杨老驿丞旧署估建，书役工食通融改拨。从之。”[①]

政区的级别亦因矿务而发生变化。如乾隆四十一年（1776 年），贵州巡抚裴宗锡奏：“窃照边省繁简各缺今昔殊形，原当因地制宜，随时酌剂……又查毕节县当黔川门户，差务纷繁，原系题补要缺，嗣因钱局移设省城，改为部选之缺。臣察核该处情形，人烟稠密，商旅辐辏，将来铜铅充裕，仍须置局设炉，而现在水城、威宁两路运川铅斤汇出其途，兼有该县例应代运之铅料理，殊为不易，必得熟悉明干之员始能调度有方，不致误差堕运。请将毕节县仍定为冲、繁、难三项相兼要缺，在外拣调，较之初任人员自更得力，地方公务均可资整饬之益矣。”[②]可见，毕节县因地处铜铅运输要道，兼管铸局，政务繁杂，县令由督抚题补变为部选的冲、繁、难三字要缺。

政区调整不仅局限于省内，因铜铅运输需要，而且存在跨省调整的现象。如乾隆四年（1739 年），云贵总督庆复奏言：“滇铜运道自东川起，由昭通过镇雄，直达川属之永宁最为捷径，施工开辟，便可与咸宁两路分运。但由昭通过镇雄境内，有黔省数十里地方插入滇界，请即拨归滇省管辖。”皇帝朱批：“办理甚属妥协，可嘉之至。”[③]云南镇雄州与贵州威宁州之间的插花地，因运铜所需，轻易改拨。

更有甚者，云贵总督竟然可以节制四川沿江州县。乾隆十四年（1749 年），钦差舒赫德奉旨查勘金沙江工程后奏：“又滇铜水陆两运，驼马、船只均就永宁、叙州等处雇觅，奸民领价逃匿，追捕无从，滇员未免掣肘。请敕四川所属叙永等处地方官员，于关系运铜一事，并受云南督抚节制。”[④]对于此事，皇帝令军机大臣与各部议奏。次年，据户部复奏：“运铜经过地方，

① 《清高宗实录》卷 1077，乾隆四十四年二月癸酉，《清实录》第 22 册，第 456 页。

② 裴宗锡：《滇黔奏稿录要》不分卷《奏为厅县繁简今昔情形不同应请酌改更正以资整饬而核名实事》，乾隆四十一年三月十三日，第 181—184 页。

③ 《清高宗实录》卷 85，乾隆四年正月丁丑，《清实录》第 10 册，第 339 页。

④ 《清高宗实录》卷 343，乾隆十四年六月庚子，《清实录》第 13 册，第 752 页。

自永宁至巫山，则永宁道所辖之叙永厅、泸州、永宁、纳溪合江等州县，川东道所辖之重庆府、江津、巴县、长寿、涪州、忠州、酆都、夔州府、万县、云阳、奉节、巫山等州县，自黄草坪至泸州，则永宁道所辖之叙州府、雷波卫、黄螂所、屏山、宜宾、南溪等县，俱应受云南节制，以重责成。”① 云贵总督节制四川沿江州县，虽然仅就运铜相关事宜而言，但跨区域节制清代并不多见，这是为满足矿务管理而进行的区域协调，对西南地区的行政体系发展亦有重要影响。

二、职官设置与官员选任

云南东川府会泽县境内矿厂众多，尤以汤丹铜厂为最。清中期矿业兴盛后，人口大增，命盗案件频发，但距县城遥远，处理政务多有不便。乾隆二十九年（1764 年）云南巡抚刘藻奏称：“窃照滇省汤丹、大碌两铜厂坐落东川府属会泽县境内，僻处万山之中……向遇命盗等案，由该厂头人客厂具报厂员，移行该县，迨该县前往勘验，为日以久……比岁以来，产铜日旺，厂众益增，五方杂处，两厂皆不下二三万人，争端易起，案件渐多，虽有丞倅二员分驻厂中，而刑名非其所管，呼应不灵。若仍令照旧移县查办，延误堪虞，且案内干连证佐，半系领本办铜之课长炉民，赴县候审，必致停煎误课，兼亦拖累，不免拖累……似应将澄江府通判裁汰，改设东川府分防汤丹通判一员，办理两厂刑名……凡两厂命盗重案，即令就近勘验通详，依限报解，仍由东川府审转，其酗酒闻殴赌博等事，系厂中者，令该通判经理。”② 东川府通判驻汤丹铜厂，称汤丹通判，专管矿厂案件，命盗大案就近勘验，转报知府，一般案件可就地审理。这是因矿业发展需要而特设职官的鲜明例证。

---

① 《清高宗实录》卷 363，乾隆十五年四月丙戌，《清实录》第 13 册，第 990 页。

② 《礼部移会稽察房云贵总督刘藻奏为铜厂刑名渐繁请归厂员审解以免拖延事》，乾隆二十九年十一月二十四日，《内阁大库档》，编号：NO000120454。

除了因矿设官之外，矿厂所在州县的官员选任要求较高，尤其看重矿务管理能力。如贵州大定府威宁州，境内不仅有莲花、柞子等大型铅厂，还有铜川河等铜厂，均由知州兼管。乾隆十八年（1753 年），贵州巡抚定长奏称："查大定府属威宁州全系'猓夷'，兼管厂务，逼近滇省昭通、镇雄一带，夷情顽悍，事务殷繁，黔省苗疆要缺中最为难治之区，例得升调兼行"，然贵州现任知州"或仅堪供职、或本任要地"，"而通判知县中人地相宜、年例符合者亦难其选"，故不得不题请吏部"于候补人员内拣选干练之员"补授[①]。乾隆三十六年（1771 年）威宁州知州任期将满，贵州巡抚李湖奏称："再现署水城通判事平远州知州李应虞准到部咨，调补威宁州缺，现署威宁州事荔波县知县崇士锦即应交卸，各赴本任。查该员等现年运铅，俱无迟误，其从前历任在途铅斤，业饬该员等彻底清查，俱有头绪，未便遽易生手，应请俟旧铅运竣后再行交卸，俾加紧筹办，铅运得以速清。"[②]吏部调平远州知州署理水城通判事李应虞接任威宁州知州，想必与其在水城运铅的经历有关，但巡抚李湖出于铅务重任考虑，奏请待铅运完毕后，再各自交卸。

乾隆四十六年（1781 年），李应虞威宁州任期届满，调升为台拱厅同知，吏部调署威宁州事修文县知县于良钧升任威宁州知州。贵州巡抚李湖又奏"查该州界连滇蜀，政务殷繁，又有铜铅各厂，开采发运，本年春间复经调任督臣福康安、云南抚臣刘秉恬与臣会折具奏，请令该州接连滇铜至镇雄州交卸，现奉俞允，正当接收转运之初，甚关紧要"。于良钧出身捐纳，且"历俸未满五年"，还有"罚俸案"在身，但"该员才识明敏，办事勇干，现署威宁州事，三载有余，整顿地方，办理铜铅厂务，均属裕如，转运滇铜亦

---

① 定长:《贵州巡抚定长奏稿》不分卷《贵州巡抚定长奏为知照事》，乾隆十八年十二月二十六日，国家图书馆抄本。

② 《贵州巡抚李湖奏为清厘运铅积弊事》，乾隆三十六年七月初十日，中国第一历史档案馆档案，04-01-30-0481-021。

能实心经理”，故李湖认为，“若以该员升署，实于地方及铜铅厂运均有裨益”。[①]虽然于良钧升补威宁州知州已经严重违反吏部规定，但因铅务紧要，中央最终批准了李湖的奏请。

但不幸的是，该员署理三年期满，于赴部引见途中病故，威宁州知州再次出缺。乾隆四十八年（1783 年），贵州巡抚李本奏：“臣查该州界连滇蜀，政务殷繁，又有铜铅各厂，开采发运，必须随时调剂，更兼云南办运京铜，奏定责成该州接运，一切事宜甚关紧要，非精明强干、明白厂运之员不能胜任。”提议贵筑县知县沈鹏升补，缘“该员才识明敏，老成历练，曾经办理厂务，小心勤慎，以之升补威宁州知州，必能措置裕如”。虽然该员“与升补之例稍有未符”，但李本看重的是该员上任后，“不特地方及铜铅厂运得资经理，且于接运云南京铜实有裨益”。[②]可见，从李应虞、于良钧再到沈鹏，威宁州知州的人选尤其重视矿务管理能力，即使与例不符，亦在贵州巡抚的坚持下得以选调。

贵州遵义府界连四川，境内又设有铅厂，知府人选亦用有矿务经验者。乾隆四十一年（1776 年），遵义府知府员缺，上谕令汪嘉济补授。然贵州巡抚裴宗锡却奏：“伏查遵义府所辖一州四县，幅员辽阔，俗悍民刁，兼之界连川境，嘓匪每易潜踪，案牍纷繁，甲于通省，俗称难治之区。近因所属遵义县地方出产白铅……现在矿砂丰旺，试有成效，即可酌定章程，另请改拨。是遵义一府职任本剧，又值办铅创始，就目前情形而论，实为通省最要之郡，必须在黔年久，稔悉民情，而又熟练铅务者，方能经理裕如”，“今新任知府汪嘉济系山西泽州府同知，蒙恩擢用，其居官才具固在圣明洞鉴之中，但自上年九月补授后，迄今尚未到任，且系初任黔省，恐于民情未谙，

① 《贵州巡抚李本奏为请升要缺知州以裨地方而速铜铅运务事》，乾隆四十六年十一月初六日，《宫中档乾隆朝奏折》第 49 辑，第 461—463 页。

② 《贵州巡抚李本奏为请升要缺知州以裨地方而益铜铅厂运事》，乾隆四十八年五月十七日，《宫中档乾隆朝奏折》第 56 辑，第 168—169 页。

铅务亦非所娴”。故奏请由大定府知府姚学瑛调补，因“该员才猷练达，办事认真，在黔六载，铅务熟练，尤所专长，现今遵义府属铅矿，即系该员经手勘办，立能就绪，其本任内补运堕铅亦将竣事，若即以之调补遵义府知府，不特于要郡有裨，且新厂铅务得资熟手经理，可收实效”。虽然“与调补之例不符”，但“此时之遵义较大定更为要核”。至于汪嘉济，转以大定府知府补授，该府“虽有督运铅斤之责，而整顿已有规模，尚易接办”。[①] 汪嘉济虽为钦点遵义府知府，但因不熟悉铅务，莫名其妙地变为大定府知府。

次年（1777 年），贵州巡抚裴宗锡发现，贵西道道员徐堂年过六旬，且“近因多病，顿不如前，精神衰惫，不能贯注”。但“贵西道一缺，驻扎威宁州，分巡上游四府二十一厅州县，地广事繁，兼有经管铅务之责，职守所在均关紧要，必须精明强干之员，始足以资整饬”。因此，裴宗锡“请旨将贵西道徐堂勒令休致”，而“贵西道印务，查有大定府知府姚学瑛年富才干，熟谙铅务，堪以就近兼护”。[②] 该年年底，继任贵州巡抚觉罗图思德再次奏请：“窃照贵西道缺，例应请旨简放，但该道统辖四府地方，兼有督办威宁等处京楚两运铅务、稽催各厂采炼矿砂、经理收放钱粮重任，为黔省最要之缺，且现在贵西一带又增开白铅矿厂，一切事宜均须道员董率妥办，必得在黔年久，稔悉民情，而又熟练厂务者，方能办理裕如，若骤易生手，恐人地不宜，于现办铅政不克有裨。臣查遵义府知府姚学瑛原因习谙铅务，由大定府调繁，才识干练，办事精详，前护道篆，于办理初开新寨月亮岩铅厂井井有条，颇资其力……洵为通省郡守中杰出之员。今与督臣往返札商，意见相同，合无仰恳圣恩，俯念员缺紧要，准将现护道篆之遵义府知府姚学瑛升

① 《贵州巡抚裴宗锡奏为请调熟练知府经理新厂铅务仰恳圣恩破格允准以收实效事》，乾隆四十二年一月十二日，《宫中档乾隆朝奏折》第 37 辑，第 508—510 页。

② 《贵州巡抚裴宗锡奏为道员年力衰惫请旨勒休以重职守事》，乾隆四十二年一月十七日，《宫中档乾隆朝奏折》第 37 辑，第 542 页。

署，俾驾轻就熟，于铅运地方两有利益。”[①] 姚学瑛因熟悉铅务，在大定府知府、遵义府知府、贵西道道员之间频繁调委，一路高升。

前文所言调任大定府知府的汪嘉济，在任仅一年，即因“失察经历刑逼锻炼故入人罪”，被题参革职，大定府知府又出现空缺。“该府管辖五厅州县，幅员辽阔，壤接川滇，民苗杂处，讼狱繁多，兼隶水城、威宁等处铅务，必得精明强干而又熟悉地方情形者方堪胜任”，故巡抚觉罗图思德奏请，由八寨同知凌浩升补，因“该员才具敏练，办事认真，在黔年久，风土民情素所熟悉，自上年委署大定府印务以来，尽心经理，实力整顿，地方大有起色，而于督办铅矿事宜，查催挽运拨解，亦俱井井有条，洵称人地相宜，若即以该员升署，于办理一切政务均有裨益”。[②] 然凌浩升署八寨同知年限未满，与例稍不符，被吏部驳回。贵州巡抚觉罗图思德复奏称：凌浩“为丞倅中杰出之员，是以臣前经奏请升署，今准部议，合再仰恳天恩，俯念员缺紧要，仍准以凌浩升署大定府知府，该员感戴高厚鸿慈，倍加奋勉，实于铅务地方均多裨益。如蒙俞允，照例给咨，送部引见，恭候钦定，扣满年限，另请实授”。[③] 图思德建议让凌浩先行委署，等年限期满，再行实授。凌浩得以升迁，皆因其熟悉铅务。

因矿务关系，署官取代实任的故事亦在贵州上演。乾隆四十二年（1777 年），贵州松桃厅境内新设大丰白铅厂，贵州巡抚裴宗锡奏言：“伏查新开铅厂，经始固贵得人，谋终尤宜一手。今大丰厂铅矿探引寻苗，设法试采，立可见效者，皆系署松桃同知事余庆县知县吕鼎玉出力承办……（该员）在黔年久，熟悉厂务，委署松桃同知以来，查办新厂诸事，认真勇往，不辞

① 《贵州巡抚觉罗图思德奏为道缺紧要仰恳圣恩准将熟练厂务知府破格升署以收实效事》，乾隆四十二年十二月二十日，《宫中档乾隆朝奏折》第 41 辑，第 490 页。

② 《贵州巡抚觉罗图思德奏为知府员缺紧要急需干员治理仰祈圣恩复准升署以裨地方事》，乾隆四十三年四月初六日，《宫中档乾隆朝奏折》第 42 辑，第 557 页。

③ 《贵州巡抚觉罗图思德奏为府缺紧要亟需干员仰恳圣恩俯准格外升署以裨地方事》，乾隆四十三年闰六月二十五日，《宫中档乾隆朝奏折》第 44 辑，第 55 页。

劳瘁，遂得速观厥成。此后因时调剂，以规永久之计，全在一手经理。惟是该员现署松桃同知，因本任同知孙良慧未运京铅，出差悬缺，仍须及派而代，未能始终其事，且孙良慧于厂务素非所娴，将来回任接办，难望先后一辙，合无仰恳圣慈，俯念新厂紧要，办员得力，准以吕鼎玉破格升署松桃同知，则用当其才，责成专重，该员感激天恩，自必加倍奋勉，更于铅政大有裨益。如蒙俞允，所有本任松桃同知现在出差之孙良慧留于黔省，遇有相当缺出，另请补授。至吕鼎玉以知县升署同知，衔小缺大，例应送部引见，但因办厂熟手，通融请升，未便转易生手，致滋贻误。”① 余庆县知县吕鼎玉因署理松桃厅同知期间办理厂务卓有成效，适逢松桃厅同知孙良慧运铅未回，得以从知县升署松桃厅同知。然成也萧何败萧何，大丰厂开采仅一年，就因“矿竭无成”而封闭，“署松桃厅同知吕鼎玉，原因办理大丰铅厂，经前抚臣裴宗锡奏恳圣恩，准其升署，今既厂无成效，升擢岂容倖邀，应请撤回，仍以知县酌量补用”。② 铅厂封闭后，吕鼎玉仍降为知县，铅务管理成为决定吕鼎玉仕途的重要因素。

矿务不但影响官员选调，而且左右官员考成和评价。如雍正十一年（1733 年），贵州省大计卓异者五名，其中，“威宁州知州赵世燕：本官委管银铜厂务，悉心调剂，实力督率，发运滇铜供铸钱局，并无迟误”；“毕节县知县李曜劲：本官奉委办理宝黔铸局倭铅事务，实能悉心调剂，著有成效”③。赵世燕和李曜劲被评为卓异的原因，皆与矿务管理有关。与此相反，管理矿务不善，势必受到惩处。如乾隆四十一年（1776 年）三月，贵州巡抚裴宗锡奏：“窃照黔省大定府属威宁州、水城通判承运京外铅斤最关紧要，

① 《贵州巡抚裴宗锡奏为新厂宜归一手经理恭恳圣恩破格准升以裨铅政事》，乾隆四十二年四月十一日，《宫中档乾隆朝奏折》第 38 辑，第 323—325 页。

② 《贵州巡抚觉罗图思德奏为新得铅矿并筹办厂地情形仰祈圣鉴事》，乾隆四十三年正月二十一日，《宫中档乾隆朝奏折》第 41 辑，第 761—762 页。

③ 《贵州巡抚元展成奏为题明事》，雍正十二年十一月二十六日，《明清档案》第 60 册，编号：A60—84。

屡经严催赶办。近缘毕节县系运铅总路，而凯旋云贵官兵又皆由此路经过，需用人夫甚多，势难兼顾。向遇本地人夫不敷，即在同府临境雇拨协济，经该府姚学瑛禀，拨所属之黔西州人夫前赴毕节帮运铅斤，按程里给发运脚。讵该州谭秀侪者，妄分畛域，不以公事为重，推过迁延，始则面禀该府有人上控，继文屡求缓办。”[①] 次月，上谕：“谭秀侪著革职，交与该抚提齐案犯，严审究拟具奏。”[②] 黔西州知州谭秀侪因不配合派夫运铅被革职查办。

三、矿务与行政冲突下的边疆治理

笔者曾专文论述清中期云贵矿务管理与地方行政的关系[③]。研究认为，清中期滇铜黔铅开发规模巨大，矿厂众多，管理队伍庞大。矿厂设厂员，负责放本收课，抽买课余铜铅，维护矿区社会秩序；铜铅店置店员，负责收发铜铅、催趱运送，运员从泸州、永宁领铅，组织船队运送到京。厂员、店员、运员及其下属在管理、购销、运输等环节的运作，体现了清代政府对滇铜黔铅开发的管控。他们不但维护铜铅产、运、销的正常秩序，保证全国币材的供给，而且肩负安定矿区社会的重任，是维系滇铜黔铅开发持续性的重要因素。

云贵两省的厂员、店员、运员均由该省现任同知、通判、经历、知州、知县及佐杂等地方官吏充任或就近兼管，不仅涉及面广，而且数量庞大。虽然一般矿厂厂员及店员可就近由地方官兼任，但是运员、外省店员、大型矿厂厂员则必须专门派委，常驻管理。以运员为例，滇铜每年六运，黔铅每年四运，每运自省赴店、自店运京，再由京回省报销，前后需要三年，而此三年之中，前运未回，后运又出，常川在途的运员多达 20 余名。但是，云贵两省设官有限，运员往往不敷选派，出现“以官待人”“无员可派”的困境。

① 裴宗锡：《滇黔奏稿录要》不分卷《奏为特参挟诈误公之州牧以肃功令事》，乾隆四十一年三月十八日，第 185—189 页。

② 《清高宗实录》卷 1007，乾隆四十一年四月庚午，《清实录》第 21 册，第 531 页。

③ 马琦：《清代云贵地区的矿务管理与地方行政——以厂员、店员、运员为中心》，《中国边疆史地研究》2020 年第 4 期。

为此，吏部依据云贵川广拣发之例，由两省督抚按年奏请，每年派同知、通判、州县、佐杂等候补、候选人员，二十员赴滇，十二员赴黔，在一定程度上缓解了云贵两省的运员荒。但是，吏部候补、候选人员有限，不得已派发捐纳人员赴滇黔以供选派。

运员皆为云贵两省现任同知、通判、知州、知县，一经委派解运铜铅，无法分身处理本任地方政务。云贵督抚从其他事简州县调官委署，暂管运员州县政务，再由候补、捐纳、试用知县之中委署事简州县事，俟运员回省解任原职，甚至出现运官未回，委署州县又被选派解运铜铅，运官官职即成为“署某某县事某某县知县”。因铜铅运输所需，调署、委署地方正印官的越来越多。如云南一度多达 30 余员，已占全省县级正印官的一半。频繁的调委势必影响地方政务，这种现象已经引起中央的重视，命令各省不得超过额设职官的十分之二。更为重要的是，越来越多的捐纳官通过吏部分拨进入云贵两省地方官吏队伍，降低了云南县级官吏的文化水平，对地方文化教育产生了不利的影响。

为了尽量减少大量候选、候补、试用、捐纳人员加入云贵地方官队伍对边疆地方政务的不利影响，云贵督抚在遴选运员时尽量兼顾政务与矿务。通过对云南运员来源统计可以看出，出任运员频率最高的州县并非等级最高，反而是那些地小、事简州县的官员。这样的结果可以解释为：各道府既照顾了高等级州县繁剧的政务，又充分利用事简州县的官员，均衡差委，两者兼顾。但事实上，京运连年延误，沉溺时有发生，问题叠出。

由此可见，清中期滇铜黔铅矿务管理使云贵地方政务量大增，消耗了大量地方行政人力资源，造成地方行政与矿务管理之间的矛盾与冲突，出现了运员不敷派委的局面。为了解决“以官待人”的困境，中央将大量候补、候选、试用、捐纳人员派往云贵地方任职，导致基层官员频繁委署，不但不利于云贵地方行政，弱化了政府边疆治理职能，而且对云贵地方的行政管理、经济发展、文化教育、社会治安等诸多方面产生了一定的负面影响。

第五章　清后期西南矿业衰落与边疆社会危机

矿业有其自身的发展规律，在采冶技术没有实现根本性变革的前提下，可采资源逐渐减少、采冶成本增加必然导致价格上涨。但是，清代铜铅等国家战略资源却被政府严格管控，官价远低于市价，且长期维持稳定。矿民逐渐无利可图甚至亏本，产业衰落将不可避免。雍乾时期，以矿业为主导的边疆经济历经半个多世纪的蓬勃发展之后，受矿业发展规律和国家政策双重制约下逐渐步履维艰。嘉道时期，西南边疆的矿产量和矿业收益大幅下降，大批矿民生计维艰，矿区资源争夺的械斗不断，矿业衰落已成学界共识。与此同时，与矿业密切相关的农业、手工业、交通运输业、商业贸易等亦不可避免地受到影响，西南边疆经济和财政面临严重的考验。这一时期西南边疆矿业的衰落，究竟如何影响当地社会，正是本章将要解答的问题。

第一节　嘉道时期西南矿业衰落与边疆经济

虽然学界关于嘉道时期西南边疆矿业衰落的看法较为一致，但主要是针对滇铜等代表性矿种而言，缺乏反映其衰落程度的量化分析，而关于衰落的原因分析，更倾向于矿政层面，尚未涉及对矿业衰落后边疆经济的考察。本节将在前人研究的基础上，从矿业衰落的表征、原因及对边疆经济的影响等方面，全面分析嘉道时期西南矿业与边疆经济。

一、矿业衰落的表征

就像判断矿业兴盛一样，生产规模与矿业收益同样是衡量矿业衰落的重要指标。关于清代滇铜产量问题，前文引称，乾隆元年至道光二十年的一个多世纪中，滇铜总产量为10.29亿斤，年均1061万斤，但并未表明其中的变化。自乾隆三十八年至嘉庆二十五年，滇铜产量迎来第二次高峰。除个别年份外，年产量均在1000万斤以上，产量在1200万、1300万和1400万斤以上的年份分别有11年、7年和3年，乾隆五十六年最高达到14669830斤。乾隆朝后期，滇铜产量恢复与通商铜政策的实施有直接关系，而嘉庆朝后期云南办铜量之所以仍维持在1000万斤左右，实际上是购买四川乌坡厂铜凑交的结果，这意味着滇铜年产量早已实质性降低。道光初年乌坡厂衰，滇铜年产量急降至八九百万斤。道光八年至二十年，在云南广开子厂、严堵偷漏的努力下，滇铜年产量再次恢复到1000万斤以上，出现了滇铜产量的第三次高峰，但持续时间很短。道光二十一年至咸丰三年，滇铜年产量自965万斤逐次降至475万余斤[①]。由此可见，嘉道时期，滇铜产量虽有两次恢复，但总体上呈下降趋势。

这一时期的黔铅生产亦呈现出萎缩的趋势。据笔者研究，乾隆四十八年至道光四年，白铅产量在470万—660万斤之间上下波动。这一时期产量趋于稳定，但这是厂官购买商铅以凑定额的结果，实际产量仍在持续下降。道光五年后，产量快速下降，至道光八年仅为200万斤。道光九年产量又急剧增加至665万斤，这是政府降低矿税刺激的结果。但这一政策无法维持高

---

① 马琦：《清代滇铜产量研究：以奏销数据为中心》，《中国经济史研究》2017年第4期。

产，之后黔铅产量在波动中逐渐下降，至道光二十一年后，年产量仅为200万斤左右。乾隆三十七年，贵州新开永兴寨厂，黑铅年产量恢复至6万余斤，但之后缓慢下降，乾隆五十一年5.5万斤，嘉庆仅为4.4万斤。虽然至咸丰四年仍在生产，但产量并无明显增长[①]。这与鼎盛期时年产铅1400余万斤，不可同日而语。

嘉道时期，云南银矿变化最为剧烈。前文已论，云南银产量在雍正十三年达到历年最高值约40万两，此后在波动中逐渐降低。其中，乾隆四十四年后滇银产量的上升与新开乐马、回龙二厂有直接的关系。但是，随着新厂的衰落，滇银产量快速下降。嘉庆八年以后，全省银产量每年不足20万两，道光初年进一步降至11万两。虽然其后新开东升厂，银产量有所恢复，至道光二十二年达30万两，但仍无法与雍正末年相比。至于昙花一现的四川西昌县乌坡铜厂，前文已有论证，此不赘言。

由此可见，嘉道时期，除了滇盐之外，西南铜、铅、银等矿种的生产规模均有显著的萎缩，矿产量在波动中逐渐降低，与雍乾时期不可同日而语。与此相对应，地方政府所得矿业收益和实际从事矿业生产的人口和亦呈现出下降的趋势。

前文已论，清代云南矿课银于乾隆十四年达到最高的18万余两，之后缓慢下降，嘉道时期在6万—10万两波动，最低时仅为2万余两。当然，由于奏销范围所限，这些矿课银仅为金银铜铅锡等厂实征矿产品变价银，并不包含云南地方政府矿业收益中的盐税银、铜息银和铸息银。云南铜息银在乾隆二十九年达到最高的33万两之后转而急剧下降，乾隆三十一年至咸丰三年（1766—1853年）在9.7万—17.3万两之间小幅波动，嘉道时期，年均仅为12万余两。虽然盐税银变化不大，但云南地方政府所获矿业收益总量，从最高时每年接近100万两，降至50万两左右。贵州与川南的矿业收益亦

① 参阅马琦：《多维视野下的清代黔铅开发》，第101、104页。

不乐观。前文所论，矿业鼎盛时期，贵州地方政府的矿业收益年均多达12万余两，川南亦有7万两左右。但是，嘉道时期，黔铅产量仅为最高时期的一半，贵州矿业收益必将大幅减少。川铜虽有乌坡厂的兴旺，但为时过短，而黑白铅、白铜产量的下降，势必降低川南的矿业收益。

乾隆时期西南矿业极盛，矿业人口高达30万。但嘉道时期，随着矿业规模的萎缩，实际从事矿业生产的人口势必大为减少。如前文所引，乾隆十三年贵州黔铅矿民高达10.7万余人，嘉庆六年、嘉庆二十一年、道光九年、道光二十五年，黔铅矿业人口分别降至5.2万、5.6万、5.7万和2.3万人。可见，黔铅产量的下降幅度与其矿业人口下降的比例基本一致。贵州如此，云南与川南亦在所难免。笔者曾根据人均矿产量推算，嘉庆七年、嘉庆十五年、道光八年云南直接从事铜矿业人口分别为6.3万、8.8万和7.6万人[①]。如按滇铜产量的下降幅度推论，嘉道时期云南矿业人口亦应为鼎盛时期的一半左右。也就是说，西南边疆矿业衰落下的实际从业人口约15万人。

矿业衰落后从业人口减少，也可以从文献记载中得以证明。清代矿厂实行动态管理，有矿则开，矿竭则封。如乾隆《钦定大清会典》载："广西、云南、贵州产黄金、白金、赤金、锡、铅、铁、水银、丹砂、雄黄；山西、四川、广东产赤金、锡、铅、铁；湖南产赤金、锡、铅、铁、水银、丹砂、雄黄，皆召商试采，矿旺则开，竭则闭。"[②]矿民以趋利为目的，矿厂衰竭后，获利减少，从业者人数势必相应下降。如道光朝后期，云贵总督林则徐奏称："况滇省跬步皆山，本无封禁，而小民趋利若骛，矿旺则不招自来，矿竭亦不驱自去，断无盘踞废硐、甘心亏本之理。其谓人众难散，非真知矿厂情形者也……然第就目前而论，如其地可聚千人者，必有能活千人之利，

① 马琦：《国家资源：清代滇铜黔铅开发研究》，第131页。

② 乾隆朝《钦定大清会典》卷17《户部·杂赋》，《景印文渊阁四库全书》第619册，第154页。

聚至数百人者，必有能活数百人之利，无利之处人乃裹足。”[①]与此同时，贵州巡抚贺长龄亦言：“伏思黔民于耕种贸易之外多藉开采为生，见有矿苗即纠合亲友出资，报官试采，厂民自为经理，从无人众滋事之虞。但矿旺则共分其利，矿薄则人散工停。”[②]

二、矿业衰落的原因

关于清代滇铜矿业衰落的原因，已有学者进行过探讨。严中平认为，滇铜衰落与铜政问题直接相关，厂务、运输、铜价与厂欠是导致滇铜衰落的主要因素[③]。张煜荣指出，清政府的搜刮掠夺政策摧毁了民营矿冶业，嘉道时期银贵钱贱现象减少了币材需求，当时经济发展程度与矿业快速发展不相适应，三者均为云南矿业衰落的主要原因。除了矿政之外，张氏还将市场需求和社会经济基础作为矿业衰落的因素进行分析[④]。当然，以上成果在分析矿政的影响时，均涉及矿民生产成本上升与官价长期低于市价所导致的入不敷出问题，即前文提及的矿业生产规律与矿政之间的矛盾与冲突。

不可否认，已有成果关于清代云南矿业衰落的原因分析均有其合理的方面，但多忽视了国家资金扶持减弱对清代西南边疆矿业衰落的重要影响。前文论述铜铅运输体系时已明确指出，黔铅、滇铜京运开启之后，云贵两省每年办运铜铅所需工本、厂费、运脚、盘费、官役养廉等银巨大，由户部按年划拨，从内地省份协济云南100万两、贵州27万两，称之为协滇铜本银和协黔铅本银。如此巨大的、持续不断的资金投入，为滇铜、黔铅矿业发展注入了大量的资金，不但保障了全国的币材供给，而且成为西南边疆矿业持

① 林则徐：《林文忠公政书》（第4册）丙集《云贵总督奏稿》卷9《查勘矿厂情形试行开采折》，朝华出版社2018年版，1587—1612页。

② 贺长龄：《耐庵奏议存稿》卷10《复奏开采银矿请随时采访折》，道光二十四年四月二十五日，《近代中国史料丛刊》第36辑第353册，第973页。

③ 严中平：《清代云南铜政考》。

④ 张煜荣：《清代前期云南矿冶业的兴盛与衰落》，云南省历史研究所云南地方史研究室、云南大学历史系编：《云南矿业史论文集》，云南省历史研究所1965年版。

续兴盛的重要支撑。

但是，自乾隆末年以后，由于征战不断、灾荒频发，额外性财政支出大幅增加，全国财政收支环境逐渐恶化。嘉庆五年（1800 年），上谕内阁："据户部奏：各省积欠，自嘉庆三四年以来不下二千余万。此项银两岂尽实欠在民，外省地方官于应征钱粮，往往挪新掩旧，以征作欠，每遇有协拨之项，辄以本省现有急需为辞，其实正项虚悬，是以不得不为挪移掩饰之计，似此年复一年，伊于何底。"[①] 各省钱粮积欠导致户部没有足够的现银划拨协济，而各省之所以移新掩旧，实源于军需开支。如嘉庆九年（1804 年），上谕："户部奏请饬催陕西等省军需驳查未结各案并直隶等省军需报销逾限各一折。军需为帑项攸关，自应随时报销，以杜延混、浮冒之弊。乃陕西一省军需用过银两，在嘉庆三年以前及四年以后驳查各案，尚有银五百九万五千余两，事阅十有余年未经销结，又删减随征兵丁加增盐菜银十八万九千余两亦未题报；其湖北、四川，及协济军需之直隶、甘肃、云南、贵州、广东、福建、山东、山西、湖南、江西、安徽等省，共未经销结银二百五十二万五千余两。似此多年积压，自久愈滋轇轕。又上年直隶等省办理'邪匪'军需所用银两，降旨饬令赶紧报销，今已逾限，除河南一省现据陆续题报外，其直隶、山东、陕西、甘肃、山西、安徽、江苏等省均尚未据报部查核。又云南剿办缅宁边外逆目张辅国官兵支用银米等项尚未题报，亦属迟缓。"[②] 各省迟迟不行报销，是因为部分实际使用的军需银两并不在军需报销范围之内。道光时期，战事与灾害并未减少，全国财政收支状况进一步恶化。道光七年（1827 年），上谕："此次回疆军需，前经发给饷银六百万两，据鄂山等节次拨解大营军饷，及乌鲁木齐等处运粮备用脚费、省局各属雇买车驼备供兵差，暨官兵借支俸装、养廉等银，共发过银六百三十八万八千八百六十九两零。现在大兵云集，分路进剿，支发盐菜草

① 《清仁宗实录》卷 57，嘉庆五年正月丙寅，《清实录》第 28 册，第 750 页。

② 《清仁宗实录》卷 299，嘉庆九年十一月乙巳，《清实录》第 31 册，第 1111 页。

乾等项每月约需银三十余万两，指日大兵奏凯，办理善后事宜，经费浩繁，尤应宽为筹备。前据琦善等奏，先行筹垫淮南商捐银一百万两；李鸿宾等奏，粤东洋盐二商公捐银一百一十万两；刘彬士奏，两浙垫解商捐银一百万两，共银三百一十万两，俱应迅解甘省，以济要需。”[①]

军费已经需要商捐筹补，那么中央能够划拨协滇铜本银和协黔铅本银的数量可想而知。如道光二十年（1840 年），户部原拨浙江丁银 46 万余两作为次年云南铜本银，但因战事影响，不得不改拨，从安徽、两淮、四川、九江、芜湖等处凑运解滇[②]。该年铜本银虽经改拨，但尚未误事，然其数额已大不如前。另据道光二十七年（1847 年），云贵总督林则徐奏称：“自道光三年至十二年，因铜库借支库银一百七万两；又自十三年至十八年，铜库复垫办不敷银六十万三千余两，先后清查造册咨部，核明奏请拨补在案。此次清查银款，自道光十八年清查以后起，以十八年不敷之银作为旧管，接流滚算，至道光二十三年癸卯奏销止……共不敷银六十万六千四百五十一两零。”[③] 办铜经费需要借支、借垫，表明铜本银并没有按时足额到滇，而每年高达 10 余万两的不敷银证明铜本银的缩减。

咸丰初年太平军兴，战时迅速席卷长江中下游地区，财赋之区各省自顾不暇，不但本省赋税征不足额，而且军费需求激增，既无余银解部，更无力协济边疆。如咸丰三年（1853 年），大学士管理户部事务祁寯藻奏：“窃照部库支放各款经费，每岁约需银八九百万两，内杂支各款向有常捐、旗租、崇文门等处税银及各省例解银两藉资接济，其八旗官兵俸饷等项为数甚钜，历经臣部于办理春秋二拨案内，将各省册报实存银两酌拟款数，奏请拨

① 《清宣宗实录》卷 114，道光七年二月丁卯，《清实录》第 34 册，第 911 页。

② 《湖广总督署湖北巡抚裕泰题为遵旨速议事》，道光二十一年二月初一日，中国第一历史档案馆档案，02-01-04-21104-008。

③ 《户部移会稽察房云贵总督林则徐云南巡抚程矞采奏为查明收支协滇铜本及借拨各款银两存垫无亏事》，道光二十七年十月三十日，《内阁大库档》，全文影像：126725，系统号：NO000013710。

解部库，以供支放。近年以来，各省报存银两无多，未能指拨解部，而京饷关系紧要，虽经臣部随时筹款奏拨，仍虑缓不济急……臣等公同商酌，拟请将此项银两，每年以六百万两为率，归入冬拨案内，与各省岁需兵饷一律酌拨，以归简捷。”[①] 自该年开始，京饷由户部通过冬拨体制向各省摊派。在京饷都无法保障的情况下，对边疆省份的协济基本有名无实。咸丰三年以后，因长江水道阻隔，滇铜黔铅京运中断，铜本银、铅本银亦随之中断。

这一时期协滇铜本银、协黔铅本银的拖欠、减少甚至中断，对于西南边疆矿业的恢复可谓雪上加霜。自雍正初年以来，西南矿业盛况已经持续长达半个多世纪，至嘉道时期，已呈衰落之势。而扭转矿业颓势，则需要大量资金另觅新矿、降低成本，改善矿民经营状况。值此危难之际，协滇铜本银、协黔铅本银却出现拖欠、减少甚至中断的情况，势必进一步加速西南边疆矿业的衰落步伐。

三、矿业衰落下西南边疆的人口与经济

受内地人口压力的影响，自乾隆朝以来，大规模移民边疆的惯性依然延续。以云南为例，据道光《云南通志稿》记载，从嘉庆元年（1796 年）至道光十年（1830 年），云南册载民屯人口从 4088252 人增至 6553108 人[②]，35 年间册载人口增加了 60.29%。因这一时期矿业已趋衰落，而靠内州县人口亦相对饱和，一方面，新入移民进入土司区域，典买耕种本地人田土。如道光元年（1821 年），永北厅本地人起事，官府派兵镇压。据呢玛善等奏善后事宜称：“云南永北厅土司所属‘野夷’，因该土司目把将地土典卖与汉民耕种，生计艰难，各怀怨恨，首逆唐老大即唐贵，纠同逆目陈添培等，以驱

① 《大学士管理户部事务祁寯藻奏为部库岁需八旗官兵俸饷银两拟请按照各直省兵饷归入冬拨案内一律酌拨以济要需事》，咸丰三年十一月二十七日，中国第一历史档案馆档案，03-4445-064。

② 道光《云南通志稿》卷 55《食货志一之一·户口上》。

逐汉民为辞，煽惑‘夷’众，于本年正月起事，焚抢村寨，劫杀汉‘夷’，裹胁至七八千人，渡江扰及大姚，分股恃险抗拒”；“汉民典买夷地原属违禁，今据查明，永北厅属北胜土司所管‘夷’地典卖折准与汉民者，自乾隆二十年后以至于今，有典出十之七八者，有十之三四者，‘夷’人无田可耕，因与汉民为仇，但此事先由该土司等图得价银，并非汉民强占，此次‘夷’人仇杀汉民甚为惨恶。若令汉民退地他徙，将更恃为得计，自应持平区断，以服其心”。[①]但是，“夷民”贫苦，无力赎回被典田土。至道光九年（1829年），上谕引云南巡抚伊里布奏称：“云南省永北土司目‘夷’，先年典卖田地，前经清查，奏分三限取赎。今因土司贫乏，‘夷’民拮据，致限满后除已赎外，尚有未赎契价银十万四千九百余两。”[②]此为永北厅土司“夷”民经八年赎回典卖之后剩余的地价银，尚达十余万两。由此推知，这一时期云南全省外来汉民典卖“夷”民田土的数量甚为巨大。

另一方面，新来移民深入云南边地山区垦荒。如道光二年（1822年），御史尹佩棻奏云南地方情形，称“开化、广南各府，流民聚集过多，请妥为安插”[③]。开化、广南二府地界安南，大量流民聚集影响边疆安定，故皇帝令云贵总督明山详查。次年（1823年），上谕引明山查奏称：“滇省开化、广南地方外来民人已有客长稽查，并编查保甲，自未便复事驱逐。惟良莠不齐，著各地方官督饬客长、乡约认真编查，犯案照例惩办。如有应行递籍之人，无论有无家口，仍行递籍管束。所垦地亩已成片段，著即酌量升科。傥续来流民并无营业及不安本分者，不得容留，即行驱逐，以靖地方。”[④]同年，据明山查奏：“现在开化所属安平文山厅县地方，除土著汉‘夷’外，计川黔江楚两粤等省民人男妇丁口一万九千余人；广南所属宝宁县并土知州

① 《清宣宗实录》卷18，道光元年五月癸酉，《清实录》第33册，第340页。

② 《清宣宗实录》卷155，道光九年四月甲子，《清实录》第35册，第368页。

③ 《清宣宗实录》卷46，道光二年十二月戊申，《清实录》第33册，第718页。

④ 《清宣宗实录》卷54，道光三年七月戊寅，《清实录》第33册，第971页。

境内，除土著汉‘夷’外，计川黔楚粤等省民人男妇丁口二万九千余人……又安平沿边地方另有黔粤等处苗民男妇丁口一万二千余人，徙居崖箐，已二十余人。”[①]可见，三处外来移民已多达 4 万余人。但是，除了将流民编入保甲以稳定地方秩序之外，政府并未禁止移民开荒，以致后续流民持续流入该地。道光十六年（1836 年），上谕言：“有人奏，云南地方辽阔，深山密箐，未经开垦之区多有湖南、湖北、四川、贵州穷民，往搭寮棚居住，砍树烧山，艺种包谷之类，此等流民，于开化、广南、普洱三府为最多，请仿照保甲之例，一体编查。”寻据伊里布复奏：“开化、广南二府旷土较多，流民垦种渐众。道光三年清查以后，贸易客户由客长稽查，其种地流民归各里乡约附入保甲，分册给牌，随时稽查。惟搭棚栖止、砍树烧山之户在于僻远林谷，未能依户编排，应按棚给予门牌，以昭周密。至普洱府属流民垦种本少，即搭棚垦种之户，亦并入保甲编查。”[②]

但是，嘉道时期云南册载耕地数量并未出现显著的增加。乾隆三十一年（1766 年），云南册载民屯田地共计 9253702 亩，嘉庆十七年（1812 年）为 9315126 亩，道光七年（1827 年）为 9288839 亩，咸丰三年（1853 年）为 9319360 亩[③]。这一时期云南册载耕地基本稳定在 930 万亩左右，增减幅度几乎可以忽略不计。反映商业贸易变化的商税额亦无明显变化。道光《云南通志稿》载，乾隆二十九年（1764 年），云南等府厅州县每年额征商税正额、税规、税余等银共 53858.4 两，而道光十年（1830 年）左右，实征银 58564 两[④]。可见，嘉道时期云南农业、商业等产业与乾隆时期相比，并无太

① 《云贵总督明山奏为遵旨详查御史尹佩棻条奏滇省地方情形分别办理事》，道光三年五月二十二日，中国第一历史档案馆档案，04-01-01-0657-022。

② 《清宣宗实录》卷 290，道光十六年十月戊午，《清实录》第 37 册，第 472 页。

③ 道光《云南通志稿》卷 58《食货志二之二 · 田赋二》；嘉庆朝《钦定大清会典》卷 11《户部 · 尚书侍郎执掌二》，《近代中国史料丛刊三编》第 64 辑第 631—634 册，第 569 页；昆岗、吴树梅纂：光绪《钦定大清会典》卷 17《户部 · 尚书侍郎执掌五》。参见顾廷龙主编：《续修四库全书》第 794 册，上海古籍出版社 1996 年版，第 168 页。

④ 道光《云南通志稿》卷 62《食货志四 · 课程》。

大变化。

由此可见，嘉道时期，在云南矿业衰落的背景下，与其密切相关的农业、手工业、交通运输、商业贸易等产业，与乾隆时期相比并无明显变化，贵州与川南的情况与此相似。或者可以说，受矿业衰落的影响，这一时期西南边疆经济整体上处于停滞状态。然不可忽视的是，这一时期因矿业衰落而溢出的失业矿民以及持续不断进入西南边疆的新移民，他们靠什么维持生计？这一生存堪忧的庞大群体又会给西南边疆社会带来什么样的影响？这将成为中央和地方政府必须面对的社会问题。

第二节　从矿区经济纠纷到矿厂械斗案

嘉道时期，西南矿业衰落导致矿民收益减少，生计维艰。面对生存威胁，砂丁、尖户、炉户、炭户、脚户、客民之间的经济纠纷势必进一步加剧。虽然现存文献缺乏关于矿区寻常经济纠纷的记载，但是清代档案中却有大量关于矿区命案的记录，这是反映矿厂冲突的极端表现。兹以笔者在第一历史档案馆中搜集的云南矿厂命案为例，分析嘉道时期矿区的经济纠纷与社会矛盾。

一、矿区个体命案频发及其缘由

嘉庆元年（1796 年）四月二十七日，云南禄劝县狮子铜厂砂丁何宗顺戳伤杨成致死。据何宗顺供称："小的贵州安平县人，年三十六岁，来云南佣工度日，与杨成都在狮子厂充当沙丁，同一窝铺住歇，平日并无嫌隙。因小的与杨成各有马褂一件，都要出卖，四月二十六日，有刘在章要买杨成的马褂，杨成要卖一两三钱银子，刘在章嫌贵不买，后将小的马褂说成一两一钱银子买去了。午后小的同杨成闲坐，杨成抱怨小的不该夺他买卖。小的说，你的衣服比我的多要二钱，所以刘在章不买，与我何干。杨成就站起来乱骂，小的回骂。”[①]此案因何、杨二砂丁争卖马褂而起，属于经济纠纷。至于二人同时售卖衣物，且何氏贱价抢售，显然与其生存状况有关。

此类因经济纠纷引发命案不仅发生于铜厂，亦存在于银厂。同年十二月十八日，鲁甸厅乐马银厂林小满戳死吴尚才。据吴尚才兄吴明先言：“小的是江西临川县人，吴尚才是小的堂弟，一向同在乐马厂充当沙丁”；凶犯林小满供称：“小的是临安府人，年二十三岁，父母已死，弟兄二人，哥子林德厚，小的并没娶亲，一向在乐马厂充当沙丁，与这死的吴尚才同厂熟识，素无仇隙。前几天他借过小的钱一百五十文，到本月十七日，小的同他去许节宣饭铺里吃饭，小的因饭钱不够，向他要钱，他说小的刻薄，就混骂起来，小的回骂几句，他就揪住小的发辫要打。”[②]林小满因饭钱不足讨债，表明其并不宽裕；而吴尚才以人情淡薄推延，反映出其无力偿还的现状。借债索还本属平常，但从双方的表现观察，砂丁的生计均不宽裕。除了讨债之外，乐马厂还因争卖矿砂引发的命案。如嘉庆二年（1797 年）四月十九日，厂民马有奇砍毙马尚彩。据事后调查，二人同在乐马厂做矿砂生意，该日马尚彩到今仓硐买矿砂，出价六两银子，买卖将成之际，被马有奇加价一两买走，由此引发二人冲突[③]。

鹤庆州白沙银厂亦因讨要预支工钱而引发命案。嘉庆十一年（1806 年）六月十八日，厂民文耀珑殴毙砂屠户李育伙计刘老二。据李育供称：“小的永北厅人，在白沙厂屠宰生理，死的刘老二是小的同乡，在小的店内帮工。本年六月十八日，文耀珑、王显安们走来说，刘老二引诱他洞上沙丁刘全逃

---

① 《云南巡抚江兰题为审理禄劝县客民何宗顺因争卖马褂戳伤杨成身死一案依律拟绞监候请旨事》，嘉庆元年十一月二十八日，中国第一历史档案馆档案，02-01-07-08474-014。

② 《云南巡抚江兰题为审理鲁甸厅客民林小满索债不得起衅戳死吴尚才一案依律拟绞监候请旨事》，嘉庆二年闰六月十八日，中国第一历史档案馆档案，02-01-07-08533-005。

③ 《云南巡抚江兰题为审理鲁甸厅民马有奇因增价买矿争斗砍毙马尚彩案依律拟绞监候请旨事》，嘉庆二年十月二十八日，中国第一历史档案馆档案，02-01-07-08574-020。

走，现将刘全拿获，叫刘老二前去质对”；而据砂丁刘全供：“小的永北厅人，与死的刘老二同乡认识。小的在文耀珑洞上充当沙丁，每月工银一两，平日同坐同吃，小的向文耀珑预支过两月工食未清。本年六月十七日，小的与刘老二闲谈说起厂上光景平常，不能赚钱，刘老二就说他在李育店内也没有出息，约小的逃往别厂，另寻生理，并许借小的盘缠。”[①] 肉店伙计刘老二邀约砂丁刘全同往别厂谋生，但刘全尚有尖户文耀珑预支工钱未清，故文耀珑寻刘老二对质，引发冲突导致命案。此案表明，白沙厂衰，不论是砂丁还是依厂而生的客民，均生计堪忧，而换厂谋生，亦为矿民维持生计的方式之一。

在铅锡煤等厂，此类命案亦时有发生。如平夷县鸳鸯箐铅厂，嘉庆十五年（1810 年）八月二十九日，厂民张为质所雇砂丁孟兆陇因向砂丁姜士海索欠口角，姜士海被孟兆陇戳伤身死[②]。再如个旧锡厂，嘉庆十九年（1814 年），石屏州人毛文连与毛金恩合伙在个旧炼锡，“言定获利平分，按月结算。十一月底，毛金恩有事先回。十二月二十九日，毛文连回家，毛金恩与之路遇索分十二月分所获利息，毛文连以毛金恩先已回家，是月并未在厂帮工，不肯分给，毛金恩不依，斥骂毛文连”[③]，因此引发冲突导致命案。再如会泽县双石头山煤窑，道光三年（1823 年）二月初一日，雇主侯亭玉借欠邓绍竹钱文未还，被邓绍竹索讨争殴，用刀戳伤身死。据邓绍竹供：“贵州黔西州人，向在县属双石头山卖煤生理，和死的侯亭玉素识无嫌。道光三年正月初二日，侯亭玉借用小的钱一千五百文，约至月底未还。二月初一日晌午，小的到侯亭玉火房向索前欠，侯亭玉央缓，小的不允，两下争

① 《云南巡抚永保题为审理鹤庆州厂民文耀珑等因开嶆工食未清另谋生理殴毙刘老二一案依律分别定拟请旨事》，嘉庆十二年二月初十日，中国第一历史档案馆档案，02-01-07-09237-004。

② 《云南巡抚孙玉庭题为审理平彝县客民孟兆陇因索钱债戳伤姜士海身死一案依律拟绞监候请旨事》，嘉庆十六年四月初七日，中国第一历史档案馆档案，02-01-07-09526-004。

③ 《云南巡抚孙玉庭题为审理石屏州民毛金恩因分利争殴戳伤毛文连身死一案依律拟绞监候请旨事》，嘉庆二十年九月初七日，中国第一历史档案馆档案，02-01-07-09821-006。

闹起来。”[①]

据笔者检索中国第一历史档案馆藏清代档案，云南矿厂命案主要发生于嘉道两朝，分别为 14 起和 17 起，乾隆朝尚属零星。而矿厂命案绝大多数皆因讨债索赔、争矿分利、高买贱卖等经济纠纷引发，银、铜、铅、锡、煤等厂均有，遍布全省各地。至于未能保存至今的矿厂命案档案和尚未导致命案的普通经济纠纷，其数量应该更多。

为何嘉道时期云南矿厂命案如此之多？且多为经济纠纷而起？笔者认为，这与矿业衰落有直接的关系。民间纠纷本属平常，但在矿业衰落的背景下，矿民生存维艰，些许经济利益可能关乎生存，以致矿民动辄以命相搏。频繁爆发的经济冲突不但反映出矿民日益艰难的生存环境，也展现了矿区日趋紧张的社会矛盾。虽然官府逐一审理、法办元凶，但矿民的生计并未因此而改善。不难想象，矿区的社会冲突必将愈演愈烈。

二、从个体经济纠纷到群体性暴力争夺资源：悉宜厂械斗案分析

嘉庆五年（1800 年）三月，耿马土司境内悉宜银厂爆发了大规模群体性械斗事件，造成十余人殒命，史称悉宜厂案。学界多将此事件视为清后期云南汉回冲突开启之标志，有必要详细考察该案之缘由，分析群体性暴力械斗因何发生。

此案的审理已在十年之后，据嘉庆十六年（1811 年）云贵总督伯麟、云南巡抚孙玉庭合奏：

> 窃臣伯麟前据太和县回民沙有风呈控，伊胞兄沙有明、胞弟沙有壁等在边外耿马土司所管之悉宜厂贸易，于嘉庆五年三月内，

① 《云南巡抚韩克均题为审理会泽县客民邓绍竹因索债戳伤雇主侯亭玉身死一案依律拟绞监候请旨事》，道光三年八月十二日，中国第一历史档案馆档案，02-01-07-10414-007。

被湖广民人夏秀山等纠夥持械枪杀，已于嘉庆六年具讼，未蒙缉兑究办等情。臣伯麟以凶杀多命之案逾年已久，核议并未验审详办，亦未缉获一犯，实勘骇异。当即饬司，移会该管迤西道，督饬顺宁府严拿确审去后。查此案，前督臣书麟于嘉庆五年三月，因剿办缅宁“猓匪”驻扎军营。据耿马土司所管之悉宜厂回民刘学成等呈称：伊等向在悉宜厂开采槽尖，与湖广民人交易，积有嫌隙。嘉庆五年三月初四日，回民金耀才与湖广民人刘思义在茶铺内口角争殴，被湖广客长夏秀山等袒护同乡，纠约多人杀死回民沙有明等共十九人等情。其时，耿马土司罕朝瑗带练随剿“猓匪”，臬司、迤西道均在军营，当经书麟批令司道，严饬该土司查拿，务获究办。随据该土司罕朝瑗禀称：土职所管之悉宜厂五方杂处，人素刁横，今夏秀山等乘土职带练公出，竟敢抢杀多命，已寄知职子罕廷绶密查各凶犯逃匿何处。兹据职子来信：夏秀山等纠众滋事，人多势凶，及至带练前往查拿，均已逃逸不知去向，土职远在军营，且厂地在在均与“猓黑”毗连，诚恐查拿过急，勾结滋事，转与边地有碍，俟军务告竣，土职回署，再行设法购拿等语。嗣因军务告竣，复叠经严饬该土司上紧查缉。旋据罕朝瑗禀称：凶犯夏秀山等各犯均已远飏无踪，惟有仰祈宽限访拿等情。该土司旋即病故，其孙罕君相承袭土职，年未及岁，屡次严催代办之罕廷绶上紧踏拿，而凶犯终无一名就获，罕廷绶旋亦因病卸事。此嘉庆五年回民等被湖广民人抢杀，该土司承缉犯未弋获之原委也。①

可见，案发之后，悉宜厂回民刘学成即向耿马土司报案。时值剿办威

①《云贵总督伯麟云南巡抚孙玉庭奏为拿获十年前造意约人仇杀并转纠党羽之正凶等审讯供情先行奏折奏闻事》，嘉庆十六年七月二十五日，中国第一历史档案馆档案，04-01-26-0025。

远一带“猓匪”，云贵总督、云南按察使、迤西道及耿马土司均随军在营。拘泥于土司境内命盗案件向由其自理之成规，书麟即令耿马土司查拿究办。但该土司随军在营，不得已寄信其子查办。其子复信称凶犯逃匿，碍于剿办“猓黑”大局，恳请军务结束后再行查拿。军务告竣之后，又因土司承袭更迭，使此案一拖再拖，十年未曾拿获凶犯。虽然云贵总督书麟照依成规，将此案交由耿马土司查办，但此案涉及汉民，与本地人案件有别，且交办之后，仅严催查办，对于土司长期无法拿凶办案的问题，没有任何进一步的措施和处置。云南地方政府对此案敷衍、推诿之态度可见一斑。

但是，受害者亲属并未放弃申诉，直到太和县回民沙有风京控直达天庭后，继任云南督抚才派员缉凶审拟，并回查此案拖延的原因和经过。据伯麟等奏：“因查请升普洱府知府施廷良已卸顺宁府篆，于该地方情形尚属熟悉，饬委该员前往顺宁，会同现署知府刘彰宽亲诣该土司所辖之悉宜厂地方，督催查拿”，于滇缅交界之地拿获此案首犯夏秀山、卢正发二人。经审讯得知：“缘耿马土司所管之悉宜厂远在边外，五方杂处，夏秀山在厂充当客长，所有采办炭山之湖广民人，均听夏秀山管束，回民沙有明等在厂开采槽尖办理炉火，均与炭户交易，积有夙嫌。嘉庆五年三月初四日，回民金耀才与楚民刘思义在乔姓茶铺共听唱书，刘思义装吃水烟，喷向金耀才面上，回民最忌烟酒，口角争殴，回众附和吵闹，致将乔姓加具打坏，报经夏秀山理处。夏秀山袒护同乡，众各不服，争闹而散。夏秀山告知在厂楚民彭三锡、蔡士荣、沈万顺、陶金富，寄信与陶碧佐、刘显文，令其转纠党羽。陶碧佐遂令卢正发、曾幺大率领厂众，刘显文、刘文耀率领炭山之人，齐抵厂所，夏秀山复纠得魏得胜、何景贵、粟老十等多人，于初八日在湖广公所会齐，声言回民强横，约往报复，卢正发等俱各应允。惟时沙有朋等闻知，亦即纠约回众至礼拜寺内防备。初九日，夏秀山率领彭三锡等各执器械，将礼拜寺围住，沙有明等出而抵御，沙有明、沙有华、绍森、沙长森、马步青、马成相、朱珍玉、沙汉、沙奉蛟、金彩虹、李有荣、马连勋、艾士华俱被杀伤身死。”虽然二犯对“夏秀山将首先起意、约人仇杀及卢正发转纠党羽、附和同行俱各供认不讳”，但“沙有明等系何人动手杀伤”、被杀人数具体实数均未明了。①

道光元年（1821 年）云龙州白羊铜厂又发生大规模械斗案，云南布政司、按察使审理此案并行查马行云京控案呈时，牵出悉宜厂案宗卷，内载：“缘顺宁府耿马土司所管之悉宜厂远在边外，向听内地民人前往开采贸易。夏秀山系湖南武冈州人，在厂充当楚省客长。厂上食米多系回民贩售，回民倚众恃强，楚民屡受欺压。嘉庆五年三月初四日，回民金耀才与楚民刘思义在乔姓茶铺口角争闹，金耀才遂邀回众将茶铺器具打毁。经回民客长沙有璧、楚省客长夏秀山等前往弹压，询系金耀才无理，令金耀才向刘思义服罪。金耀才不依，声言夏秀山偏护同乡，回众亦附和哄闹，夏秀山见人众转回。是晚，回民又打毁楚民店铺十余间。夏秀山闻知，起意纠人肆杀泄忿，遂邀允楚民彭三锡等一百八十余人，各执器械，与回民沙有明等彼此混杀。”②

两者所载虽为同一案件，案情基本一致，但细节略有出入。首先，云南藩司所存案卷中有此案具体的死亡人数和姓名，可知此为该案的最终宗卷，应在伯麟奏折之后。而从两者所载此案的发展过程来看，内容大同小异，应为同一案件多次审理的不同记录。其次，虽然均承认对茶铺口角为引发此案的导火索，但对责任的认定却大相径庭，伯麟奏折称“刘思义装吃水烟”，而云南藩司宗卷却言，经楚、回客长“询系金耀才无理”。再次，两者所持立场不同，前者显然倾向回民，后者则偏向楚民。

当然，个体茶铺口角纠纷显然不足以解释其后汉回各自纠众械斗的事

① 《云贵总督伯麟云南巡抚孙玉庭奏为拿获十年前造意约人仇杀并转纠党羽之正凶等审讯供情先行奏折奏闻事》，嘉庆十六年七月二十五日，中国第一历史档案馆档案，04-01-26-0025。

② 《白羊厂汉回械斗案》，引自荆德新编：《云南回民起义史料》，云南民族出版社 1986 年版，第 10—11 页。

实。然不可忽视的是，两者均提及事前回民与楚民之间已存嫌隙。伯麟奏称，楚民主要从事悉宜厂的木炭供应，回民则承办开矿冶炼；而云南藩司宗卷言，回民贩卖粮食供应楚人在内的矿民。虽然两者在表述回民、楚民所从事的具体工作时并不一致，但不论是炭户与尖户炉户，还是粮商与矿民，均存在密切的经济联系。结合前文所论矿业衰落后，矿民生计维艰的境况和经济纠纷频发甚至屡酿命案的矿区社会环境，不难理解个体口角能够在短时间内引起具有类似境况人群的共鸣，乃至不惜性命地予以支持，迅速发展成为大规模群体性械斗事件。因为个体间的经济纠纷往往胜负难料，弱者不得不借助血缘、同乡、宗教等社会关系，强化自身在经济纠纷和资源争夺中的胜算。如此一来，个体间的经济纠纷便逐渐演化为群体间为争夺资源而生存的暴力械斗。悉宜厂械斗案实质上是经济危机向社会传导的标志性事件，是民族矛盾掩盖下社会危机的首次集中爆发。

三、从特殊到一般：道咸时期矿厂械斗案的增多

悉宜厂案从事发到审结前后长达十余年，官府敷衍、推诿、拖延的态度降低了其在受害民众心目中的公信力，而仅以惩处首犯而结案，亦种下伤亡惨重的回民与楚民之间的嫌隙。更为重要的是，当时的皇帝及云南地方官吏并未认识到此案折射出的严重社会问题，未改善失业矿工生计维艰的困境。因此，随着矿业衰落和失业矿民生存危机的加剧，以争夺资源为目的的矿区群体性暴力冲突必将愈演愈烈，矿厂械斗案必将从悉宜厂的个案蔓延成全省矿厂的普遍性现象。

道光元年（1821 年）四月二十四日，大理府云龙州吏目张尚中禀称，据该厂头人黄席珍等报称：“本月十七日夜，州属白羊厂汉回民人，因汉民徐士雄在回民槽硐便溺，被殴起衅，彼此纠众互斗，伤毙多命，凶犯逃脱”，并尸亲马良栋等赴永北军营云贵总督史致光处呈诉。该督批令随军永北的署大理府知府张志学、署云龙州知州雷文枚返厂查办，委镇远直隶州知州杨晋

春协办。雷文枚于五月十四返厂："查得此案衅起回民与湖广及临安等处民人，因争厂地槽硐挟嫌，适值临安汉民徐世雄在回民马思训槽门便溺，被马思训等殴打，经湖广、临安汉民同往解劝，斥责马思训等不应以细故辄行殴打。回民马良才等遂以汉民有意欺侮，共议纠众报复。湖广、临安汉民闻知，亦即纠集多人，于四月十七日夜间互相争斗，各伤多命。"[①] 续获案犯唐开诚、向中孝等23名，发现尸体26具，主犯逃逸。但该案起于细微，为何发展成为大规模械斗？事先争夺槽硐嫌隙，究竟详请如何？诸多疑点尚未解开。

次年，太和县回民金有光、马帼材，昆阳州回民杨文科，河阳县回民马行云先后赴步军统领衙门、督察院等处，控告白羊厂向中心等纠众持械劫杀百余人并劫掠财物，恳请缉凶究办[②]。皇帝以办案不力为由，将此前办案的署云龙州知州李文梅、署大理府知府张志学、云龙州吏目张尚志革职，前署云龙州事解任通判李兆榜交部严加议处[③]。此案后经云南知府陈锡熊审拟、藩臬二司复审，案情大致明确："缘云龙州属白羊厂出产银铜各矿，该处充当客长、炉户、砂丁人等俱系湖广、川、黔、江西及滇省临安府，并各州县汉回民人，楚省客民建立寿佛寺，临安建立会馆，回民建立礼拜寺，各作公所。秦贤中等系滇省建水等州县汉民，与已死回民马良才素识无嫌。湖广客长向中心曾与马良才争夺槽洞，吵闹不睦，秦贤中在厂充当临安客长。道光元年四月十五日，有临安人砂丁徐士雄在马良才槽洞门口便遗，被斥争骂，马良才砂丁马潮淙马俸干等将徐士雄殴伤……此徐士雄因在回民槽洞便遗，被殴起衅，彼此拆毁、槽门公所，回民马良才纠众报复，戳毙人命，秦贤中

① 《白羊厂汉回械斗案》，载《云南回民起义史料》，第2页。

② 《云南大理府太和县民金有光为匪党向中心等持械抢劫酿命移尸掘基等恳请按律究办事呈状》，道光朝［年月日不详］，中国第一历史档案馆档案，03-3719-012；《云南昆阳州杨文科为党恶向中心等持械抢劫搜杀数命恳请按律究办事呈状》，道光朝［年月日不详］，中国第一历史档案馆档案，03-3719-013；《云贵总督明山云南巡抚韩克均奏为遵旨审明定拟恭折奏闻仰祈圣鉴事》，道光三年八月十五日，中国第一历史档案馆档案，04-01-01-0651-004。

③ 《清宣宗实录》卷59，道光三年九月甲午，《清实录》第33册，第1040页。

捏写揭帖，激怒楚民，帮助互斗，致毙多命，并杨清等事后争斗，复伤毙回民四命，及秦贤中畏罪私和人命，主令埋尸灭迹之实情也。”[①] 四月十七日夜，回民马良才与临安客长秦贤中、湖广客长向中心各纠众三百余人互斗，是此案的重点，造成死亡 86 人。

此案虽因临安人徐士雄在槽硐口便溺而起，但有向中心与马良才争夺槽硐在前。也就是说，案发前，白羊厂矿民争夺资源的矛盾早已存在。据向中心供称：“小的向在云龙州白羊厂采办槽尖，充当湖广客长，和死的回民马良才因争夺槽尖吵闹，向不和睦。道光元年三月间，小的与同伙唐立纲清理账目，口角打架。唐立纲到州控告，差传小的审讯，小的中途逃回。随经邻众劝和，递呈息事。”[②] 向中心不但与回民马良才争夺槽尖，亦与汉民唐立纲因账目纠纷打架。因向中心为此案首犯，其与汉回矿民的经济纠纷才见于记载。由此推之，该厂其他未被记录下来的矿民间争夺资源的矛盾和冲突应不在少数。

争夺资源的频繁发生导致矿民间的关系日趋紧张，成为矿民个体间日常摩擦迅速演化为大规模群体性械斗的社会背景。因此，临安会馆看守人胡芳被杀便不难理解。据打毁公所人金世望供称：“小的向在云龙州白羊厂马良才槽硐充当砂丁。道光元年四月十五日，有临安人徐世［士］雄在马良才槽硐门口大解，马潮淙、马俸干将其殴伤，徐世［士］雄纠人将槽硐门打毁。马良才查知不依，于十六日纠约小的等四五十人，小的携带档把，其余各执器械，赶往拆毁临安公所报复。有看守公所人胡芳赶出阻拦，被马良才用矛刀戳伤肚腹，倒地身死。”[③] 马良才纠约四五十人，持械捣毁临安公所，本为报复槽门被毁之仇，但直接杀毙胡芳已使案情由冲突升级为命案。从马

① 《云贵总督明山云南巡抚韩克均奏为遵旨审明定拟恭折奏闻仰祈圣鉴事》，道光三年八月十五日，中国第一历史档案馆档案，04-01-01-0651-004。

② 《白羊厂汉回械斗案》，载《云南回民起义史料》，第 16 页。

③ 《白羊厂汉回械斗案》，载《云南回民起义史料》，第 27 页。

良才的立场看，或者骑虎难下，或许槽门对他极为重要。

除了械斗泄愤之外，抢夺财物亦可从侧面反映矿厂矛盾的本质。马行云京控诉状中言："讵有湖南黄席珍、向中心、胡耀庭等勾串临安、贵州、四川逆党，于四月十五日打劫马良才槽硐，连日鸣金放炮，肆行抢劫。旋于十八日至我鸿阳炉、宝兴硐，将我胞侄马尊并伙计马耀、张玉么、工头李灿并雇工六人俱行杀死。保彩逃出，赴州禀明备细。所有炉内现存银三千余两，铅铜十万余斤，扯矿一炉，炸碛一堆，抢劫俱空。"[①]但是，秦贤中、向中心对此矢口否认："至回民各伙房内底母什物，因那夜打架人多哄乱，当时散失些是有的。后来已经头人黄席珍们变价存贮公所，预备尸亲认领。因马行云起先不知底里，故此往京控告，其实小的们并无抢劫的事。"[②]而据回民客长张子洪供称："那时小的并不在场，事后闻知赶回查看，见厂中回民各伙房内所存底母什物多有遗失。查是那夜打架人多哄乱，致有失去。小的因回民受伤身死及搬逃出厂者甚多，若无人看守，必致遗失无存，小的同汉民头人客长黄席珍们公共议明登记号薄，变价存贮公所，以备日后尸亲到厂领尸之用。"[③]虽然不如马行云诉状中所言的公然打劫，但械斗后回民财物确有遗失，所谓黄席珍等将其变价存贮公所以备尸亲认领，只是事后补救而已。

不可忽视的是，四月十七日夜汉回大规模械斗的发生，与悉宜厂案有直接的关联。不论是徐士雄槽硐口便溺殴、马良才槽门被毁，还是临安会馆被毁、守门人胡芳被杀，皆为回民与临安人之间的冲突，与湖广人无关。而以向中心为主的湖广人之所以参与本次械斗，是临安客长秦贤中捏造揭帖所致，利用悉宜厂案中回民与湖广人的旧怨。据秦贤中供："小的恐临安人少不能抵御，因知从前已经奏结的悉宜厂命案，回子与湖广人本有嫌恨，要借

① 《白羊厂汉回械斗案》，载《云南回民起义史料》，第6—7页。

② 《白羊厂汉回械斗案》，载《云南回民起义史料》，第14页。

③ 《白羊厂汉回械斗案》，载《云南回民起义史料》，第34页。

此激怒楚民出头帮助，就捏造回民先杀临安人，后杀湖广人，要报悉宜厂旧仇的话，叫李满大照依写了揭帖一纸，交给未获的工人张小二，丢入湖南人寿佛寺门内，向中心看见信以为实。下晚时候，湖广人正在哄传，小的走到寿佛寺探听，向中心向小的告诉，小的假装不知，说既有此事，叫他们纠约同乡先为预备，免至临时吃亏。向中心应允，就辗转约了现获的向中孝等共二百三四时人聚集寿佛寺，小的就叫唐开诚们带领原纠各伙同到寺内会齐。”[1] 也就是说，是夜湖广人被人利用，导致械斗规模进一步扩大，悉宜厂案的影响可见一斑。

道光十三年（1833 年）四月，永北厅得宝坪厂又发生大规模械斗。此案基本情况，据次年云贵总督阮元、云南巡抚伊里布奏称：“该厂坐落厅属蒗蕖土司境内，距城六站，界连四川，各省汉回民人杂处，王万丰吴俸淋充当汉民客课等长，陈承屏充当炭山客长，陈遇充当回民课长，平日汉民与回民因争尖夺矿彼此挟嫌。道光十三年四月十六日，回民李荣华赴市向张士见买炭，雇汉民邹世起、姜满十等背回，姜满十误将炭斤跌碎，李荣华欲短给雇钱抵赔，姜满十、邹世起不依争吵，李荣华殴伤邹世起额头”，姜满十返回后，纠邀汉民十余人前往理论，未遇李荣华，反“将其炉房打毁，并辱骂众回民而散”，李荣华向回民客长陈遇诉说，“陈遇以汉民有意欺侮，代抱不平，起意纠众报复”，传集回众六十余人，“各带器械，前赴礼拜寺停歇，定期二十日往打汉民炭市”，汉民客长王万丰闻知，“亦邀吴俸淋、陈承屏至西岳庙商议，王万丰以回民定期寻殴，汉民自当纠众会斗，使回民以后不敢恃强欺压，但恐人少难以取胜，必须纠约多人，方能济事，吴俸淋陈承屏俱各允从”，传集汉民共九十余人，“各带器械，于十九日齐赴西岳庙停歇，约定次日与回民会斗，二十日早晨，王万丰先率汉民赴半山等待，陈遇亦即带领回众持械迎赴山梁喊骂，王万丰喝令众人用木石往下乱掷……陈遇率众奔跑

① 《白羊厂汉回械斗案》，载《云南回民起义史料》，第 12—13 页。

下山，王万丰喝令汉民追赶，陈遇等折回抵御，互相争斗”，以后零星殴斗，延续至二十二日，共计三十五名汉回殒命[①]。

此案虽因短给工钱而起，但该厂“平日汉民与回民因争尖夺矿彼此挟嫌”。也就是说，在矿业衰落的背景下，矿民生计维艰，争夺资源日趋频繁，社会矛盾早已存在。因此，个体之间的寻常摩擦和经济纠纷才能迅速发展成为群体性械斗，此案的根源与悉宜厂案、白羊厂案如出一辙。此案的处理亦与前案相似，首犯王万丰拟斩立决并枭首示众，但因该犯已死狱中，仍戮尸示众，其余各犯分别拟以斩绞、军流徒、枷杖各罪不等，并未涉及导致矿厂资源争夺的矿民生存问题。故矿厂争夺资源的现象仍然延续，如道光十六年（1836年），上谕言：“有人奏，云南永北厅地方向有银厂，厂中有匪徒绰号孙霸王，素不安静，聚集多匪”，并令云南督抚“严行讯究”[②]。据次年云贵总督伊里布、云南巡抚何煊查奏：“永北厅属东升子厂铜银铅兼出，据该案孙和顺本籍四川，寄籍湖广，在厂采办银槽，每见他人槽硐矿旺，在旁开挖之，争其夺底，甚至强占，因其霸占旺矿，是以绰号孙霸旺。楚民陈耀东与之较好，往往附和，屡经课长赖丰泰具禀，经前任厅员驱逐，该犯等仍复潜来厂地，遂与赖丰泰有隙。上年孙和顺等议建禹王宫，将公办之楚盛槽尖占与黄开峰采挖，色办庙工。本年夏间尚未办竣，适该槽尖得有旺矿，孙和顺遂与陈耀东商欲收回自办。五月十五日，黄开峰以期违约抢夺，经前厂员刘斯增提讯，孙和顺等狡不承认。刘斯增旋赴别村堪设哨房，饬差押带孙和顺、陈耀东赴城问讯。因孙和顺等亏欠金饭公项，楚民段洪兴等恐其控案迅经避匿赖欠，当持孙和顺等追获截留回厂，欲候归清欠项，然后赴厅听迅。十九日正在金饭查算账目，适赖丰泰赴彼敝见，即斥孙和顺等不应违约欲夺黄开峰所办槽尖，并斥段洪兴等截回孙和顺等至非，互相争角而散。孙

① 《云贵总督阮元奏为缉获永北厅汉回民人挟嫌械斗互毙多命首从犯陈承屏等审明定拟等事》，道光十四年正月二十四日，中国第一历史档案馆档案，04-01-26-0062-008。

② 《清宣宗实录》卷290，道光十六年十月戊午，《清实录》第37册，第472页。

和顺以赖丰泰屡次欺压，并嗔其袒护黄开峰，即与陈耀东商议，纠允已获之张家庚等及未获之周运成等共十四人往寻赖丰泰殴打泄忿。”[①] 此案虽未导致命案，但矿民纠众殴打课长已属不法。而孙和顺屡次抢占旺矿，得名“孙霸旺”，堪称这一时期矿厂争夺资源的典型。

道光二十七年（1847 年）正月，汤丹厂又现大规模械斗事件。据云贵总督林则徐奏称：“（汤丹厂）回民清真寺后向有泉水，历系汉回公共取用。道光二十六年十二月间，因天时晴旱，马四铜锤等将水拦堵，不准汉民挑取，（汉民客长）倖坤发等理论仍照旧归，汉回因此未睦。是月二十八日，汉民苏耀赴厂卖糖，回民马石详向赊不允，互相争吵，马石详之祖马成溃袒护，邀允桂小苏、马得亮、马二草包并在逃之回民白添发、桂小鞍各持棍赶往，马成溃喝令桂小苏将苏耀拖翻，棍伤两臂膊两股，汉民赵添发、杜荫沅拢劝，马石详殴伤赵添发胸膛，马得亮、马二草包等亦将杜荫沅殴伤各散。苏耀向倖坤发诉述，倖坤发许俟开年再为理讲。二十七年正月十三日，倖坤发令罗起溃往邀马成溃等前往评理，适马四铜锤在彼，向斥多事。罗起溃转回告知，倖坤发因回民遇事逞强，起意纠殴泄忿，遂向吕珍详、许成孝、阮潮玉、苏耀商允，倖坤发令以回民阻水欺汉之言转播斗众分投纠约，吕珍详等其纠得汉民罗起溃等二十七人，倖坤发亦纠约不识姓名汉民三十余人，吕小平春等又转纠得不识姓名汉民二十余人，其八十余人在禹王宫会齐。马四铜锤闻知，亦聚集回民桂小苏等三十一人，并白添发等所纠之不识姓名回民二十余人，其五十余人在清真寺防御。十八日上午，倖坤发率众各持刀矛至清真寺地方喊骂，马四铜锤亦率众执持刀标从寺内赶出，彼此互斗”，此案导致回民被杀三十五人[②]。可见，苏耀卖糖不赊仅为诱因，汉回之间争水的

---

① 《云贵总督伊里布云南巡抚何煊奏为遵旨查办永北厅厂民滋事办理缘由恭折具奏仰祈圣鉴事》，道光十七年二月二十八日，中国第一历史档案馆档案，199-1706 号。

② 林则徐：《林文忠公政书》第 3 册《奏为审明汤丹厂汉回挟嫌互斗致毙回民多命烧尸毁房获犯分别按例定拟恭折奏祈圣鉴事》，第 1257—1277 页。

积怨早已存在。因此，当倖坤发评理遇阻后欲纠殴泄忿，才有大量汉民从究参斗，最终酿成一百余人的大规模械斗，导致大量矿民死亡。

至于道光三十年（1850年）九月他郎坤勇金厂械斗案、咸丰四年三月至六年正月南安州石羊厂多次械斗案，因佚名《他郎南安争矿记》而早为学界所知。坤勇厂民建水人李经文因无力偿还厂商回民马纲赌债，与周铁嘴、潘德谋杀早有防备的马纲，双方械斗致二死三伤。潘德为复仇泄忿，以金厂矿利说服临安乡绅黄鹤年，率临安人五百赴厂，于九月初十日持械杀毙马纲等回民百余人，其后黄鹤年侄黄殿魁、林五代又率临安人千余，残杀厂民百余人，抢掠财物甚众。[①]南安州石羊厂在道光末年原已衰微，咸丰初年因回民矿石马蛟转旺，然因经济纠纷导致汉回关系日趋紧张。如咸丰三年（1853年）二月，"有回人马硐长，名长年，同弟彭年办尖，兼支照炉，向江西人颜尔安买矿。初颜尔安乏本，长支马款千余，预定价廉。未半年，颜已赚二三万，马款清，欲增价，与彭年口角。颜被辱甚，往诉长年，复助桀为虐，朋殴颜"；"逾数日，长年兄弟又因王三毛牛欠款，估得王矿搬背净尽。王复报请各绅理处。鼎与本开以长年兄弟凶暴性成，常与人无理取闹，依理论，恐招怨尤，推请迟、王处断，矿数相差甚，金、李无一言，不能解"，"颜怂恿王，暗往他郎，搬临人来杀回"。次月，他郎匪徒周铁嘴、李经文等率众杀入石羊厂，回民遇害者四百余人，被逐者千余人，其后两年，石羊厂在厂匪与绅民、官兵之间反复易手，导致回汉厂民大规模遇难[②]。

坤勇厂械斗虽因讨要赌债而起，但在潘德抢夺矿利的怂恿下，临安乡绅民人的大规模参与及事后大肆抢掠，充分反映出抢夺资源的本质特征。虽然因颜尔安怂恿王三毛，引来他郎厂匪对石羊厂回民的大屠杀，但颜、王与马长年兄弟的经济纠纷及不平遭遇，早已激起汉回嫌隙。由此观之，两厂械

① 佚名：《他郎安南争矿记》，白寿彝编：《回民起义》第1册，上海人民出版社、上海书店出版社2000年版，第251—252页。

② 佚名：《他郎安南争矿记》，载《回民起义》第1册，第252—262页。

斗案的发生都暗藏长期以来因经济纠纷导致的紧张的社会关系，而矿业衰落导致的矿民生存危机则是催生矿区社会危机的根源所在。

通过以上分析可见，道光元年云龙州白羊厂、道光十三年永北厅得宝坪厂、道光二十七年巧家厅汤丹厂、道光三十年他郎厅坤勇厂、咸丰四年南安州石羊厂械斗案只是这一时期影响较大且文献记载丰富的矿区群体性暴力事件，至于规模较小的其他矿区械斗应不在少数。由此可见，矿厂械斗案已从嘉庆时的特例演变为道咸时期的普遍现象。这类案件大多具有类似的特征，均由矿民日常细微矛盾和摩擦而起，迅速演变成为群体性暴力冲突。虽然多冠以汉回互斗之名，但不难发现，各厂原本就存在因经济纠纷引发的紧张的社会关系。在矿业衰落、矿民生存维艰的大背景下，个体往往借助同乡、宗教等社会关系，强化自身在矛盾和冲突中的胜算，故日常经济纷争往往迅速演化为群体性的暴力资源争夺。而作为管理者的官府，基本以查案缉凶、法办凶手了事，并未通过改善矿民的生存状况，消除矿厂械斗的根源。

第三节　失业矿民与外来流民：群体性暴力资源争夺从矿厂向乡村扩散

嘉道时期，矿业衰落导致矿民生存维艰，矿区个体间的经济纠纷逐渐演化成为群体间为争夺资源的暴力冲突，矿厂械斗案从嘉庆时期的个案发展为道咸时期的普遍现象，矿区社会秩序处于失控的边缘。然而，矿区并不是一个与世隔绝的特殊区域。当矿业衰落导致矿民无法生存的情况下，溢出人口势必另谋出路，或另走他厂，前文所引嘉庆十一年（1806 年）白沙厂刘老二命案即是明证；或流落乡村，当矿业整体衰落的情况下，这类流向成为大多数失业矿民的必然选择。

一、失业矿民向农村流散

嘉庆元年（1796 年）五月，昭通府大关厅发生命案，周万言向杨秀朋索欠引发口角争闹，杨秀朋将周万言殴伤身死。据周万言雇主杨友兰供称："小的年七十岁，江西抚州府人，周万言在大关地方帮工。去年三月内，小的雇周万言做工，原应给他工食银二两。因周万言打厂欠了人家油米银三两二钱，是小的替他代还，所以没有给他工价。周万言于上年十一月初八日来向小的讨工钱，把小的放青的马一匹拉去，硬说抵还他的工价。小的同佃户杨秀朋赶去，杨秀朋原说在他身上慢慢算还，当把马匹拉回。今年五月十五日夜，周万言如何去向杨秀朋讨银争闹，被杨秀朋打死，并不知道"；另据凶手杨秀朋供言："小的年三十四岁，湖南芷江人，向在大关干地坝佃种。杨友兰前欠周万言工价银二两，因周万言欠了别人的银子，是杨友兰代还，所以将工价扣留，没有给他。上年十一月初八日周万言向杨友兰索讨工价，杨友兰不肯，周万言就把杨友兰放青的马一匹拉走。杨友兰叫小的一同赶去，小的原劝周万言说，他如果欠你银子，我叫他慢慢还你就是，何必拉他家马匹，就把马拉回。今年五月十五日，小的赶街，遇见周万言，说起杨友兰欠他工价，原要拉马作抵，是小的担认，止晓得问小的讨，小的不去理他。当晚一更天气，忽听见周万言在门首叫骂，要还银子，小的回骂，他就打小的左肩一棍。"①

此案因索欠而起，死者周万言在受雇之前，曾因"打厂"欠人油米钱，雇主杨友兰因替其还清，故压周万言工钱抵扣。可见，周万言在受雇杨友兰之前，曾从事矿业，属于尖户或槽户一类，但在矿业衰落的环境下，不仅无法获利，而且无力支付砂丁油米钱，是典型的失业矿民，故被迫流落乡村，靠给人打工度日。既然杨友兰替周万言还欠债在先，故扣押其工钱以还借款

① 《云南巡抚江兰题为审理大关厅客民杨秀朋因索工钱殴毙周万言一案依律拟绞监候请旨事》，嘉庆元年十二月初十日，中国第一历史档案馆档案，02-01-07-08487-007。

顺理成章。但周万言仅言其工钱被扣，绝口不提杨友兰事先替其垫付所欠砂丁油米钱之事，显然理亏。然从周万言的经历而言，因矿业衰落导致矿民的经济纠纷司空见惯，求生本能下的资源争夺早已超越了法律和道德的底线，故将矿区的资源争夺之风视为其在乡村的生存之道。当然，周万言案仅是失业矿民流落乡村后，因经济纠纷导致命案的极端事件，而其他因失业矿民引发的乡村矛盾和冲突则数量更多。

道光元年（1821年）五月，白羊厂民黄伦因向回民马潮升索欠争殴，导致黄伦身死。据黄伦兄黄伟、黄岗等供称："小的是永北厅人，这死的黄伦是小的们兄弟。上年九月里，小的们同兄弟黄伦到云龙州白羊厂打厂生理。道光元年二月，小的人有事先回，留黄伦在厂照料。五月二十七日，黄伦回家，路过剑川州属三神堂地方，如何向回民马潮升重索借项争闹，被马潮升们殴伤身死，小的们先不知道。"而据同行人李潮文供言："道光元年五月内，小的与黄伦从云龙州白羊厂驿路回家，二十七日晌午时候路过剑川州三神堂地方，黄伦先走，与马潮升撞遇，黄伦向索欠银争闹，被马潮升族人马泳锡、马四培、马文斗打伤。小的在后望见，与过路人马俸岗一同赶上拉劝，马泳锡们都已走开，黄伦气忿，又向马潮升扑殴，马潮升闪避，拾取石块向掷，致伤黄伦右额角倒地。"①

此案亦因索欠而起，但并非发生于矿区。白羊厂矿民黄伦等在由厂回乡（永北厅）的途中，经过剑川州三神堂偶遇马潮升。因马潮升在厂曾向黄伦借债，故黄伦路遇讨要，引发口角争殴，导致命案。显然，黄伦等为回乡途中，而马潮升等要么亦是回乡途中，要么已经归乡（剑川州）。虽然双方均已离厂，但债务依然存在，故而才发生索欠之事。但更为重要的是，双方动辄争殴，马潮升族人亦参与其中。也就是说，原本在矿区因经济纠纷引发的群体斗殴风气，随着矿民向外流散，亦开始向矿区以外蔓延。

---

① 《云南巡抚韩克钧题为饬委相验事》，道光二年三月二十四日，中国第一历史档案馆档案，02-01-07-10324-006。

以上两案具有一定的代表性，均与矿民有关，且为发生在矿区以外的命案。两者均因索欠而起，债务产生于矿厂，但其后续影响却扩散到乡村。尤为重要的是，随着失业矿民向乡村的扩散，原本存在于矿区的、因争夺资源引发的暴力冲突亦向乡村蔓延。两者的区别仅在于一个已流落乡村，而另一个处于向乡村流散的途中。命案是此类矛盾和冲突的极端表现，由此推断，其他因失业矿民经济纠纷引发的普通事件则数量更多。

二、群体性暴力资源争夺风气在乡村蔓延

道光十九年（1839年），缅宁厅发生大规模械斗案。次年，上谕言："伊里布等奏汉回互斗致毙多命请将通判参将革审一折。此案缅宁通判张景沂于客民杨奎等控争地基，如果审断公允，何至聚众忿争，致毙多命，且两造在城外叠次互斗，又未出城弹压，尤属荒谬。顺宁营参将瑞麟近在同城，并不带兵驰往解散，乃至束手无策，视同膜外，甚属玩忽无能。"[①]从伊里布所奏可知，汉回民众多次群体性械斗导致多人死亡，缅宁厅同知张景沂、顺宁营参将瑞麟因此被革职，但案情并不明朗，道光帝令伊里布详查复奏。其后，又因缅宁厅回民马文昭、马发科先后京控，上谕继任云贵总督桂良严审已捕案犯。[②]据桂良复奏："严讯已革通判张景沂，于回民占地建墙得贿枉断，致汉民屈庭远等纠众互杀，两造惨毙七百余名，并计门丁李钧所得赃，拟绞监候"，除了将已革通判张景沂、署顺宁府知府魏襄、首犯汉民屈庭远等按律定拟外，回民马文昭、马发科却因诬告顺宁营参将瑞麟按律反坐[③]，而此案的详细缘由并无记载。幸运的是，笔者在中国第一历史档案馆查到步军统领衙门所上马发科呈状，兹摘录如下：

① 《清宣宗实录》卷326，道光十九年九月甲午，《清实录》第37册，第1113页。

② 《清宣宗实录》卷333，道光二十年四月己卯，《清实录》第38册，第58页。

③ 《清宣宗实录》卷339，道光二十年九月戊申，《清实录》第38册，第159页。

缘缅宁城附近四村回民共计七百余户，男妇三千余丁口。东门外旧有清真寺一座，寺内有回民公置田地数百亩，寺前有空地丈余，于乾隆四十八九年有汉民争霸控，经徐杨二厅主判案，回民捐充公银三十两，断归清真寺，原欲为建照壁，有案可凭。道光十九年正月间，有衿豪杨耀斗、赵士志、杨子旭、杨子嬰、李春和、赵登云、彭体元、周丕、章稿房、钱国珍等出入顺营参府衙门，与瑞参将做万民衣伞，向回民摊派银两，回民不与，官民因此怀恨。二月内，回民于清真寺前空地处建盖照壁，杨耀斗等主使杨奎持刀拦阻，霸占此地，旋控于田巡检案下，巡检会同瑞参府出示，禁止建盖，回民遵示中止。五月间，又令杨奎在新任分府前控告回民，蒙分府批行四门乡约，查明禀复，此地原系回民寺上公地，分府传讯断归回民，准其建盖照壁，具结完案。至六月初三日，突有恶党杨奎、屈廷远、彭济才、罗士相、陈占鳌等赴分府衙门哄闹，分府坐堂讯问。恶党禀称，回民建盖照壁，人心不平。分府声斥，回民寺上公地建盖照壁，与汝等何干，况此案原据四门乡约查复公断，并无徇庇，何言人心不平。恶等突拥上堂，欲行不法，分府即以帖请瑞参府发兵弹压，瑞参府坐视不管。以致该恶党扬威，聚众勾结猓匪等，兴言杀灭回教，以图谋占清真寺田地、回民牲口财产，与瑞参府以雪前恨……自初八日至二十三日，四村回民被恶党陆续劫杀搜杀男妇老少一千六百余丁口，四村回民现存一千四百余丁口。[①]

如马发科所言属实，道光十九年缅宁厅汉回大规模械斗案源于争夺清真寺前空地而起。乾隆四十九年，经官府判决，回民捐银三十两，地归清真

① 《马发科呈为官民挟嫌蓄谋纠杀恳祈转奏伸冤屈以保民生事》，时间不详，中国第一历史档案馆档案，259-2451号。

寺所有，但因何判归清真寺？回民又因何捐充公银三十两？均不得而知。此后，汉民多次清真寺前空地产权争讼，最终导致汉回间多次大规模暴力冲突，酿成惨案。当然，因回民拒绝捐银为参将瑞麟做万民伞导致官民不和，顺宁营参将瑞麟没能及时制止也是事件进一步恶化的原因之一。从回民的立场看，汉民图谋霸占田产、抢夺财物是此案的根本原因，官府偏袒不予阻止导致了冲突进一步扩大。

此状仅为回民所言，不可不信，亦不可全信。另据李玉振《滇事述闻》载："己亥道光十九年夏因争厂利，与湖广客民构怨甚深。是年夏，突纠在缅川陕回众千人，劫杀猪市卖猪汉民几尽，遂扬言尽逐湖广人，啸聚焚掠，官弗能禁。警报至大理，治协募敢死士陈元宝率队往剿。顺云一带'匪众'骚动，元宝捕诛首祸数十人乃定。"[①] 按：李玉振，大理人，光绪间举人和进士，该书参阅旧籍，访录故老见闻，加以编年体记事。此书虽为事后追记，但作者为云南本地人，根据历史文献、调查采访而编，具有一定的可信度。李玉振认为道光十九年缅宁厅大规模械斗案源于汉回争夺矿利，加之外来回民推波助澜，最终酿成巨案。显然，李玉振是站在汉民的立场上看待此案的。

由此可见，不论是汉民还是回民，双方均认为汉回间已有的诉怨是此案的根源，而诉冤皆源于资源争夺。笔者之所以如此重视此案，是因为这是第一起发生在乡村的大规模械斗案。虽然案发地点不同于以往的矿区，但实质仍属于暴力资源争夺的范畴。也就是说，道光十九年缅宁厅大规模械斗案标志着群体性暴力资源争夺已从矿区向乡村蔓延。正如道光二十六年（1846年），云贵总督贺长龄所言："再查滇省汉回构隙始于嘉庆初年，彼时争利斗狠均在厂地，至道光十九年以后，缅宁、云州、顺宁连次互斗，其祸遂中于

① 李玉振：《滇事述闻》，载《云南回民起义史料》，第185—186页。

地方。”[①]

道光二十二年（1842年）的云州械斗案史载不详。据道光二十六年（1846年），云贵总督李星沅奏称：“臣查该犯马子鸣、易帼亮均系云州回民，道光二十二年因听从马子梁与汉民杨德培纠众互殴，致毙汉民胡潮顺等七命案内，该犯等各毙一命。”[②]因后续拿获凶犯马子鸣、易帼亮，该案出现在李星沅的奏文之中。据李星沅所言，道光二十二年云州械斗案乃回民马子梁和汉民杨德培纠众互斗，汉民胡潮顺等七人殒命，但该案起因不得而知。

次年（1843年），顺宁县发生大规模械斗，导致汉回五十人遇难。据云贵总督吴其濬奏报：“缘屈洪发等分隶湖南邵阳等县，向在云南永昌府属贸易，屈洪发与已死沙帼挺、马在学向不认识。道光二十三年三月间，屈洪发等眷属大小男妇共二百余人结伴回籍，四月十六日同伴陈老大之戚刘应治与张小保、胡老十分挑行李，上前看店住宿，刘应治等行至顺宁县属和尚庄地方，被回民沙帼挺、马在学与马成陇、马成山、撤登万抢夺衣物逃跑，刘应治等追拿，均被马成陇、马成山拒伤。刘应治当即因伤身死，张小保等回向屈洪发等告知，遂俱不敢前进。二十三日，有素识之金老三走至，告知马成陇等已将赃物携至马杨氏家寄顿。陈老大当称伊等人众，不如同往掘赃，并拿马成陇等送究，当各应允。屈洪发与陈老大等十一人先至马杨氏家，向其借锅煮饭为由，查问赃物下落，马杨氏不认，并见携带猪肉，出言混骂，彼此吵闹。惟时沙帼挺等与小马杨氏等四十二人均在马杨氏间壁清真寺做会念经，赶出帮护，刘定远与冯大等十七人亦俱踵至，互相争斗。”[③]

此案因回民抢夺汉民财物而起，伤毙汉民一命，后屈洪发等率众拿赃，

---

① 贺长龄：《耐庵奏议存稿》卷12《汉回夙嫌未释亟宜化导片》，道光二十六年六月十三日，《近代中国史料丛刊》第36辑第353册，第1225页。

② 李星沅：《李文恭公奏议》第13卷《特参疏防勾决人犯中途被劫之知州折子》，道光二十六年十二月初二日，见《近代中国史料丛刊》第32辑第312册，台北文海出版社1989年版，第1713页。

③《兼护云贵总督吴其濬奏为遵旨审明顺宁县汉民屈洪发等与回民沙帼挺等互斗致毙多命案按律定拟事》，道光二十五年三月二十七日，中国第一历史档案馆档案，04-01-26-0072-039。

与正值礼拜的回民沙帼挺发生械斗，导致回民四十四人、汉民六人遇难。如所载属实，则双方此前互不相识，因抢夺财物引发冲突，继而群体性械斗。此案与道光十九年缅宁厅械斗案已有所不同，双方互不相识，仅因见财起意，表明群体性暴力资源争斗之风在乡村愈演愈烈。

与此类似的还有道光二十七年（1847年）姚州白盐井械斗案。据云贵总督林则徐奏报："查因姚州回民偰三穷、马帼良、偰伊么等谂知白井灶长汉民罗晴川家道殷实，商谋纠抢，私将器械寄藏素好之张汝淮、陈典家内。因在偰小双茶铺漏泄其事，被井民闻知，报经该提举佥差，将偰三穷并张汝淮、陈典等拿获，起获刀械等件送署。马帼良逃逸，起意向井民报复，即令马小班等运送器械，于八月十三日至白塔街回民沙汶英家藏歇。经该处汉民王开汶盘问争闹，沙汶英之戚偰小老，将王开汶戳伤身死。汉民高添佑、马致禾等前往理论，沙汶英恃强辱骂，致相争斗。高添佑将偰小老戳毙，并伤毙沙汶英家男妇九命及不识姓名回民两人，将其房屋打毁。回民马帼良等、汉民高添佑等因此拘衅，附近汉回亦各随声附和，于十五等日互相烧杀。"[①] 此案导致白塔街、洋派、北关、官屯等村汉民被烧房屋共二千六百八十余间，山脚、官庄两村回民被烧房屋共二百六十余间；汉民查报伤毙男女三百二十七丁口，回民查报伤毙男女六十五丁口。此案因回民意图抢劫白盐井汉民灶长而起，汉民盘问藏匿凶器引发争斗，互有死伤，其后汉回各自纠众互斗，致酿多命。可见，群体性暴力资源争夺的目的已经显露无遗。

由此可见，从道光十九年缅宁厅案到道光二十七年姚州白井案，以争夺资源为目的的大规模暴力械斗案在乡村大量发生，群体性暴力资源争夺之风已由矿区蔓延至乡村，虽然大部分被冠以汉回冲突之名，但其本质上都是为了生存的资源争斗。当然，这种现象的形成不仅仅是失业矿民流落乡村所致，外来游民亦起到了推波助澜的作用。

① 林则徐：《姚州白井汉回互斗大概情形折》，道光二十七年十月二十一日，见《林则徐全集》第4册《奏折卷》，海峡文艺出版社2002年版，第168页。

三、外来流民的推波助澜

前文已论，受内地人口压力的影响，自乾隆朝以来，大规模向边疆移民的惯性依然延续。嘉道时期云南矿业已经衰落，靠内州县人口亦相对饱和，新入移民一方面进入土司区域，典买耕种本地人田土，另一方面深入开化、广南、普洱等云南边地山区垦荒。

但是，这一现象在道光朝中期出现重大的变化。道光十四年（1834年），云贵总督阮元上奏《流民租种苗田章程》规定："一、外省流民私佃苗田应严明立禁。一、客户勾引流民续入苗寨，应严行究办。一、近苗客户不得续行当买苗产。一、续来流民豫宜盘诘递送，稽查游棍以安苗境。"①不但禁止苗民典卖田地，而且禁止汉民进入苗寨，意在根除因汉民典卖苗田而导致的汉夷冲突，以及由此引发的地方叛乱。至于移民涌入云南沿边地区开山垦种，据道光十八年（1838年）云贵总督伊里布等查奏："至所称开化、广南一带，向因山多旷土，邻省贫民往往迁居垦种。近年旷土渐稀，著责成沿边州县留心盘查，无业游民入境者即行驱逐，其迁移流民亦著截留递遣出境，一面咨会川、楚、黔、粤等省晓谕民人，毋得轻离乡土，自取递遣，以杜纷扰。"②也就是说，云南沿边地区荒山亦将开垦殆尽，故云南督抚一面咨会临近各省，劝导民众不要轻离故土；另一方面严查无业流民，一经发现即遣送出境。

由此可见，不论是进入佃种苗田还是开垦荒山均已被禁止，后续移民将面临无以为生的困境。而根据前文研究，这一时期云南耕地数量和商税出现显著的变化，意味着农业和商业人口并没有显著增加。也就是说，在矿业衰落和经济停滞的情况下，冒险进入云南的移民实际上大多成为无业流民。

虽然云南严查流民入境，但不可能完全禁绝。如道光二十四年（1844

---

①《清宣宗实录》卷261，道光十四年十二月甲寅，《清实录》第36册，第991页。

②《清宣宗实录》卷311，道光十八年六月乙丑，《清实录》第37册，第847页。

年），罗士芬奏："再臣查滇省流民现在已难以数计，若再纷纷而来，关系匪轻。其既来者等所以安其身，而未来者亦必思所以遏其路。臣查粤民前有给照入四川之例，所有各省流民可否比照粤民给照之例办理，除来滇有业、现有亲族依托已成土著者一切概不查究外，其来滇无生理或单身或结伴，无论投亲就业，必须呈明本地该管州县，取具族邻甘结，知照所住地方，注明人数多寡及投托亲族何人，居址何地，发给印照准行。至滇仍于所到地方验照相符，取具该地保亲族甘结，始准编入烟册。其无照入滇，饬沿途营县一体盘查，递回原籍管束，无任容留。"[①] 因移民源源不断进入云南，绝大多数成为无业流民，严重影响社会治安，故罗士芬奏请仿粤民入川给照之例，严格控制入滇移民。该年，上谕亦引罗士芬言："据称云南近年捕务废弛，盗风渐起，以广南府、永昌府、腾越厅及开化府属之文山县，临安府属之蒙自县、阿迷州、建水县、嶍峨县，广西州属之师宗县、邱北县为最甚。"[②] 盗窃案频发与无业流民和失业矿民的存在应有绝大的关系。

外来流民中不乏来自陕甘的回民。早在嘉庆年间，即有陕西回民游走于云南矿厂。如嘉庆九年（1804 年），昆明县清真寺头人马起贤称："我是昆明县省城回民，充当清真寺头人。嘉庆七年三月，我赴白羊厂做生意，遇见马德礼，他说是陕西边上回人，听他语音不与我们一样，问他回子经上的话，却又相同。马德礼说有一个哥子向在西宁西藏一带做买卖，他从原籍去西藏，我寻不见，遇着丽江买毛货客人，说云南铜银厂上俱有各处的人，或者哥子亦到云南也不可定，故此就同着客人们来到白羊厂去找寻他哥子……四月里我买卖做完，就回省了，五月间马德礼来至我家，说厂上没他哥子踪迹，今到省里找寻，我留马德礼在清真寺住了十多日，看他念的经文比我知道的多，他说找不着哥子，如今要回陕西原籍去……看他人甚安静，也不与

① 《罗士芬奏请饬云南督抚筹比照粤民给照之例办理流民事》，道光二十四年［月日不详］，中国第一历史档案馆档案，03–2752–063。

② 《清宣宗实录》卷 404，道光二十四年四月己亥，《清实录》第 39 册，第 54 页。

匪人往来，才商同伙伴马特彦，出具保结，禀请昆明许县主印给路照，马德礼得了路照，于六月初三日起身回籍。”[①] 道光朝以来，入滇回民渐众。但与内地汉族移民一样，在矿业衰落、经济停滞的情况下，同样面临无以谋生的困境，成为流民，充斥乡村。

道光二十五年的永昌事变是清后期云南社会中的重大事件，与其后发生的长达二十年的咸同战乱有直接的关系，常被学者作为分析民族矛盾的典型案例。但仔细分析该案的来龙去脉，笔者发现外来流民和失业矿民扮演着重要的角色。道光二十五年（1845 年）十月，上谕言：“（云贵总督）贺长龄奏查明永昌府属‘回匪’滋扰情形现筹捕剿等语。该‘回匪’等因教习拳棒，被县查拏，疑为汉民举发，辄敢纠众报复，节经设法开导，仍复坚持相抗，扰掠附近村寨，实属顽梗异常”[②]；同月又谕：“贺长龄等奏督办滋事‘回匪’一折，览奏均悉。该‘匪’等胆敢抗杀兵练，焚掠村庄，且逼近永昌郡城，猖獗已极。现经提督张必禄、王一凤等分投带兵前往剿办，自可迅就扑灭。”[③] 上谕所引云贵总督贺长龄奏报并不完整，无法明晰事件的起因、时间和地点。据贺长龄原奏称：“据永昌府禀报，保山县板桥哨地方清真寺有陕甘‘回匪’马大等，教令附近回民三十余人学习拳棒，经该县访闻，饬令地方乡保人等搜捕逃散，该匪等挟恨，于五月二十五日，纠结党羽千余人，将报信人张占魁杀毙，滋扰村寨。该府会营，率带兵练查拿，该匪等持械抗拒，致毙兵丁一名，伤毙练勇数人。经官兵击毙该‘匪’数十人，始行退逸奔窜。旋复聚集猛庭寨内，恃险负固，声言欲赴永昌报复……兹据该道于途次转据印委各文武禀称，屡经设法开导，该‘匪’等坚持相抗，并由猛庭寨进至附近之思母、车枯、柯河等处滋扰劫掠，现在会同署提臣添兵，前

① 《云贵总督琅玕呈云南昆明县清真寺头人马起贤供单》，嘉庆九年二月十九日，中国第一历史档案馆档案，03-2186-014。

② 《清宣宗实录》卷 422，道光二十五年十月戊戌，《清实录》第 39 册，第 1113 页。

③ 《清宣宗实录》卷 422，道光二十五年十月庚戌，《清实录》第 39 册，第 304 页。

往堵捕等情。”[①]

保山县板桥哨清真寺的陕甘回民应为外来流民无疑。按贺长龄所言，陕甘回民马大等因教习回民拳棒，被汉民张占魁告发，故纠结回众，将其杀害，并滋扰附近村寨，进而持械抗拒，伤毙官兵，复逃聚猛庭寨拒守，并引发其后的永昌血案。如果仅因回民教习拳棒而挟忿杀人，何以导致其后系列事件？着实令人匪夷所思。事实上，起因并非如此简单，当时的贺长龄并未调查清楚。

几月之后，随着凶犯落网审讯，案情才逐步明晰。该年十二月，据贺长龄奏称：“查该回匪起衅之由，先因缅宁、云州、永昌等属械斗旧嫌未释。此次在板桥哨唱曲，讥笑汉民，被万林桂等殴逐拆寺，以致纠人报复，拘捕戕官。”同日，又奏：“臣到永昌访闻，回匪滋事系与烧香结盟之万林桂等口角起衅，臣随提犯研拘……缘万林桂系武生，张杰系文生，万重即万春华系监生，均籍隶保山，素日凶恶，人皆畏惧。本年二月间，万林桂起意订盟，结拜兄弟，彼此帮护，意图压服乡里，张杰万重均各允从，即于三月初一日……在尊光寺齐集，均跪向神前烧香发誓，一人有事，大家帮助，万林桂有膂力年少居首，众推为盟正，万重为盟副，张杰为副正，都未依齿序列，并于该寺私设刑具，当向板桥人说，地方各事均要听盟正处分，饮酒各散。嗣有徐星、刘文华、宗老九、杨春幅、杨文沅、徐大受、杨有等，或遇万林桂未经起立，或买树先未告知，或因彼此口角，均经万林桂令张杰等扭赴寺中责打，分别罚银二三两及十余两分用，四月初九日，赵宗富买得牛只，万桂林因其人老实可欺，起意伪诈，同张杰万重等向赵宗富称系贼赃，要罚银两，否即拿到寺中责打，赵宗富无钱，被逼情急自尽，徐星等及赵宗富之子赵老九畏凶，不敢控告，经府县儒学访闻，详革饬拿。四月十四日，回民马大、马老陕、海老陕、秦二老陕在街上唱曲，讥笑汉民，被万林桂万重张杰

---

① 贺长龄：《耐庵奏议存稿》卷11《永昌府保山县“回匪”滋事现筹剿办片》，道光二十五年八月二十八日，《近代中国史料丛刊》第36辑第353册，第1057页。

听闻，不依口角，揪住马老陕殴伤。马大们救护，万林桂喊说，回民欺侮汉民，时结盟伙党听闻，踵至帮护，将马老陕等追殴。马大等邀人学习拳棒，欲图报复，万林桂等亦齐人，预备械斗。经官查拿，马大等逃散，万桂林等旋领伙党，并另纠本地汉民四十余人，将清真寺拆毁，马大们纠人堵住板桥，要同万林桂等讲理，时该革生等先因府县查拿严紧，远飏邻境……惟此番永昌回匪滋事，实系始于报复，终于叛逆，以致焚杀村寨，拒毙兵练，戕伤大员，而揆厥所由，则皆因万林桂之凶悍不法，恃众殴逐拆寺而起，是该犯实为罪首。"①

可见，四月十四日，因陕甘回民板桥哨唱曲讥笑汉民，与万林桂等发生口角殴伤，马老陕被殴伤，清真寺被毁，故马大等教习回民拳棒，意图报复，万林桂等亦纠众持械预备，此事被汉民发现报官。万林桂本为凶恶之徒，纠众结盟，横行乡里，欺压良善。依贺长龄将其定为此案罪首来看，所谓回民唱曲讥笑汉民，可能还有不得而知的内幕。

至于回汉民众为何甘于参与纠斗，导致此案进一步扩大。次年六月，贺长龄经过访查，对此亦有分析，"臣以悉心体访，因今年厂务渐疲，四外游匪散在各处，汉回夙嫌未释，偶有争端，而游匪之好事者非怂恿汉民，即附和回民，遂致迤西一带，凡有汉回错处之区，内相疑忌，外各猜防，回民本护其同类，汉民又私设牛丛，分朋树党，积不相能，往往酿成钜案"②。可见，"游匪"非怂恿汉民即附和回民，使事态进一步扩大和恶化，起到了推波助澜的作用，而此类"游匪"显然不仅是指外来游民，还包括流散至乡村的失业矿民。

继任云贵总督李星沅亦言："窃见滇回杂处，实繁有徒，始因口角微

① 贺长龄:《耐庵奏议存稿》卷 11《复奏"回匪"头目并官兵接仗各情形折》《拿获结盟匪棍从严惩办折》，道光二十五年十二月初十日，《近代中国史料丛刊》第 36 辑第 353 册，第 1095、1101 页。

② 贺长龄:《耐庵奏议存稿》卷 12《汉回夙嫌未释亟宜化导片》，道光二十六年六月十三日，《近代中国史料丛刊》第 36 辑第 353 册，第 1225 页。

嫌，动辄纠众仇杀，久之很戾成俗，视若固然。于是外来‘游匪’惟恐彼此无事，或从中拘煽，或假冒横行，既藉回寺之公费以便瓜分，又恃回众之齐心以肆荼毒，故回与民常相斗，无仇妄云有仇，即回与回亦相寻，无产害及有产，展转勾结，虚实混淆，强抢凶殴，所在多有，不自今日为始，亦不独边地为然”；“惟汉回积怨深恨，直若性生，始则汉多于回，寡不敌众，久乃回戾于汉，弱不敌强。因而厂匪内藏，‘游匪’外附，群以抢掠为业，联藉报复为名，大而械斗，小而焚劫，几至无岁不有，永昌特其一事耳”。[①]这与本文的分析基本一致，“厂匪”“游匪”借汉回嫌隙，借报复之名，行聚众抢掠之实，不但导致案件进一步升级，而且使群体性暴力资源争夺之风蔓延至全省，社会秩序失控，地方性变乱此起彼伏。

---

① 李星沅：《李文恭公奏议》卷 13《附奏查办猛缅“匪徒”情形片子》，道光二十六年十一月十一日；《访查原办回务大概情形并现在筹剿“缅匪”先饬臬司出省策应折子》，道光二十六年十一月二十四日，《近代中国史料丛刊》第 32 辑第 312 册，第 1685、1691 页。

第六章　晚清西南边疆危机与云南矿产

咸同时期，当中国西南边疆战乱不已、社会动荡之际，外部世界发生了巨大变化。19 世纪以来，英法两国相继深入东南亚，逐渐将今天缅甸、越南、老挝、柬埔寨等地变为其殖民地。光宣时期，西南平定，社会秩序逐渐恢复，但英法等国凭借武力，迫使清政府签订一系列不平等条约，抢夺利权，蚕食领土，西南边疆的安全面临严重的危机。在这一背景下，西南矿产与国家领土与主权相关联，边疆经济治理更具有维护国家安全的重大意义。

第一节　近代西方人对中国西南的调查与云南神话

19 世纪以来，尤其是《天津条约》《北京条约》签订之后，越来越多的西方人进入中国内地游历、经商和传教，逐步认识和了解中国西南边疆。通过西方人的考察和宣传，云南神话开始在欧洲兴起，成为英法两国极力深入中国西南、攫取利权的助推器，也加深了中国的边疆危机。

一、19 世纪中南半岛政治格局的巨变

19 世纪初，缅甸雍籍牙王朝将其统治范围扩大到阿拉干、曼尼坡和阿萨姆等地，与英属印度接壤，边界冲突不断。1824 年，因缅甸驱逐被英军占据的刷浦黎岛，英国发动第一次英缅战争，兵分三路大举入侵缅甸，1826 年初，英军进抵缅甸首都阿瓦附近的扬达波，缅甸战败求和，被迫放弃对阿萨姆等地统治，并将阿拉干和丹那沙林割让给英国。1852 年，英国借口商人纠纷，不宣而战，发动第二次英缅战争，并于该年底单方面宣布吞并下缅甸。1885 年，英国借口柚木案，发动第三次英缅战争，入侵上缅甸，该年 11 月底，英军占领曼德勒，雍籍牙王朝覆灭。从 1824—1885 年，英国不断出兵入侵缅甸，最终全面占领，将其变成英属印度的一个省[①]。至此，原本作为清朝藩属的缅甸王朝已不存在，取而代之的是英属缅甸。

法国也在这一时期将越南、老挝、柬埔寨等地变为自己的殖民地。1860 年，法军攻占越南岘港，至年底占领整个越南。1862 年，双方签订西贡条约，越南将其东部和昆仑岛割让给法国。1867 年，暹罗与法国达成协议，暹罗放弃对柬埔寨的宗主权，法国则放弃对柬埔寨马德望和吴哥省的要求。其后，法军又占领了越南南圻西部的永隆、安江、河仙三省，南圻六省全部变成法属殖民地。1873 年，法军攻占河内及红河三角洲，接着又占海防、宁平等地，后在黑旗军的打击下，被迫退出河内。1882 年，法军再次攻占河内，并围攻顺化。越南向清朝求援，中法战争爆发。1885 年，中法议和，清军撤回，承认越南为法国的保护国。次年，法国将越南南部、中部和北部以及柬埔寨合并，组成印度支那联邦。1893 年，法军入侵老挝，宗主国暹罗被迫与法国签订曼谷条约，同意将湄南河东岸的老挝割让给法国。1899 年，法国将老挝并入印度支那联邦，确立了其在该地的殖民统治[②]。

---

① 参阅贺胜达：《缅甸史》，人民出版社 1992 年版，第 224—272 页。

② 参阅梁英明：《东南亚史》第九章、第十二章，人民出版社 2010 年版。

可见，原本作为清朝藩属的缅甸、越南、老挝等中南半岛国家，在19世纪先后沦为西方列强的殖民地，远在西欧的英法等国通过殖民地，开始与中国西南接壤。西南边疆不仅是西方列强进入中国内地的后门，而且成为他们在中国攫取权利的重要区域。

二、西方人对中国西南的探查

早在鸦片战争之前，西方人就已进入中国西南探查。如1837年初，英国人麦克莱德（T.E.Macleod）非法从泰国清迈进入中国景洪，沿途考察交通和商业贸易状况[①]。第二次鸦片战争后签订的《天津条约》和《北京条约》，允许西方人进入中国内地游历、经商和传教，西方对中国西南的探查活动进一步增多。据杨梅统计，在19世纪中期至20世纪中期，进入云南的西方探查团队有10多个，留下了考察报告、游记、研究著述等文献的个人探查者多达100余人[②]。

1867年，法国人路易·德拉格雷率领的湄公河探险队进入中国境内，经景洪、思茅、普洱、墨江、元江、建水、石屏、通海、江川、晋宁至昆明，次年探险队经会泽、四川会理、元谋、宾川、洱源至大理，后经昭通沿长江返回越南。虽然证明由湄公河水道无法进入中国西南，但却发现了由安南通往云南的红河水道，而且成员茹贝尔专门负责地质学和矿产资源的勘查，大致确定了云南大理石、明矾、盐、玉石、宝石、锌、锡、汞、铜、铅、银、金、煤等矿产的分布地域[③]。

1907年至1910年，英国矿产学家戈氏先后三次到云南探查矿产资源和矿业开采情况。戈氏由英属缅甸进入云南，主要探查腾冲至昆明沿线及滇池

---

① 杨梅:《近代西方人在云南的探查活动及其著述》，博士学位论文，云南大学历史系2011年。

② 杨梅:《近代西方人在云南的探查活动及其著述》。

③ 参阅［法］晃西士加尼:《柬埔寨以北探路记》，台湾华文书局1968年版。

周边的铜、银、煤矿，楚雄北部的盐井，云南西北和四川南部的铜、煤矿，云南普洱、临沧地区的金、银、铜、铁、盐矿，不仅了解矿产资源的分布，而且实地考察各厂采冶情形，如腾冲青岩铜厂、大理苍山础石厂、凤仪石磺厂、牟定青龙铜厂、琅井、香盐井、磨黑井、宜良大凹子煤厂、永胜得宝坪铜厂、蛮老银厂等，对于矿石品位、采冶方法都有一定的掌握[①]。

英法两国通过对中国西南的大量探查，掌握了云南与东南亚之间的交通道路、商业贸易和中国西南物产尤其是矿产资源，为其后进行的侵略活动提供了基础。晚清西南边疆危机中，英法攫取中国路权、矿权，乃至蚕食中国领土，均与这些探查活动有直接的联系。

三、云南神话的形成及其影响

19 世纪中期至 20 世纪中期进入中国西南的西方外交官、商人、学者、探险者们，不仅实地探查当地的资源、经济、社会情形及其与东南亚的交通和贸易状况，而且通过片面的介绍和夸大宣传，在西方社会中形成一种对中国西南，尤其是云南的不切实际认知。这被称为云南神话。沃伦·B. 沃尔什认为，早在 19 世纪 60 年代，西方就有所谓的云南神话，认为云南是一个拥有巨大潜在财富的省份，可以通过向欧洲开放来实现，这源于早期西方人对中国西南的探查，但直到 80 年代和 90 年代才达到高潮[②]。其中，柯乐洪的作用影响尤为显著。

英国人阿奇博尔德·罗斯·柯乐洪（Archibald Ross Colquhoun）曾任英属印度官员、英国皇家地理学会会员、《泰晤士报》驻华记者，他于 1881 年完成从广东经云南到达缅甸的探查活动。之后他在多种场合极力宣传自己的发现，认为云南是中国南方省份中最富有和人口最多的省份，希望英国发展

① 参阅尹子珍：《云南探矿记》，民国稿本。

② Warren B.Walsh，“The Yunnan Myth”，The Far Eastern Quarterly，Vol. 2，No.3（May，1943），pp.272–285.

与云南的贸易；虽然他没有专门调查自然资源，但他却坚信云南的矿产资源是最重要的。同时，他将自己探查的经历和对中国西南的发现撰写成 *Across Chrysê：Being the Narrative of a Journey of Exploration Through the South China Border Lands from Canton to Mandalay* 一书，于 1883 年在伦敦出版。作者在本书中极力表达云南的富裕景象，声称“那里有几百万人需要英国的布匹做衣服，需要英国的产品，他们回赠我们的是在中国所饮最好的茶叶、棉花、丝绸、瓷器和最为有用和珍贵的金属，当欧洲的技术助其开发，这个数量还要扩大很多”[①]。随着此书的畅销，云南神话进一步在欧洲蔓延。

虽然不乏清醒的批评者，但无法否认柯乐洪在西方的巨大影响。1887 年，柯乐洪受邀在曼彻斯特地理学会上发表演讲，再次宣传中国西南的丰富资源，尤其是云南的矿产，以及广阔的贸易前景[②]。1890 年，R.K. 道格拉斯在《苏格兰地理杂志》撰文，仍称云南和四川的面积巨大，人口众多，物产富饶，矿产丰富[③]。

因柯乐洪等人的夸大宣传，云南神话在 19 世纪后期的欧洲得以广泛传播，这种认识不但影响普通民众对中国西南的判断，也在一定程度上加速了英法两国对中国西南的殖民侵略，加速了中国西南的边疆危机。

第二节　七府矿案与云南矿权

嘉道以来，以滇铜为代表的西南矿业已经衰落，加之其后的咸同战乱，使云南矿业基本陷于停滞状态。虽然战后清政府极力恢复，但效果有限，和

---

① ［英］柯乐洪：《横穿克里塞——从广州到曼德勒》，张江南译，云南人民出版社 2018 年版，第 428 页。

② A. R. Colquhoun，“The railway connection of Burmah and China”，JMGS，3（1887），pp. 7–12。

③ R. K. Douglas，“Our commercial relations with China”，Scottish Geographical Magazine ，7（1891）I，pp.11–26.

清中期根本无法相提并论。前文已论，清后期西南矿业的衰落是多种因素综合作用的结果，既有市场需求萎缩和矿政限制的因素，也与当时清代技术条件下可采资源的减少有关。然而，自工业革命以来，西方资本主义强国的近代采冶技术快速发展，近代西方人在对中国西南的探查过程中，发现了云南矿产资源的储藏情况和土法采冶的局限，原本土法无法开采或开采得不偿失的矿山，在应用西方近代技术和采冶机械的情况下将变得有利可图。因此，攫取矿权成为近代西方侵略中国西南边疆的主要表现之一，其中尤以云南七府矿案为最。

一、英法攫取中国西南边疆矿权

早在咸同战乱末期，英法殖民者就开始盯上了云南矿产。如1872—1873年，法国商人让·迪皮伊（Jean Dupuis，中文旧译都布益、涂普义）将一船军需物资沿红河运入云南，云南政府拨送一船铜和锡作为回报，迪皮伊于越南转售后获益颇丰[①]。光绪元年（1875年），英国人柏朗率领的武装探路队与英国驻华使馆职员马嘉理，在未事先通知地方官的情况下擅自进入云南境内，马嘉理公然持枪行凶，被当地民众打死，这就是马嘉理事件，又称“滇案”。次年，中英双方就马嘉理事件签订《烟台条约》，除了解决滇案之外，该条约还规定：“所有滇省边界与缅甸往来一节，应如何明定章程，于滇案议结折内一并请旨，饬下云南督抚，俟英国所派官员赴滇后，即选派妥干大员，会同妥为商定”；“自英历来年正月初一日即光绪二年十一月十七日起，定以五年为限，由英国选派官员，在于滇省大理府或他处相宜地方一区，驻寓察看通商情形，俾商定章程得有把握，并于关系英国官民一切事宜，由此项官员与该省随时商办，或五年之内，或俟期满之时，由英国斟

① Dupuis Jean, “A journey to Yunnan and the Opening of the Red River to Trade”, Bangkok: White Lotus Co. Ltd, 1998,pp. 6-7.

酌订期开办通商”[①]。可见，英国以马嘉理事件为借口，实际上是为了打开中国西南的大门，以通商为由，进行经济和资源掠夺。这在《烟台条约》签订之前，云南地方官已有察觉。如光绪二年（1876年），云贵总督刘长佑奏称：“盖云南虽称疾苦，而五金并产，据有矿山之利。洋人觊觎已非一时。虽无显示之情，而码加理等各案，迁延反复，安知非故为挑拨，以要求于我也。”[②]再如光绪十年，云贵总督岑毓英奏言：“窃毓英于闰五月十六日接奉钧谕，蒙示云南矿务宜妥筹办法，及时开采，并铺张扬厉，早为复奏，以杜外人觊觎。……查云南矿务自毓英与前任巡抚唐鄂生接办以来，因工本缺乏……是以各厂矿务遽难办有成效。然法人虽垂涎滇矿，而蒙自锡厂尤为彼所羡慕。曩岁法人涂普义为提督马如龙运军装，由越南来滇，曾买锡偷运出关，大获利益，故从中播弄，致有此数年战争。今欲伐其谋，必须自蒙自锡矿始。”[③]可见，岑毓英认为中法战争源于法人对云南矿产的觊觎。中法战争之后，法国通过与中国签订《天津条约》，获得由法属安南进入中国西南的陆路贸易之权。

其后，1894年，中英《续议滇缅界、商务条款》规定，中缅陆路贸易除滇盐、缅米外概不收税，为期六年，同时，英国“答允中国运货及运矿产之船只由中国来或往中国去，任意在厄勒瓦谛江即大金沙江行走，英国待中国之船如税钞及一切事例，均与待英国船一律”[④]。看似英国对中国产品外运的优惠，实则使其掠夺中国矿产合法化。次年，中法签订《续议商务专条附章》，议定：“中国将来在云南、广西、广东开矿时，可先向法国厂商及矿师

① 海关总署编委会编：《中外旧约章大全》第一分卷（下册），中国海关出版社2004年版，第996—997页。

② 《云贵总督刘长佑密陈滇省洋务情形并请开矿练军片》，光绪二年五月十七日，台湾“中研院”近代史研究所编：《中国近代史资料汇编·矿务档》第17册，第3171页。

③ 《云贵总督岑毓英函陈云南矿务情形》，光绪十年六月十二日，《中国近代史资料汇编·矿务档》第17册，第3187页。

④ 海关总署编委会编：《中外旧约章大全》第一分卷（下册），第1199—1201页。

人员商办，其开矿事宜仍遵中国本土矿政章程办理。”[①] 这一规定，为其攫取云南矿权埋下伏笔。

二、昆明教案与七府矿权

1900 年初，当义和团运动在全国迅速发展之际，时任法国驻云南蒙自领事奥古斯都·费朗索瓦（Augste Francois，中文名方苏雅）以自卫为由，偷运大量军火到昆明，这一消息被英国人故意泄露后，军火被昆明厘金局扣押，方苏雅率人以武力夺回，藏匿于平政街大教堂，愤怒的昆明民众包围领事官、捣毁天主教堂，方苏雅及其他法国人在云贵总督丁振铎的保护下撤离昆明，这即是“昆明教案”。事后，云贵总督丁振铎奏称：“自缅、越失陷……英法以接壤为利，竟起垂涎。近年游历洋员，往来络绎，熟知边地险要，滇力不足自防，狡焉思逞，益存玩视。其相持不遽轻发者，殆欲谋定而动，乘衅以为进取……去岁蒙自烧关，及省城圆通寺滋闹，法人不耐龃龉，已有兵力办理之意。”[②] 可见，昆明教案因法领事方苏雅非法偷运军火而起，事后并不接受调解，反而以武力相威胁，实欲获取更大利权。

同年五月，英法等八国组成联军，从天津进军，占领北京城，与清政府签订《辛丑条约》，进一步扩大了其在华利权。光绪二十八年（1902 年），云贵总督魏光焘奏称：“臣等伏念滇省兴办路矿均有成议，去年各国新立合约，复将开通商务、推广路矿各事订入专条。现在法人议办滇越铁路，刻不容缓，矿务实与铁路相需为用，深恐英人从中角逐，致失先著，因而合集公司，乘机并议，已隐挟一不容坚却之情，垄断独登之势。”[③] 在此局势下，法国以昆明教案为由，不但获得 12 万两白银的赔偿，而且取得了在云南开矿

---

① 海关总署编委会编：《中外旧约章大全》第一分卷（下册），第 1240 页。

② 参见黄燕玲：《昆明教案与云南七府矿权之争》，《山西档案》2011 年第 3 期。

③ 《军机处交出魏光焘抄折》，光绪二十八年二月初六日，《中国近代史资料汇编·矿务档》第 17 册，第 3227 页。

的权利。

次年，法国专员艾米尔·罗谢（Emile Rocher，中文名弥乐石）来滇议办矿务事宜。弥乐石要求云南当局报送云南各地矿产名录，并向云贵总督魏光焘、云南矿务大臣唐炯递交《中西合办矿务章程》。云贵总督魏光焘、云南矿务大臣唐炯奏称，该章程中所列“禁止中国公司延聘矿师、贷用洋款”“运矿自修铁路接通滇越干路”“公司自买山地”“按照价本值百抽五完纳矿税”等四条最为关键，应竭力交涉，以防范、保权、均利为要[①]。后经协商，签订章程，清政府批准英法隆兴公司在云南开办云南府、澄江府、临安府、开化府、楚雄府、元江直隶州、永北厅等七处矿务。按该章程规定，隆兴公司可开采云南等七府的金银铜铅锌锡煤宝石等矿，“如在以上所载各地内，该公司寻觅不得有利之矿，则在他地另指之矿，中国政府亦准其开采。又前载各地内之矿产，全行开挖时，该公司与省中大吏及政府公同商定，即可在他处产矿之地开采”，“除开官矿外，如该公司愿开民矿，即可向业主和平购买，其费由公司付给，报知省中大吏，以记其为公同商定之事”[②]。由此可见，隆兴公司的开采范围实际上不仅限于云南等七府，云南全省矿产都成为该公司的潜在开采对象。

三、英商觊觎东昭矿权

隆兴公司虽为英法合作，实则法国主导。光绪二十八年（1902年）《云南隆兴公司承办七府矿务章程》正式批准生效，意味着法国几乎独占云南矿权，英国亦不甘落后，转而觊觎东川、昭通等地矿权。光绪二十九年（1903年），云南地方政府收到商人刘垚兴等禀，称“缘职等合筹股本，增在云

① 《云贵总督魏光焘奏为法员开矿会议章程折并附遵议矿章一切详细由片》，光绪二十八年正月初六日，《宫中档光绪朝奏折》第14辑，第753—758页。

② 《总理衙门收法弥乐石洋文节略并照录译云南兴隆公司删改合同节略》，光绪二十八年三月二十日，《中国近代史资料汇编·矿务档》第17册，第3238页。

南于光绪二十五六年，先后禀奉，承办东川府属金银各矿厂，渐著成效。二十七年矿硐阴水难治，禀明暂行停工，有案可查。除岁夏秋邀集股众，依旧拟办。伏读光绪二十七年十二月二十五日，大部新定矿章，内开华洋各商均可照章合办等因，始准英商立德乐与，共议华洋商合办。禀奉云南总督大宪魏暨矿务总局批谕，饬遵在案。兹于本年二月，始议合同，拟立牌名华昌公司。查照新定矿章，拟定华英商合办云南东川、昭通两府属地各矿产章程二十二条，并原奉印谕，呈请验明核示立案”[①]。刘垚兴等华商与英商立德乐合资兴办华昌公司，援引大清新定矿章，呈请承办云南东川、昭通两府矿务，并拟章程十二条。显然，英商欲借隆兴公司事例，谋图东昭两府矿权。

所谓“大部新定矿章”，应指光绪二十五年（1899 年）总理衙门增定的矿务章程：“一、限制矿地，只准指定某县一处，不得兼指数处，及混指全府全县，以杜垄断。一、华洋股本均令各居其半，以免偏畸，并须由华商出名领办。一、请办矿务必须查无窒碍。业经批允，始准招集洋股，订立合同。一、批准后以十个月为期，即须呈报开工，逾限准案作废。”[②] 至于刘垚兴所言“禀奉云南总督大宪魏暨矿务总局批谕，饬遵在案”，据次年云贵总督查核称：“本部堂当即卷查此事，前于光绪二十八年十月，据川商刘垚兴等十余人联名禀称，该商等于二十五年自筹资本，在东川巧家会泽开办金银各厂，旋因资本不济，暂行停止，今邀同英商立德乐合股，请批准咨部给照开办等情。当经前督部堂魏逐层指驳，批令矿务局谕查，详候核办，并无径允该商等开办之据。……况华洋合股，关系尤重，是以于该洋商初议之时，令其先赴昭通，除中国现办各厂外，其余如有可办之厂，听其查勘，遵照商部新定矿章办理。乃该洋商注意东川矿产，以部章未经英使认可，执意开办，当以东昭两府矿务，前既未允英法隆兴公司在该处掺办，今自未便又允

① 《收职商刘垚兴等禀称》，光绪二十九年七月二十一日，《中国近代史资料汇编·矿务档》第 17 册，第 3255 页。

② 《清德宗实录》卷 447，光绪二十五年六月己亥，《清实录》第 57 册，第 896 页。

该商办理，切实照复，并迭函辩论，送还所拟合同章程。嗣该领事又以缅越皆滇邻，不应歧视，中国既将七府厅之权让与法人弥乐石，则东昭两府矿务必许该商立德乐开办等词申辩，复经本部堂以前与弥乐石议立隆兴公司，订为英法合办者，即为英国预留利益均沾地步，并引二十八年续订中英条约第九款，凡请开矿，须中国有益无损，又须无碍主权等因，详晰照复。讵该领事复函，竟指索广南、曲靖、丽江、大理、顺宁、永昌、普洱七府矿产，当仍援续约及隆兴公司矿章九款，在所指境内分设开矿公司之语。”[①]可见，前任云南督抚并未批准刘垚兴的呈请，只是令其先行查勘，再照矿章办理。且前立隆兴公司章程，本为英法合办。至于英国领事索要广南等七府矿产，明显损害中国利权，与续订中英条约不符。

光绪二十八年续订中英条约，即 1902 年 9 月 5 日签订的中英《续议通商行船条约》，第九款："中国因知振兴矿务于国有益，且应招徕华洋资本兴办矿业，故允自签押此约之日起，于一年内自行将英国、印度连他国现行矿务章程迅速认真考究，采择其中所有与中国相宜者，将中国现行之矿务章程从新改修妥定，以期一面于中国主权毫无妨碍，于中国利权有益无损，一面于招致外洋资财无碍，且比较诸国通行章程，于矿商亦不致有亏，凡于此项矿务新章颁行后始准开矿者，均须照新章办理。"[②]

由此可见，英商立德乐企图染指云南东、昭两府矿权，在云南地方政府据理力争之下并未得逞。英国领事进而索要广南等七府矿权，云南政府以中英《续议通商行船条约》第九款"于中国利权有益无损"予以反驳。虽然华昌公司事件最终保住了云南矿权，但英国觊觎云南矿权的意图已显露无遗。

① 《收署滇督等文》，光绪三十年九月初九日，《中国近代史资料汇编 · 矿务档》第 17 册，第 3264 页。

② 海关总署编委会编：《中外旧约章大全》第一分卷（下册），第 1497 页。

第三节　滇越铁路与大锡外运

西南地处亚洲内陆，境内山高谷深，交通不便。故抢夺路权、兴修铁路成为英法等国抢夺晚清中国西南市场贸易和自然资源的重要组成部分。因此，在抢夺云南矿权的同时，英法等国亦开始抢夺云南路权，便于矿产外运。其中，尤以滇越铁路最为重要。

一、法国攫取云南路权与滇越铁路开通

前文已论，早在咸同战乱之际，法国人德拉格雷率领的湄公河探险队就已发现红河水系是由越南进入云南的便捷通道。中法战争之后，法国通过与清政府签订《天津条约》，规定："中法现立此约，其意系为邻邦益敦和睦，推广互市。现欲善体此意，由法国在北圻一带开辟道路，鼓励建设铁路。彼此言明，日后若中国酌拟创造铁路时，中国自向法国业此之人商办，其招募人工，法国无不尽力襄助"[①]，由此埋下法国干涉中国路权的伏笔。1895 年，中法《续议商务专条附章》第五款进一步规定："至越南之铁路，或已成者，或日后拟添者，彼此议定，可由两国酌商妥订办法，接至中国界内。"[②] 所谓越南铁路接至中国界内，意味着在中国广西、云南、广东三省修筑铁路时，必须与法国商议而定。也就是说，法国间接地获得了中国西南的路权。1898 年，法国公使吕班照会总理衙门，援引中法《续议商务专条附章》第五款，请自越南边界至云南省城修建铁路，后经协商，于 1903

① 海关总署编委会编：《中外旧约章大全》第一分卷（下册），第 1114—1116 页。
② 海关总署编委会编：《中外旧约章大全》第一分卷（下册），第 1240 页。

年签订《滇越铁路章程》三十四款[①]。可见，法国通过武力胁迫和一系列不平等条约，获得在云南修筑铁路的权利。宣统二年二月二十一日，滇越铁路全线通车，并举行开车典礼[②]。

二、滇越铁路与大锡外运

滇越铁路全线通车后，为云南大锡外运提供了便利，扩大了货运量，缩短了运输时间。在此之前，个旧大锡出口由骡马驮运至蛮耗，再经红河水运至越南海防，不但耗时长达两月之久，而且运输量小，每年经过河口中国海关进口的船只年货运量仅三四万吨。滇越铁路通车后，年货运总量一般在10万吨以上，且从昆明至海防仅需三日[③]。运输条件的改善，促使大锡外运数量猛增。兹将蒙自开关以来外运大锡数量列表如下：

表6–1　滇越铁路开通前后蒙自关大锡出口数量[④]（单位：担）

年份	出口量	年份	出口量	年份	出口量
1890年	22121	1898年	45914	1906年	66946
1891年	29176	1899年	43146	1907年	58464
1892年	34665	1900年	48710	1908年	76371
1893年	32306	1901年	50831	1909年	70824
1894年	39354	1902年	63636	1910年	102465
1895年	40801	1903年	41044	1911年	95624
1896年	33827	1904年	50043	1912年	138331
1897年	41602	1905年	74972	1913年	128289

上表所示，滇越铁路开通以前，个旧大锡出口量虽然在波动中逐渐增加，但最高仅7万余担。1910年滇越铁路开通，当年大锡出口量急剧增加，超过10万担。除次年因铁路故障和战乱影响稍低之外，民国初年大锡出口

① 云南省档案馆、红河学院编：《滇越铁路史料汇编》（上册），云南人民出版社2014年版，第4—9页。

② 云南省档案馆、红河学院编：《滇越铁路史料汇编》（上册），第32页。

③ 参阅谭刚：《滇越铁路与云南矿业开发（1910—1940）》，《中国边疆史地研究》2010年第1期。

④ 本表数据来自中国海关总署、中国第二历史档案馆编《中国旧海关史料》（京华出版社2001年版）中历年《蒙自关华洋贸易册》。

更增至 13 万担左右。

法国修建滇越铁路的目的就是加强对云南经济的掠夺和控制，正如越南总督都墨给法国政府的报告中所言："云南为中国天府之地，其后物产之优甲于各行省。滇越铁路不仅可以扩张商务，而且关系殖民政策尤深。"[①]更为重要的是，通过滇越铁路出口的云南大锡，经香港中转后，销往英美法等西方殖民国家[②]。可见，滇越铁路促进个旧大锡出口的同时，也为西方殖民国家获取云南矿产资源提供了便利。不仅如此，法国控制的滇越铁路也给云南经济社会发展带来严重的不利影响。如谭刚研究，滇越铁路运输中关卡林立，征收税种众多，导致运价过高；通过滇越铁路，法国获取了高额利润，使云南收益外流；通过滇越铁路，法国东方汇理银行和中法实业银行办理个旧港销大锡跟单押汇业务，获取了高额利润，间接影响了个旧锡业的发展[③]。

第四节　晚清云南界务纠纷中的矿产资源

19 世纪后期，随着越南、老挝、缅甸等中南半岛国家相继沦为英法等国的殖民地，开始与中国西南接壤，中国边疆危机急剧恶化。英属缅甸、法属越南蓄意制造界务纠纷，不断蚕食中国西南领土。需要注意的是，清政府被迫划让的领土或未定界的区域，除了关乎主权之外，不少地区正是矿产资源富集区和曾经的矿区。兹以中越大小赌咒河、猛乌和乌得、中缅卡瓦和莽冷等处界务纠纷为例，分析矿产资源与领土争端的关系。

① 盛襄子：《法国对华侵略之滇越铁路》，《新亚细亚月刊》第 3 卷第 6 期。

② 参阅张永帅：《近代云南的商埠与口岸贸易研究》第六章第五节《外部市场网络与云南口岸出口贸易》，博士学位论文，复旦大学 2011 年。

③ 谭刚：《滇越铁路与云南矿业开发（1910—1940）》，《中国边疆史地研究》2010 年第 1 期。

一、中越大小赌咒河之争

雍正二年（1924年）底，云南开采开化府逢春里矿产而清查地界，发现安南以小赌咒河混称大赌咒河，侵占内地大片土地和人口。据云贵总督高其倬奏称："云南开化府与交趾都龙厂接壤，向自交界以赌咒河为界，系一大河。后因其地旷远，多有劫杀之案，又遇值交趾之贼攻劫各寨，知府既畏处分，又惮救援之劳，遂将塘汛移入内界，称此外系交趾地方，另指一小河，强名为赌咒河，土人遂有大赌咒河小赌咒河之名，其实案去疆境一百余里，内有六寨，人户、田粮俱归交趾，迄今四十余年。历来知而不言者，因都龙厂广产银、铜，内地及外彝俱往打矿，货物易消，贸易者亦多，拨兵护汛，稽查暗抽私利，恐说出旧界则一经清查，此弊亦露。近经客民开铜山，呈出旧界，藩司李卫详报前来，臣以铜矿事小，疆境事大，委员确查。总兵阎光炜尚阻扰隐蔽，复经查出六寨旧纳粮额及塘房旧址。"[①]开化府设于康熙六年（1667年），原为临安府属教化、王弄等土司地，以赌咒河与越南分界。然大小赌咒河的出现，说明此处中越边界发生了显著的变化。

次年，高其倬进一步查奏："兹据（开化）镇臣冯允中报称，奉查内地旧界，亲身踏量，至都竜厂之对过铅厂山下一百二十九里，又查出南狼、猛康、南丁等三四十寨，亦皆系内地之寨，被交趾占去，不止马都戛等六寨。……因细问土人，过都竜厂一百余里有一大河，今交趾呼为安边河，以道里计之，正合二百四十里，此方为赌咒河……盖缘此一百二十里失去四十余年，年老之人皆能记忆。二百四十里之界不知失于明季何时，事久年掩，故土人无能知之者。……若以旧界，应将二百四十里之境彻底取回，交趾之都竜、南丹二厂，皆在此内。交趾倚此二厂以为大利，必支吾抗拒，且必谓

① 《云贵总督高其倬奏与交趾疆境不清查勘待定折》，雍正二年十一月十六日，《雍正朝汉文朱批奏折汇编》第4册，第25页。

臣等图其矿利，故捏辞陈奏。但臣叨任封疆，朝廷境土，臣以尺寸为重。”[①]赌咒河原在开化府南二百四十里，即越南的安边河，今称斋河、黑河。而铅厂山下的小赌咒河，北距开化府仅一百二十九里。也就是说，大小赌咒河之间的疆土已于明代被越南蚕食，小赌咒河至马伯汛间的地区为清初以来被越南侵占。从高其倬的奏报不难看出，夺取都龙、南丹等地的矿利是越南侵占这一区域的重要因素。

虽然高其倬坚持“铜矿事小，疆境事大”，请求收回全部被占疆土，但雍正皇帝却并非如此考虑。在给高其倬的朱批中称：“交趾旧界，有远近互异等情。朕思柔远之道，分疆与睦邻论，则睦邻为美；畏威与怀德较，怀德为上。据云都竜、南丹等处，在明季已为安南所有，是侵占非始于我朝也。安南自我朝以来，累世恭顺，深属可嘉，方当奖励，是务宁与争尺寸之地，况系明季久失之区乎？其地果有利耶，则天朝岂宜与小邦争利；如无利耶，则又何必与之争？”[②]安南为清朝藩属，雍正皇帝强调“天下一家”的观念，疆域无分中外，不与安南争尺寸之地。在此观念的影响下，皇帝指示疆臣以铅厂山下小赌咒河与越南画界，“著将此四十里之地，仍旧赏赐该国王”[③]。可见，雍正六年的小赌咒河画界，等于承认了被安南侵占的都龙等四十余寨，又把铅厂山以北至马伯汛南二里的四十里地赐给了安南。当然，这是安南作为清朝藩属的前提下，受清朝天下一家疆域观影响的结果。

光绪九年至十一年，因法国侵略越南引发中法之战，虽然清军在战争中占据优势，但战后和谈却丢失了对越南的宗主权，《中法会订越南条约》的签订表明，清政府承认法国对越南的保护权，承认法国与越南签订的《顺化条约》。事实上，在云南清军从越南回撤的过程中，顺路收回了雍正六年

---

① 《世宗宪皇帝朱批谕旨》卷 176，高其倬折，雍正三年正月二十六日、雍正七年十一月初七日，《景印文渊阁四库全书》第 420 册，第 659 页。

② 《云贵总督高其倬奏为奏闻交趾旧界详细情节事》，雍正三年正月二十六日，《雍正朝汉文朱批奏折汇编》第 4 册，第 370 页。

③ 《清世宗实录》卷 65，雍正六年正月辛巳，《清实录》第 7 册，第 1001 页。

以前开化府南部旧界范围内的地区，只是法属安南不予承认。云贵总督岑毓英在勘界时就势提出收回大赌咒河旧界的问题："臣查马白关为入越要路，惟汛地临边，离小赌咒河不过数里，兼之地面平敞，四路通达，无险可扼。由马白直出越界数十里，有地名都龙新街，险峻异常，实为徼外之要隘。本在大赌咒河内，为云南旧境……臣伏思约为中国外藩，要地归藩，原系守在四夷之义，不必拘定撤回。现在越几不能自存，何能为我守险？应否俟勘界时，将都龙、南丹各地，酌议撤回，仍以大赌咒河为界，以固疆围，以资扼守之处。"[①]不难理解，当中越宗藩关系不存的情况下，中国与法属越南在勘界时势必寸土必争，趁机收回大赌咒河旧界理所当然。

经过十余年的艰苦勘界、交涉，中越最终签订的《滇越界约》，中方收回了小赌咒河外的都龙、猛硐三村、船头等地，而大赌咒河界内的猛康、黄树皮、箐门则被迫失于法属越南。也就是说，光绪年间的中越画界，既非清初的大赌咒河界，也不是雍正六年后的小赌咒河界，而是大小赌咒河之间的一条妥协界线。显然，经中方的努力争取，都龙等处矿区最终划归中国。民国左进思《都龙铜厂记》言："距县治东南行六十里，有铜厂遗址在焉。山脉来自老君山，气势磅礴，矿区广袤二十余里，当有清嘉道时代产铜甚旺，矿工达数千人，居民成市，庙宇辉煌。至咸丰丙辰，盗匪蜂起，矿工离散，厂地建筑付之一炬，矿务遂停。观其陈迹，犹可见当日盛况。光绪二十四年，有唐揆百、郑阳春等开办，二十三年有赵潘凤、李达三等开办，民国二年有胡效等开办。"[②]可见，清代中后期，都龙矿区虽然兴衰靡常，但开采一直持续，在滇东南经济中具有重要地位，这也是越南、法国争夺和中国力保的原因所在。

---

① 岑毓英撰，黄盛陆等标点：《岑毓英奏稿》下册，广西人民出版社 1989 年版，第 784 页。

② 张自明修，王富臣等纂：民国《马关县志》卷 10《杂志类》，民国二十一年石印本（1932）。

二、猛乌、乌得的丢失与盐井

中法《续议界务专条》签订后，但并未勘界立石。光绪十九年（1893年），清驻法英意比公使薛福成看到法国出版的地图上把普洱边地画入法属越南界内，当即与法方交涉[①]。光绪二十一年（1895年），清政府被迫派员，与英法委员会勘九龙江界，法员巴威擅自绘图，将车里宣慰司所属猛乌、乌得画出中国界外，并迫使中方委员补用知县黎肇元签字，黎氏不从，只得在图上注明“法员自定”[②]。事后，总理衙门照会法国公使，强调猛乌、乌得均属中国，法员自画不足为凭，但法国执意将此二地据为己有，交涉陷入僵局。中日甲午战争后，清政府被迫和日本签订《马关条约》，俄国联合法德，反对日本割占中国辽东半岛。法国以干涉还辽有功，公然提出以猛乌、乌得两土司地割让给法国作为报酬。总理衙门“允将猛乌、乌得两地让与法国，以敦睦谊”[③]。此为猛乌、乌得两地丢失之经过。

猛乌、乌得属车里宣慰司下十三版纳。如乾隆三十一年（1766年），上谕：“云南附近普洱之十三土司，久已输诚向内，编列版图……普藤、猛旺、整董、猛乌、乌得、车里、六困、倚邦、易武、猛腊、猛遮、猛笼、猛往十三土司。”[④]法国觊觎此地的原因，当时云南地方官已有清楚的认知。光绪二十一年（1895年），勘界委员补用游击刀丕文禀文称：“盖缘其地多盐井，民性柔懦，外可以为黑仙江下游猛莱、南乌江下游猛浑两处马头中展，内可以进窥茶山之捷径也。”[⑤]思茅厅陈守淑、许台身亦认为，法国觊觎猛乌、乌

① 《薛福成致总署电》，光绪十九年六月十五日，引自吕一燃编：《中国近代边界史》（下卷），四川人民出版社2007年版，第748页。

② 黄诚沅：《滇南界务陈牍》卷中《普界陈牍·督电总署》，见《云南史料丛刊》第10卷，第65页。

③ 王彦威、王亮辑编；李育民、刘利民、李传斌、伍成泉点校整理：《清季外交史料》第5册，湖南师范大学出版社2015年版，第2260页。

④ 《清高宗实录》卷758，乾隆三十一年四月丁未，《清实录》第18册，第350页。

⑤ 黄诚沅：《滇南界务陈牍》卷中《普界陈牍·勘界委员补用游击刀丕文禀》，见《云南史料丛刊》第10卷，第64页。

得，主要在于“两乌距思茅六茶山仅二百里，一经归法，就地开设马头，进窥茶山，夺我权利……其地尤多盐井，如磨扫、磨旺等井，出盐细白甚旺，土民向止行销南掌外域，不敢运销内地，一旦属法，势必侵夺销路，课盐有损”①。可见，猛乌、乌得地处进入普洱茶山的交通要道，且该地盛产食盐，法国实乃觊觎盐茶之利。

关于此地盐井，乾隆《云南通志》载：“乌得井，土目夷灶，每年认完课银二千两”；道光《普洱府志》亦载：“又猛乌土井内磨掃老井、磨掃新井、磨罔井、普颡老井、普颡新井、磨札大井，共六区；又乌得土井内磨王井、磨连井、漫布井、漫见井共四区，又思茅所属之磨者一井，俱开自雍正九年，原系攸乐同知管辖，年征课银二千两。”②此时盐井数十，年征课银二千两，推知其产量不小，且地邻南掌，是南掌北部的主要食盐产地之一。法国强行划割此地，当与盐茶之利密切相关。

三、中缅卡瓦山区界务纠纷与茂隆、募乃矿区

清中期，顺宁府属孟连土司以萨尔温江为界与木邦宣慰司相连，南卡江以西的南部卡瓦山区脱离孟连土司管辖。乾隆四十三年（1778 年），云贵总督李侍尧奏：“臣访闻缅宁边外之卡瓦野人山，向有莽冷厂，其管厂头人，野人呼为莽冷官。闻缅匪觊觎厂利，带兵向卡瓦索取分例，经莽冷头人率领厂丁，将缅匪打败。”③莽冷即孟伦，头目驻于班阳，地处卡瓦山南部，虽脱离了孟连土司，但亦不属于缅甸。

顺宁府属耿马土司西部与缅属木邦土司以喳哩江为界，此段萨尔温江

---

① 黄诚沅:《滇南界务陈牍》卷中《普界陈牍·思茅厅陈守淑许台身会禀》，见《云南史料丛刊》第 10 卷，第 65—66 页。

② 雍正《云南通志》卷 11《盐法》，《景印文渊阁四库全书》第 569 册，第 352 页；郑绍谦纂修、李熙龄续纂修：道光《普洱府志》卷 7《丁赋·盐法》，清道光二十年刻本。

③《云贵总督李侍尧奏陈巡阅边境情形折》，乾隆四十三年十一月，故宫博物院《史料旬刊》第 22 期，北平故宫博物院 1930 年版。

在清代被称为滚弄江。乾隆三十一年（1766年），云贵总督刘藻奏称："永昌、顺宁二府所属耿马、孟定等土司地方，界连缅国，惟籍滚弄江为天堑。"[①]滚弄江以东的卡瓦山区的大部分本来属耿马土司管辖，但乾隆朝以来，内地汉人大量前来开采银矿，当地瓦族酋长因而直接向清朝交纳课银。乾隆十一年（1746年），据云贵总督张允随奏称："滇省永、顺西南徼外生蛮名卡瓦，其地茂隆山场，因内地民人吴尚贤赴彼开采，矿砂大旺，该酋照内地厂例，抽课作汞，计每年应解银一万一千余两，为数过多，可否减半抽收"，朝廷议准[②]。此即葫芦酋长地，又名卡瓦，驻班洪，盛产银矿，以茂隆厂为最。

以上可见，莽冷与葫芦王分别位于卡瓦山区的南北，该地原属顺宁府孟连、耿马土司管辖，清中期以后，葫芦酋长与云南地方政府建立了独立的政治联系，孟伦虽不属于清朝，但亦未被缅甸占据。更为重要的是，卡瓦山区盛产银矿，茂隆、募乃等为最。檀萃《厂记》言："募隆之出，由吴尚贤家贫走厂，抵徼外之葫芦国，其酋长大山王峰筑信任之，与开募隆厂，大赢，银出不赀，过于内地之乐马厂，二厂东西竟爽，故滇富盛，民乐官康。"[③]据杨煜达研究，茂隆银厂是清代滇边地区最重要的银厂之一，从乾隆八年至嘉庆五年，经营达50余年，每年上缴税银多达万两，矿工数万人[④]。

嘉庆五年（1800年），上谕："云南永昌府属之茂隆银厂，近年以来并无分厘报解，自系开采年久，硐老山空，矿砂无出。若仍照旧采办，不特虚费工力，课项终归无著，而聚集丁夫亦恐滋生事端。所有永昌府属茂隆

① 《清高宗实录》卷752，乾隆三十一年正月壬午，《清实录》第18册，第278页。

② 《清高宗实录》卷269，乾隆十一年六月甲午，《清实录》第12册，第505页。

③ 檀萃：《厂记》，见《魏源全集》第15册《皇朝经世文编》，岳麓书社2004年版，第844页。

④ 参阅杨煜达：《清代中期滇边银矿的矿民集团与边疆秩序——以茂隆银厂吴尚贤为中心》，《中国边疆史地》2008年第4期。

银厂著即封闭，其四年分应交课银七百五两零，亦加恩豁免。”[①] 茂隆厂封闭之后，其地银矿开采缺乏记载。1885 年，英国全面控制缅甸后，在原木邦宣慰司故地老银厂设矿采银。方国瑜《班洪风土记》中关于段子光、丁永伟的记载称，英人在木邦故地所设帮海银厂，又名老银厂，乃乾隆间宫里雁所开波龙银厂，正当“英银矿公司正苦于帮海矿苗将罄，无法安顿资本，开发利源”之际，帮海厂佣工段子光，向工程师伍波朗氏献茂隆银厂，“伍波朗氏即以段子光为向导，数至炉房，乃千方百计经营炉房，利饵土人，建筑兵房”；班弄回民丁永伟“私至炉房取矿苗献之”[②]。

虽然不清楚英银矿工程师伍波朗的查勘结果，但从其的行动可以看出，茂隆厂的矿质和价值颇具吸引力。兹参考民国十八年（1929 年），云南省政府聘请美国工程师卓柏对卡瓦山银矿的调查报告：“卡瓦山矿产，以班洪、班老、永班三王管辖之炉房厂最为富饶，其地位在卡瓦山北部，西距萨尔温江约十五英里，原系华人吴尚贤、宫里雁所开办之银矿，至今旧洞存者二百余洞，皆石灰质构成；矿渣则堆积如山，约计之不下五十万吨，含铅质在百分之三十以上。矿质则分头、二两种：头等者每吨含银八十六安斯，二等者每吨含银六十二安斯；较之缅甸可卜思公司所办波顿银矿上等每吨含银三十二安斯、中等十四安斯、下等十二安斯，约高出三倍之多。……又由炉房厂东行十五英里，为老厂，村名湖广寨，亦有矿渣，约二十五万吨，中含铅质约百分之二十，亦吴尚贤等昔日开办所遗者。”[③] 卓氏的调查显示，茂隆厂虽早已衰败，但矿质优良，含银量为英属波顿银矿三倍有余，且七十余吨矿渣含铅百分之二三十，即使仅炼矿渣，亦获益匪浅。

因此，英国控制木邦之后，开始向阿瓦山区进行侵略。1886 年前后，

---

① 嘉庆朝《钦定大清会典事例》卷 193《户部・杂赋・金银矿课》,《近代中国史料丛刊三编》第 65 辑第 642—670 册，第 8954 页。

② 方国瑜:《滇西边区考察记》之《班洪风土记》，云南人民出版社 2008 年版，第 17 页。

③ 方国瑜:《滇西边区考察记》之《炉房银厂故实录》，第 46—49 页。

英国诱迫南部阿瓦山区的下莽冷投靠之后，但遭到葫芦地各部落的强烈反抗，故光绪二十年签订的《中英续议滇缅界务条款》中，对阿瓦山区的界线不能确定，葫芦地与缅甸之间的边界被列为“中缅南段未定界”[①]。也就是说，英国全面控制缅甸后，发现卡瓦山区丰富的银矿资源，极力想将其据为己有，与中国产生界务争端，清政府据理力争，最终以“未定界”而搁置。由此可见，矿产资源再次充当了晚清西南界务纠纷的诱因之一。

除了上述中越大小赌咒河、猛乌与乌得、中缅卡瓦山区的界务争端，腾越边外的片马、江心坡等地的界务争端亦包含矿产资源的因素在内，因资料所限，无法逐一剖析。由此观之，晚清西南边疆的界务纠纷，不仅事关领土和主权，矿产资源亦是英法觊觎西南的重要诱因之一。

① 参阅尤中:《中国西南边疆变迁史》，云南教育出版社 1987 年版，第 278 页。

结论：边疆治理视野下的清代西南矿业

以滇铜黔铅为代表的西南矿业，既与内地需求密切相关，也与国家安全密不可分，还深刻影响着西南边疆社会。本书在边疆治理视野下重新审视清代西南矿业，探讨了矿业兴衰对清代西南边疆安全、稳定、发展的多重作用和影响，以及清政府应对相关问题、治理西南边疆的实践过程，形成以下重要的观点和认知。

第一，清代西南矿业兴盛是全国资源需求和政府塑造的结果，以滇铜黔铅为代表的矿产运输体系保障了全国币材安全。

清初统一全国之后，商品经济恢复发展，对货币的需求迅速扩大，但铜铅等矿产的生产和供给却严重滞后，进而引发币材危机。同时，清军大量列装火炮、鸟枪，战争和常规操演对铜炮和铅弹消耗，亦需要矿产予以补充。面对铜铅等矿产供不应求的情况下，大力开发国内矿产资源成为政府的必然选择，部分解除矿禁、开放铜铅开采的政策适时出台，而云南、贵州等地早在矿禁全面解封之前，就已进行持续性的矿业开发。除了政策扶持之外，当滇铜、黔铅开发遇到市场、资金等发展瓶颈时，云贵地方政府通过转售铜铅，间接参与京运，使西南边疆矿业发展得以维持和扩大。而随着黔铅、滇铜相继开始承担京运，各省采买滇铜和黔铅楚运亦随之展开，销售市场遍及全国。同时，协滇铜本银、协黔铅本银按年划拨云贵，以滇铜黔铅为代表的西南边疆矿业获得源源不断的巨额资金投入，成为其兴盛百年的关键所在。由此可见，清代西南边疆矿业的兴起和鼎盛是全国矿产需求拉动和政府扶植的结果，实现了自给自足的资源安全。

在云贵转运铜铅销售重庆、汉口、镇江的基础上，清政府分别于雍正十三年和乾隆四年，实施黔铅、滇铜京运，由云贵两省完全负责京师的币材供给，一套融采买、储备、运输、管理为一体的京运制度最终形成。同时，乾隆五年之后，各省纷纷采买滇铜黔铅鼓铸，黔铅楚运制度亦随之出现，实现了各省币材供给的运输体系。至此，一套覆盖全国的矿产运输体系最终定型，成为保障全国币材安全的重要配套制度。为了确保这套体系的有效运转，政府在规避风险、提高效率和管理运输过程方面不断完善相应的政策和措施，以保障运输的安全性、时效性和可控制性，尤其是沿途督抚奏报制度，实现了对运输过程的实时调控和动态监管，成为币材供给的制度保障。

第二，矿业开发带动了西南边疆的经济发展，奠定了边疆安全的经济基础，为边疆治理提供了必要的财力和物力。

清中期是西南边疆矿业发展的鼎盛时期，不仅各类矿种均有开采，而且铜铅等矿种的年产量最高达 1400 余万斤，矿业产值约 300 万两白银，从业人口超过 30 万人。与此同时，与矿业密切相关的农业、手工业、交通运输业、商业等产业，也获得了一定程度上的发展，这在耕地数量、商业税收等方面都有显著的表现，使西南边疆经济在整体上步入新的阶段。虽然这一时期矿业发展对西南边疆经济的促进作用已经得到学界的普遍认可，但笔者要强调的是，经济发展带来更多的就业岗位，扩大了民众的谋生选择，提高了民众的收入，改善了其生活条件。从安全与发展关系而言，矿业带动的经济发展成为西南边疆安全的物质条件和社会基础。同时，矿业及经济的整体发展也给西南地方政府带来可观的收益，清中期西南的矿利收益每年都有 90 万两白银。这相较于江南可能不值一提，但对经济发展相对滞后的西南而言，极大地缓解财政入不敷出的局面，不但减少了对内地协济的依赖，而且可以用于诸如经济建设、发展教育、维持治安、改善行政条件等方面的支出，提高西南边疆治理的能力和水平，进而持续西南边疆的安定局面。

第三，矿业衰落引发的经济停滞是清后期西南边疆由治而乱的社会根源。

西南边疆矿业鼎盛时期吸引了大量的内地移民，这在一定程度上减轻了内地的人口压力。但是，大量移民进入西南边疆同样增加了其治理难度。尤其是当嘉道时期西南边疆矿业衰落的情况下，矿民收入减少，生存维艰，矿区因经济纠纷引发的矛盾和冲突日益增多，进而导致命案发生。矿民借助同乡、宗教等社会关系强化其在经济纠纷中的胜算，使个体的经济纠纷逐渐演化为群体性的暴力资源争夺，嘉庆五年悉宜白羊厂械斗案逐渐普遍化。随着失业矿民向乡村的流散，暴力争夺资源的风气亦从矿区向乡村蔓延。加之源源不断的移民进入，府州县区域的可耕土地逐渐减少，开发趋于饱和，后继移民要么深入沿边山区垦荒，或者进入土司区域，典买、租种当地人田土，由此引发汉夷冲突。道光十年以后，后继移民无以为生，成为西南乡村群体性暴力资源争夺的推手，缅宁、顺宁、永昌相继发生群体性暴力资源争夺事件，失业矿民与外来流民参与其中，使此类事件遍及全省，社会秩序逐渐失控。当然，西南地方政府拖延、敷衍的态度和不当的应对方式，使社会危机进一步恶化。如悉宜白羊厂械斗案的处理拖延十年之久。而且，面对械斗案仅惩首恶，并未深究导致群体性冲突的根本原因，也就不会去化解矿民的生存危机。尤其是永昌血案中误杀城内回民，丧失了官府的公信力，将其推到民众的对立面。因此，原先民众之间的资源争夺斗争最终演化为民众与官府的矛盾和冲突。不得不提的是，当社会秩序逐渐失控的情况下，政府维护社会秩序的能力却因财政局面的恶化而更加有心无力，而这与矿业收益的锐减有直接的关系。咸同战乱表面上看是民族矛盾所引发，但其实质则是矿业衰落后经济停滞引发的社会危机，其从经济向社会传导的演化逻辑清晰可见。

第四，西方列强觊觎矿产资源是引发晚清西南边疆危机产生的重要因素，故捍卫领土和主权，也成为晚清边疆治理的重要内容之一。

长达十余年的咸同云南战乱和贵州苗民起义使西南边疆矿业彻底停滞，虽然战后政府极力恢复，但效果有限，与清中期不可同日而语。与此同时，英法等西方殖民者相继占领缅甸、越南、老挝等中南半岛国家，与中国西南接壤。19 世纪以来，尤其是《天津条约》《北京条约》签订之后，越来越多的西方人进入中国内地游历、经商和传教，逐步认识和了解中国西南边疆。通过西方人的考察和宣传，云南神话开始在欧洲兴起，成为英法两国极力深入中国西南、攫取利权的助推器。近代西方人在中国西南的探查过程中，发现了云南矿产资源的储藏情况和土法采冶的局限。原本土法无法开采或开采得不偿失的矿山，在应用西方近代技术和采冶机械的情况下将变得有利可图。因此，攫取矿权成为近代西方侵略中国西南边疆的主要表现之一，以云南七府矿案最为典型。同时，西南地处亚洲内陆，交通不便，故抢夺路权、兴修铁路成为英法等国攫取晚清中国西南市场、贸易和自然资源的重要组成部分。如法国筑滇越铁路导致个旧大锡出口大增，最终大多运销到欧美市场。除了矿权、路权之外，英法两国借界务纠纷，从中国西南强割大量领土。如中法大小赌咒河、猛乌与乌得、中缅卡瓦山区等。故对这一时期而言，捍卫国家领土和主权也是边疆治理的重要内容之一。

第五，边疆治理视野下清代西南矿业发展的经验与教训。

通过本书的研究可以看出，首先边疆是国家的边疆，边疆治理不仅事关边疆，更与内地密切相关。如清代西南矿业兴起与国家需求相关，其兴盛是政府塑造的结果；而滇铜黔铅大量运销内地，保证了全国的币材需求和经济稳定。其次，边疆发展是边疆稳定的基础。清中期西南边疆矿业兴盛，带动边疆经济整体性发展，为边疆治理提供了客观的财力和物力，社会秩序相对稳定。再次，经济衰落后人口再就业是社会稳定的核心问题。如嘉道以来矿业衰落，导致西南边疆经济停滞，引发严重的社会危机。地方政府治标不治本，导致矿厂经济纠纷演化为矿厂械斗和群体性资源争夺，最终酿成咸同战乱。最后，近代外部因素对边疆治理的影响深刻。晚清时期，西方列强觊觎中国西南的矿、盐资源，攫取矿权和路权，进而侵占领土，导致西南边疆危机。因此，捍卫国家领土和主权，也是近代边疆治理的重要内容之一。

综上所言，清代西南边疆矿业兴盛是全国资源需求和政府塑造的结果，保障了清代的资源安全，而以滇铜黔铅为代表的运输体系的形成和运作，实现了全国币材的有效供给，保障了清代的经济安全。对西南边疆而言，矿业开发带动了西南边疆的经济发展，不但奠定了边疆安全稳定的经济基础，也为边疆治理提供了必要的财力和物力。但是，当嘉道时期矿业衰落后，经济停滞引发社会危机，成为清后期西南边疆由治而乱的社会根源。此外，晚清西南边疆危机背景下，英法等西方殖民者觊觎西南丰富的自然资源和广阔市场，攫取矿权、路权，蚕食中国领土，故捍卫国家领土和主权也是这一时期边疆治理的主要内容之一。由此可见，清代西南矿业对边疆的安全、稳定与发展产生了深刻而复杂的影响，而通过对矿业兴衰的考察，一定程度上透视出清代西南边疆治理的过程、应对、效果和影响，总结归纳其经验教训，可为现代边疆治理提供借鉴。

参 考 文 献

一、历史文献

《新唐书》，中华书局标点本 1975 年版。

《宋史》，中华书局标点本 1977 年版。

《元史》，中华书局标点本 1976 年版。

《汉书》，中华书局标点本 1962 年版。

《明实录》，台湾“中研院”历史语言研究所校勘本 1962 年版。

《明史》，中华书局标点本 1974 年版。

《清实录》，中华书局 2008 年版。

《清史稿》，中华书局点校本 1977 年版。

爱必达纂修：乾隆《黔南识略》，光绪三十三年刻本。

白寿彝主编：《回民起义》，上海人民出版社、上海书店出版社 2000 年版。

贝青乔：《半行庵诗存稿》，《清代诗文集汇编》第 635 册，上海古籍出版社 2010 年版。

岑毓英撰，黄盛陆等标点：《岑毓英奏稿》，广西人民出版社 1989 年版。

常明等修，杨芳灿、谭光祜等纂：嘉庆《四川通志》，嘉庆二十一年刻本。

陈昌言纂：《水城厅采访册》，光绪二年纂，贵州省图书馆 1965 年油印本。

陈晋熙纂修：道光《仁怀直隶厅志》，道光二十一年刻本。

陈廷敬:《午亭文编》,载纪昀等编:《景印文渊阁四库全书》第1316册,台湾商务印书馆1986年版。

邓元镳、万慎纂修:《续修叙永永宁厅县合志》,光绪三十四年铅印本。

定长:《贵州巡抚定长奏稿》,国家图书馆抄本。

董应举:《崇相集》,明崇祯刻本。

鄂尔泰、张广泗修,靖道谟、杜诠纂:乾隆《贵州通志》,乾隆六年刻本。

鄂尔泰:《鄂尔泰奏稿》,不分卷,全国图书馆文献缩微复制中心1991年版。

鄂尔泰修,靖道谟纂:雍正《云南通志》,《景印文渊阁四库全书》第569册,台湾商务印书馆1986年版。

范承勋等撰:康熙《云南通志》,《中国地方志集成 · 省志辑 · 云南》,凤凰出版社2009年版。

方桂修、胡蔚纂:乾隆《东川府志》,乾隆二十六年刻本。

方国瑜主编:《云南史料丛刊》,云南大学出版社1998—2001年版。

傅恒等修:乾隆朝《钦定户部鼓铸则例》,故宫博物院编《故宫珍本丛刊》第287册,海南出版社2000年版。

故宫博物院编:《史料旬刊》,北平故宫博物院1930年版。

海关总署编委会编:《中外旧约章大全》,中国海关出版社2004年版。

贺长龄、魏源编:《皇朝经世文编》,岳麓书社2004年版。

贺长龄:《耐庵奏议存稿》,沈云龙主编:《近代中国史料丛刊》第36辑第353册,台北文海出版社1989年版。

黄宅中修、邹汉勋纂:道光《大定府志》,道光二十九年刻本。

荆德新编:《云南回民起义史料》,云南民族出版社1986年版。

昆岗、吴树梅纂:光绪《钦定大清会典》,顾廷龙主编:《续修四库全书》第794册,上海古籍出版社1996年版。

李绂:《穆堂类稿》,道光十一年奉国堂刻本。

李根源编,杨文虎等校:《永昌府文征校注》,云南美术出版社2001年版。

李焜纂修：乾隆《蒙自县志》，民国石印本。

李星沅：《李文恭公奏议》，沈云龙主编：《近代中国史料丛刊》第32辑第312册，台北文海出版社1989年版。

林则徐：《林文忠公政书》，朝华出版社2018年版。

林则徐：《林则徐全集》，海峡文艺出版社2002年版。

刘邦瑞纂修：雍正《白盐井志》，抄本。

龙云、卢汉监修，周钟岳等纂，李春龙等点校：民国《新纂云南通志》第7册，云南人民出版社2007年版。

罗振玉等缉：《皇清奏议》，民国影印本。

穆彰阿、潘锡恩等纂修：嘉庆《重修大清一统志》，四部丛刊本。

倪蜕辑，李埏点校：《滇云历年传》，云南大学出版社1992年版。

裴宗锡：《滇黔奏稿录要》，全国图书馆文献微缩复制中心2007年版。

彭而述：《读史亭文集》，清康熙四十七年彭始抟刻本。

阮元、伊里布修，王崧、李诚纂：道光《云南通志稿》，道光十五年刻本。

沈懋价修，杨睿纂：康熙《黑盐井志》，抄本。

师范：《滇系》，光绪十三年重刊本。

孙承泽：《春明梦余录》，《景印文渊阁四库全书》第868册，台湾商务印书馆1986年版。

台湾"中研院"近代史研究所编：《中国近代史资料汇编·矿务档》，1960年版。

台湾故宫博物院编：《宫中档光绪朝奏折》，1982年版。

台湾故宫博物院编：《宫中档乾隆朝奏折》，1982年版。

台湾故宫博物院编：《宫中档雍正朝奏折》，1979年版。

台湾数位典藏网清代《内阁大库档》《军机处档折件》。

屠述濂修纂：乾隆《镇雄州志》，乾隆四十九年刻本。

托津等编纂：嘉庆《钦定大清会典事例》，沈云龙主编《近代中国史料丛刊三编》第 65 辑第 642—670 册，台湾文海出版社 1991 年版。

托津等撰：嘉庆朝《钦定大清会典》,《近代中国史料丛刊三辑》第 64 辑第 631—634 册，台湾文海出版社 1991 年版。

王昶：《蜀徼纪闻》，光绪十七年铅印本。

王富臣纂：民国《马关县志》，民国二十一年石印本。

王彦威等编，李育民、刘利民等点校整理：《清季外交史料》，湖南师范大学出版社 2015 年版。

卫既齐修，薛载德纂：康熙《贵州通志》，清康熙三十六年刻本。

吴暻：《左司笔记》，四库全书存目丛书编委会编：《四库全书存目丛书》第 496 册，齐鲁书社 1996 年版。

吴其浚：《滇南矿厂工器图略》,《续修四库全书》本。

吴其濬：《滇行纪程集》，清刻本。

许印芳：《五塘诗草》,《清代诗文集汇编》第 720 册，上海古籍出版社 2010 年版。

杨嗣昌：《杨文弱先生集》，清初刻本。

姚文然：《姚端恪公文集》，四库未收书辑刊编纂委员会编：《四库未收书辑刊》第 7 辑第 18 册，北京出版社 2000 年版。

姚延福修，邓嘉缉等撰：光绪《临朐县志》，清光绪十年（1884）刻本。

伊桑阿等编纂：康熙《大清会典》,《近代中国史料丛刊三编》第 72 辑第 711—721 册，台湾文海出版社 1992 年版。

佚名：《铜政便览》，台湾学生书局影印本 1986 年版。

尹泰、张廷玉等编纂：雍正《大清会典》,《近代中国史料丛刊三编》第 77 辑第 761—776 册，台湾文海出版社 1994 年版。

尹子珍：《云南探矿记》，民国稿本。

于敏中、蔡履元等纂修：乾隆《钦定户部则例》，故宫博物院编《故宫珍本丛刊》第 285 册，海南出版社 2001 年版。

云南省档案馆、红河学院编:《滇越铁路史料汇编》，云南人民出版社 2014 年版。

允禄、鄂尔泰等编:《世宗宪皇帝朱批谕旨》，载《景印文渊阁四库全书》第 420 册，台湾商务印书馆 1986 年版。

允祹等纂修：乾隆朝《钦定大清会典则例》，载纪昀等编:《景印文渊阁四库全书》第 621 册，台湾商务印书馆 1986 年版。

载龄等修：同治《钦定户部则例》，同治十二年刊本。

张泓撰:《滇南新语》，方国瑜主编:《云南史料丛刊》第 11 卷，云南大学出版社 2001 年版。

张廷玉等编:《皇朝文献通考》，载纪昀等编:《影印文渊阁四库全书》第 632 册，台湾商务印书馆 1986 年版。

张伟仁主编:《明清档案》，台湾“中研院”历史与语言研究所 1986 年版。

张允随:《张允随奏稿》，不分卷，载方国瑜主编，徐文德、木芹、郑志惠纂录校订:《云南史料丛刊》第 8 卷，云南大学出版社 1999 年版。

郑绍谦纂修、李熙龄续纂修：道光《普洱府志》，道光二十年刻本。

中国第一历史档案馆编:《康熙朝汉文朱批奏折汇编》，档案出版社 1985 年版。

中国第一历史档案馆编:《康熙朝满文朱批奏折全译》，中国社会科学出版社 1996 年版。

中国第一历史档案馆编:《康熙起居注》，中华书局 1984 年版。

中国第一历史档案馆编:《雍正朝汉文朱批奏折汇编》，江苏古籍出版社 1988 年版。

中国第一历史档案馆藏《清代档案》。

中国海关总署、中国第二历史档案馆编:《中国旧海关史料》，京华出版社 2001 年版。

中国人民大学清史研究所、档案系中国政治制度史教研室合编:《清代的矿业》，中华书局 1983 年版。

[法]晃西士加尼:《柬埔寨以北探路记》,台湾华文书局1968年版。

二、现代著作

戴逸:《清史》,知识产权出版社2010年版。

方国瑜:《滇西边区考察记》,云南人民出版社2008年版。

方国瑜著,秦树才、林超民整理:《云南民族史讲义》,云南人民出版社2013年版。

葛剑雄主编,曹树基著:《中国人口史》第五卷,复旦大学出版社2005年版。

葛剑雄主编,曹树基著:《中国移民史》第六卷《清、民国时期》,福建人民出版社1997年版。

贺胜达:《缅甸史》,人民出版社1992年版。

荆德新:《杜文秀起义》,云南民族出版社1991年版。

李治亭主编:《清史》,上海人民出版社2002年版。

李中清著,林文勋、秦树才译:《中国西南边疆的社会经济:1250—1850》,人民出版社2012年版。

梁英明:《东南亚史》,人民出版社2010年版。

吕一燃编:《中国近代边界史》,四川人民出版社2007年版。

马琦:《多维视野下的清代黔铅开发》,社会科学文献出版社2018年版。

马琦:《国家资源:清代滇铜黔铅开发研究》,人民出版社2013年版。

孟森:《清史讲义》,中华书局2010年版。

彭威信:《中国货币史》,上海人民出版社1965年版。

王树槐:《咸同云南回民事变》,台湾"中央"研究院近代史研究所1980年版。

严中平:《清代云南铜政考》,中华书局1946年版。

尤中:《云南民族史》,云南大学出版社1994年版。

尤中:《中国西南边疆变迁史》,云南教育出版社1987年版。

云南省历史研究所、云南大学历史系编:《云南矿冶史论文集》,云南省历史研究所 1965 年版。

郑天挺、南炳文主编:《清史》,天津人民出版社 2011 年版。

[英]柯乐洪著,张江南译:《横穿克里塞——从广州到曼德勒》,云南人民出版社 2018 年版。

三、研究论文

陈希育:《清代日本铜的进口与用途》,《中外关系史论丛》第 4 辑,天津古籍出版社 1994 年版。

杜家骥:《清中期以前的铸钱量问题——兼析清代所谓“钱荒”现象》,《史学集刊》1999 年第 1 期。

黄国信:《清代滇粤“铜盐互易”略论》,《盐业史研究》1996 年 3 期。

黄启臣:《清代前期海外贸易的发展》,《历史研究》1986 年第 4 期。

黄燕玲:《昆明教案与云南七府矿权之争》,《山西档案》2011 年第 3 期。

蓝勇:《清代滇铜京运路线考释》,《历史研究》2006 年第 3 期。

李和:《清代粤西路上的滇粤“铜盐互易”》,《甘肃农业》2006 年第 9 期。

马琦:《各省采买滇铜的运输问题》,《学术探索》2010 年第 4 期。

马琦:《清代滇铜产量研究:以奏销数据为中心》,《中国经济史研究》2017 年第 3 期。

马琦:《清代滇铜厂欠与放本收铜》,《历史档案》2015 年第 3 期。

马琦:《清代黔铅产量与销量——兼对以销量推算产量方法的检讨》,《中国经济史研究》2011 年第 1 期。

马琦:《清代黔铅运输路线考》,《中国社会经济史研究》2010 年第 4 期。

马琦:《清代云贵地区的矿务管理与地方行政——以厂员、店员、运员为中心》,《中国边疆史地研究》2020 年第 4 期。

马琦:《清前中期云南盐税的定额、实征与奏销》,《盐业史研究》2018 年第 2 期。

马琦:《实征、定额与奏销:清代云南矿税研究》,《清史研究》2018 年第 3 期。

马琦:《铜铅与枪炮:清代矿业开发的军事意义》,《中国矿业大学学报》2012 年第 2 期。

彭泽益:《清代采铜铸钱工业的铸息和铜息问题考察》,《中国古代史论丛》第 1 辑,福建人民出版社 1982 年版。

谭刚:《滇越铁路与云南矿业开发(1910—1940)》,《中国边疆史地研究》2010 年第 1 期。

王德泰:《清代云南铜矿垄断经营利润的考察》,《清史研究》2012 年第 3 期。

王明登、龙宪良:《赫章县集市贸易中心——妈姑》,中国人民政治协商会议贵州省赫章县委员会文史资料研究委员会编《赫章文史资料选辑》第 2 辑,1986 年版。

韦庆远、鲁素:《清代前期矿业政策的演变》(上、下),《中国社会经济史研究》1983 年第 3、4 期。

韦庆远:《论康熙时期从禁海到开海的政策演变》,《中国人民大学学报》1989 年第 3 期。

温春来、李贝贝:《清初云南铜矿业的兴起》,《暨南大学学报》2018 年第 2 期。

杨梅:《近代西方人在云南的探查活动及其著述》,博士学位论文,云南大学历史系 2011 年。

杨煜达:《清代云南铜矿地理分布变迁及影响因素研究:兼论放本收铜政策对云南铜业的影响》,《历史地理》第 29 辑,上海人民出版社 2014 年版。

杨煜达:《清代云南铜矿开采对生态环境的影响研究》,《中国史研究》2004 年第 3 期。

杨煜达:《清代中期滇边银矿的矿民集团与边疆秩序——以茂隆银厂吴尚贤为中心》,《中国边疆史地》2008 年第 4 期。

袁一堂:《清代钱荒研究》,《社会科学战线》1990 年第 2 期。

张柏惠:《以丁之名——再论明清云南黑、白、琅井盐课提举司的赋役征派》,

《盐业史研究》2016 年第 3 期。

张熠荣:《清代前期云南矿冶业的兴盛与衰落》,《云南学术研究》1962 年第 3 期。

张永帅:《近代云南的商埠与口岸贸易研究》,博士学位论文,复旦大学历史地理研究所 2011 年。

中国第一历史档案馆辑:《乾隆年间疏浚金沙江史料(上)》,《历史档案》2001 年第 1 期。

A. R. Colquhoun, “The railway connection of Burmah and China”, JMGS, 3(1887), pp.7–12。

Dupuis Jean, “A journey to Yunnan and the Opening of the Red River to Trade”, Bangkok: White Lotus Co. Ltd, 1998., pp.6–7.

R. K. Douglas, “Our commercial relations with China”, Scottish Geographical Magazine, 7 (1891) I, pp.11–26.

Warren B.Walsh, “The Yunnan Myth”, The Far Eastern Quarterly , Vol. 2, No.3 (May, 1943), pp.272–285.

后　　记

我从事清代西南矿业研究已近二十年。早在2006年读研究生时，就开始关注清代黔铅。2007—2011年读博期间，以清代滇铜黔铅开发为题，原先设想从国家、资源、边疆三个角度展开，但限于时间，只完成了国家角度下的论证。2011年以"清代黔铅开发研究"为题申请教育部课题获得立项，最终出版了《多维视野下的清代黔铅研究》，包含国家、资源、产业和地域等多个维度，基本实现了关于黔铅研究的最初设想。2016年以"西南矿业与清代国家安全研究"为题申请国家社科基金获得立项，从清代国家资源与经济安全、清中期边疆社会稳定和晚清边疆危机中的矿产因素等三个方面展开探讨，最终以专著《西南矿业与清代国家安全研究》结题。其间，因指导研究生的关系，对清代西南矿业的思考已扩展至四川和广西。2022年国家社科历史专项"中国古代边疆治理的实践及得失研究"立项后，又从边疆治理的角度重新思考清代西南矿业问题。因此，在《西南矿业与清代国家安全研究》书稿的基础上，重新构思，理顺逻辑，查遗补缺，最终形成本书，亦是对自己最初关于滇铜黔铅研究设想的一个交代。

本书的核心问题主要集中在三个方面：一是边疆治理与内地的关系。从清代西南矿业来看，其兴衰与内地需求相关，西南铜铅产量的百分之七八十供应内地鼓铸。同时，西南矿工大部分来自内地，滇铜黔铅开发资金亦多通过协济的方式由内地省份调拨。但限于原书稿的框架，这一点虽有涉及，但并不突出。二是从边疆经济开发和社会治理的角度，分析清代西南矿业的影响及政府应对。关于清代矿业兴盛对西南边疆经济的促进作用，已有不少前人的研究成果，本书侧重于整体性的论述，而矿业衰落后对西南边疆社会的影响，则是本书讨论的重点，基本厘清了西南边疆社会矛盾演化的逻辑，澄清了民族矛盾的表象。三是晚清西南边疆治理中的外部影响。矿产和矿业是西方列强觊觎中国西南的主要对象，无论是七府矿案、滇越铁路，还是侵占的相关领土，仔细分析，均有矿产的身影。由此得出，捍卫国家领土和主权是近代边疆治理的重要内容之一。

当然，因作者水平有限，本书中肯定存在不少问题和不足，敬请专家学者不吝指正。

马　琦

2024 年 2 月 20 日于昆明